EVROPA

Die Geschichte des multilateralen Abkommens (MAI) begann Mitte der Neunziger: Damals sollten die vertragsabschließenden Regierungen verpflichtet werden, ausländischen wie inländischen Konzernen freie Bahn für ihre Investitions- und Profitinteressen auf dem Territorium ihrer Länder zu gewähren. Nur der weltweite Protest eines breiten Bündnisses konnte das Schlimmste verhindern, das MAI war erst einmal vom Tisch.

Doch nun ist das MAI plötzlich wieder da. Das neue Kürzel, das man sich merken muß, heißt GATS: Diesmal geht es um die Liberalisierung grenzüberschreitender Dienstleistungen. Vor allem die Bereiche Gesundheit und Bildung, aber auch Banken, öffentlicher Dienst und Wasserversorgung sind im Visier. Genau wie beim MAI ist die Frage der Kontrolle ungeklärt. Droht der Ausverkauf öffentlicher Dienstleistung?

Für alle, die sich einen Überblick über die Argumente verschaffen und Bündnisse schließen wollen, ist »Lizenz zum Plündern« unverzichtbar.

Maria Mies
Claudia von Werlhof (Hg.)

Lizenz zum Plündern

Das Multilaterale Abkommen über Investitionen »MAI«

Globalisierung der Konzernherrschaft – und was wir dagegen tun können

Europäische Verlagsanstalt

Informationen zu unseren Verlagsprogrammen finden Sie im Internet
unter www.europaeische-verlagsanstalt.de

Bibliografische Information Der Deutschen Bibliothek

Die Deutsche Bibliothek verzeichnet diese Publikation in der
Deutschen Nationalbibliografie; detaillierte bibliografische Daten
sind im Internet über http://dnb.ddb.de abrufbar

Umschlaggestaltung: projekt ®, Hamburg
Motiv: Klaus Staeck
Signet: Dorothee Wallner nach Caspar Neher »Europa« (1945)
Herstellung: Das Herstellungsbüro, Hamburg
Satz: H & G Herstellung, Hamburg
Druck und Bindung: Druckerei Himmer, Augsburg

Printed in Germany
ISBN 3-434-46194-9

Inhalt

III. Perspektiven

Anhang

Vorwort zur Taschenbuchausgabe

Als dieses Buch 1998 zum ersten Mal erschien, war die weltweite Bewegung der Globalisierungsgegner gerade im Entstehen begriffen. Ihr Anlaß: das multilaterale Abkommen über Investitionen, MAI. Das MAI wurde gestürzt und ist bis heute, fünf Jahre danach, immer noch nicht unterzeichnet, obwohl die Versuche, den Bereich »Investitionen« in einem globalen Abkommen zu fassen, nie nachgelassen haben. 1999 scheiterte die WTO-Konferenz von Seattle, die das MAI in die WTO zurückintegrieren sollte – ein deutlicher Erfolg der zivilgesellschaftlichen Bewegung gegen die Globalisierung. Im September 2003 steht der Investitionsbereich erneut auf der Tagesordnung, diesmal bei der WTO-Konferenz in Cancún, Mexiko.

Trotz der relativen Erfolge der globalisierungskritischen Bewegung, die allein im Februar 2003 etwa 15 Millionen Menschen weltweit auf die Beine brachte, um gegen den drohenden Irak-Krieg zu protestieren, hat sich die Situation überall rasant verschlechtert. Obwohl die Bewegung immer größeren Zulauf verzeichnet, haben ihre Proteste und Aktionen nicht erreicht, daß in Genua, Prag, Doha und Evian eine grundlegende Änderung der neoliberalen Politik der »Globalisierung, Liberalisierung, Privatisierung« angedacht wurde. Auch im nationalen Rahmen haben die Protestbewegungen nicht verhindern können, daß der Sozialstaat immer mehr abgebaut wird und z.B. die Pensions- und Rentensysteme im Interesse privater Versicherungen gekürzt werden, wie zuletzt in Frankreich, Österreich und Deutschland. Selbst »Charme-Offensiven«, bei denen bestimmte NGOs zur Diskussion in Konzern- und Regierungsetagen eingeladen wurden, sind heute vom Tisch.

Man hat den Eindruck, daß die globalen Konzerne und die ihnen hörigen Regierungen und internationalen Institutionen wie WB/IWF und WTO nach dem Motto operieren: »Die Hunde bellen. Die Karawane zieht weiter.«

In der neoliberalen Globalisierungspolitik sind in den letzten Jahren vor allem zwei Phänomene hervorgetreten.

Die Tendenz, daß die Globalisierung immer mehr in den Krieg selbst mündet: Der Balkan, Afghanistan und der Irak sind Beispiele dafür, wie die »Lizenz zum Plündern« zunehmend in eine »Lizenz zum Töten« ausgeweitet wird. Krieg in Zeiten der Globalisierung bedeutet allerdings nicht eine Auseinandersetzung zwischen zwei Gegnern, sondern den bewaffneten Überfall von Alliierten des Westens, angeführt von den USA, auf einen mehr oder weniger wehrlosen Gegner, der – wie im Falle des Irak – vorher noch ausdrücklich entwaffnet wurde. Nach dem Zweiten Weltkrieg wurde eine derartige Praxis im Anschluß an die Verurteilung Nazi-Deutschlands als »Angriffskrieg« bezeichnet und international geächtet. Anfangs wurde noch versucht, einen solchen Angriffskrieg als gänzlich »humanitäre Intervention« zu deklarieren, als eine Art friedenschaffende Mission. Inzwischen wird, wie im Falle des Irak, aber bereits offen zugegeben, daß der Grund für den Angriffskrieg, nämlich das angebliche Vorhandensein von Massenvernichtungswaffen, nur vorgeschoben war, um die öffentliche Zustimmung für den Krieg herzustellen. Auch der Versuch, die seit 2001 begonnenen Angriffskriege als »Krieg gegen den Terrorismus« zu legitimieren, wird inzwischen immer mehr bezweifelt. Er diente zur Beschaffung öffentlicher Akzeptanz und als Vorwand, um endlich mit dem »Ressourcen-Krieg« beginnen zu können, der insbesondere den USA einen unmittelbaren Zugriff auf lebenswichtige Ölfelder, Süßwasserreservoirs, Bodenschätze, Transportrouten und geopolitisch wichtige Gebiete in aller Welt ermöglichen soll.

Diese Tendenz wird auch durch die Entwicklung in Europa bestätigt. So steht nach der Einführung einer europäischen Gemeinschaftswährung als nächstes Projekt die Schaffung einer europäischen Eingreiftruppe im Vordergrund. Noch bevor der EU-Konvent sich eine politische Verfassung gibt, steht bereits fest, daß Europa auch unabhängig von den USA eine Armee braucht, die nicht etwa zur Verteidigung benötigt wird, sondern zur Sicherung europäischer Interessen in aller Welt.

Das andere Phänomen der gegenwärtigen Globalisierungspolitik ist das GATS, das General Agreement on Trade in Services (das allgemeine Abkommen über den Handel mit Dienstleistungen), der WTO. In Verlängerung des militärisch sichtbaren Krieges könnte das GATS als »unsichtbarer Krieg« bezeichnet werden. Im Gegensatz zum Wirtschaftskrieg, in dem die Ressourcen durch militärische Okkupation unmittelbar angeeignet bzw. zwecks späteren »Wiederaufbaus« zerstört werden, bedeutet das GATS den Beginn einer Kriegswirtschaft, die erst dann beendet sein wird, wenn neben der Produktion und dem Handel auch die gesamte »Reproduktion«, also alle Leben schaffenden und Leben erhaltenden Tätigkeiten und Handlungen im öffentlichen wie im privaten Bereich, in Privateigentum, Waren, Geld, Maschinerie bzw. Kapital verwandelt worden ist. Der Begriff »Dienstleistung« ist mittlerweile so weit gefaßt, daß er alles beinhaltet, »was einem nicht auf den Fuß fallen kann«.

Genau wie die völlig diffuse Definition von »Investition« oder »Enteignung« im MAI wird der Begriff »Dienstleistung« im GATS so breit definiert, damit auch bisher nicht oder noch nicht integrierbare Tätigkeiten bei Bedarf darunter gefaßt werden können. Selbstverständlich sind auch Investitionen Dienstleistungen in diesem Sinne und fallen damit unter das GATS. Das GATS ist somit eine Art erweitertes MAI, so daß es am Ende eines neuen MAI womöglich gar nicht mehr bedarf. Vielleicht war das MAI nur der Versuch, ein »kleines GATS« im Vorfeld durchzusetzen.

Beide Abkommen, GATS wie MAI, entstanden zeitgleich, nämlich mit Gründung der WTO aus dem Vorläufer GATT, dem allgemeinen Zoll- und Handelsabkommen der Nachkriegszeit. Dabei war GATS eins der Abkommen, die mit dem Abschluß der GATT-Uruguay-Runde (1994) 1995 in die WTO (World Trade Organisation) überführt wurden. MAI und GATS existieren also seit 1995 und sind im Zusammenhang mit anderen WTO-Abkommen, wie z.B. den TRIPS-Abkommen (Trade Related Intellectual Property Rights), als der Versuch anzusehen, von immer wieder neuen Bereichen oder Perspektiven her zum immer gleichen Ziel zu gelangen: der Zurichtung der Welt, ihrer Ressourcen, ihrer Menschen und ihrer Möglichkeiten hin auf die Interessen der transnationalen Konzerne. Deren Größe, Macht und Einfluß haben insbesondere seit den 70er Jahren in noch nie da gewesener Weise zugenommen. Damals löste die US-Regierung unter Richard Nixon den Dollar vom Goldstandard – Voraussetzung für die Befreiung der Finanzmärkte von allen Regeln und Hemmnissen. Seitdem konnte sich insbesondere das Spekulationskapital ungehindert ausbreiten, das zur Zeit bereits 90 Prozent der geschätzten Geldmenge auf der Welt ausmacht. Die Entkoppelung des Geldes bzw. Kapitals von der Produktion ist der eigentliche Grund für die Globalisierung, da eine Verwertung solch »freier« Kapitalmengen nur noch in der globalen Perspektive möglich ist. Da das Geld, wenn es nicht weiterverwertet wird, aber sogleich »verdunstet« (Marx), wird die Verwertung zum globalen Zwang.

Diese Umstrukturierung aller nationalen Ökonomien und der Weltökonomie folgte den Dogmen des Neoliberalismus, die ursprünglich von Adam Smith und David Ricardo entwickelt worden waren, aber durch Ökonomen wie Friedrich von Hayek und Milton Friedman und ihren Think Tanks in London und Chicago mit dem Ziel »modernisiert« wurden, den Sozialstaat zu liquidieren.

Es ist kein Zufall, daß es die US Coalition of Service Industries (USCSI) war, auf die das GATS als Idee zurückgeht. Das europäische Pendant, das European Services Network (ESN), schloß direkt daran an. Selbst Renato Ruggiero, ehemaliger WTO-Präsident, erklärte dazu, daß man vor dem GATS noch nie so viele Tätigkeiten als Dienstleistungen klassifiziert habe, mit denen man noch dazu »handeln« kann. Tatsächlich gehören in das GATS so unterschiedliche »Dienstleistungen« wie Gesundheitswesen, Krankenhauswesen, häusliche Pflege, Zahnbehandlung, Kinderbetreuung, Altenbetreuung, Schulwesen und Universitäten, Museen, Büchereien, Rechtspflege, Sozialberatung, Architektur, Bau- und Energiewesen, Wasserversorgung, Wasserentsorgung, Umweltschutzdienste, Immobilienwesen, Versicherungen, Tourismus, Postdienste, Verkehr, Verlagswesen, Rundfunk, Film und Fernsehen und vieles andere mehr.

Alle Tätigkeiten und Handlungen, die die genannten Bereiche ausmachen, werden nun als »Dienstleistungen« definiert, mit denen »Handel« getrieben werden kann bzw. können muß. Das heißt, alle diese Tätigkeiten müssen in Waren produzierende verwandelt werden und die Menschen, die diese ausüben, in »Arbeitskräfte« oder »Dienstleistende«. Während mit dem Begriff »Arbeitskraft« noch der Anspruch auf Entlohnung verbunden ist, die zumindest die Reproduktionskosten abdeckt, ist im Begriff »Dienste« dieser Anspruch verwischt oder ganz verschwunden, so als wäre er eher bei der Hausarbeit angesiedelt als bei der Lohnarbeit. Der juristisch einklagbare Äquivalententausch zwischen Arbeit und Kapital wird quasi aufgelöst in freiwilliges Entgelt, freiwilliges Wohlwollen seitens der »Dienstherren«.

Das bedeutet auch, daß nun alle noch bestehenden »Almenden« oder »Commons« als »öffentliche Güter« oder »Subsistenzbereiche« einer neuen »Einhegungs«-Politik unterworfen werden, die sie als Privateigentum abgrenzt, vereinnahmt, kolonisiert und für Vermarktung und Handel transformiert. All das wird den Charakter dieser Tätigkeiten und Bereiche des Alltags völlig verändern, denn schließlich geht es hier um Märkte, also um Geld.

Warenförmige Beziehungen sollen überall da gelten, wo die »Dienste« anfallen, nämlich sowohl im öffentlichen Bereich wie in privaten Unternehmen, aber auch im häuslichen Bereich. Das Projekt des GATS ist insofern totalisierend, daß es keine menschliche Tätigkeit ausläßt, sondern alles Tun nach und nach so unter Kontrolle nimmt, daß es ausbeutbar wird. Das Ganze ist zu verstehen als ein Prozess – der »GATS-Prozeß« –, in dem ein »monetärer Totalitarismus« greift, der von der Wiege bis zur Bahre jeden Handgriff, jeden Gedanken und vielleicht noch jeden Atemzug zur Ware macht, die nicht nur ver- und gekauft werden kann, sondern gekauft werden muß, weil es sich um Bereiche des absolut Lebensnotwendigen, der sogenannten »Daseinsvorsorge«, handelt.

Für das Leben selbst muß auf einmal bezahlt werden, es ist käuflich und verkäuflich, und alles geschieht nur noch der »Nützlichkeit« wegen, aber nicht mehr aus Liebe, Zuneigung, Freundlichkeit, Gastfreundschaft oder Spaß. Das »Leisten« von »Diensten« beendet auch jede Art von Egalität oder Demokratie in den Beziehungen. Alles Handeln ist auf einmal Hierarchien, Herr-Knecht-Verhältnissen untergeordnet. Gegenseitigkeit und Selbstverständlichkeiten, Spontaneität und Freude hören auf. Ein »unschuldiges«, unbefangenes Handeln ist dann nicht mehr möglich. Moral, ja auch alle Doppelmoral erscheint nun entbehrlich. Berechnung und Berechenbarkeit, Kosten und Nutzen, ökonomisches Kalkül und Prostitution als allgemeines Sich-selbst-Verwerten werden zum einzigen Lebenszweck. Und all dies geschieht im Idealfall ohne Druck von außen, sondern durch den internalisierten Zwang der einzig möglichen Lebensführung. Es ist wie eine neue »Great Transformation«, als die Polanyi die Monetarisierung, man muß sagen die erste Monetarisierung der europäischen Wirtschaft kennzeichnete. Die zweite, durch das GATS in Gang gesetzte, gewissermaßen letzte Monetarisierung soll alle Lebensäußerungen aller Menschen auf der Welt »abdecken«.

Einen solch ungeheuerlichen Gedanken sowie den Versuch, ihn auch wirklich umzusetzen, hat es in dieser Form noch nie gegeben – oder nur in den abstrakten Utopien des Geldes. Zu Ende gedacht ist das Projekt des GATS das Projekt der totalen Macht und Herrschaft, der sich alle unterwerfen müssen, ob sie wollen oder nicht. Das GATS ist damit nicht nur ein reales, sondern auch ein utopisches Projekt, sozusagen eine konkrete Utopie. Und selbst wenn es durchgesetzt würde, so wäre dies doch mit Sicherheit nicht vollständig möglich. Ein vollendetes GATS ist sicherlich nicht vorstellbar, weil die Menschen daran zugrunde gehen würden. Aber allein der Versuch, die conditio humana, die menschliche Freiheit, den menschlichen Willen und die menschliche Kreativität, derart reduzieren und vernichten zu wollen, wie es das GATS in letzter Konsequenz vorsieht, ist atemberaubend.

Viele seiner Begleiterscheinungen sind indessen längst erkennbar, denn als »Privatisierungsprogramm« läuft das GATS schon seit den 80er Jahren, vor allem in den Ländern des Südens, betrieben durch Weltbank und Internationalen Währungsfonds mit ihren berühmt-berüchtigten SAPS, den Strukturanpassungsprogrammen. In den 80er Jahren machte sich die Politik der »Deregulierung, Flexibilisierung, Liberalisierung und anschließenden Privatisierung« zunächst in den USA unter Reagan und in England unter Margaret Thatcher bemerkbar. Erst in den 90er Jahren bzw. mit dem Eintritt der einzelnen Länder in die EU wurde diese Politik auch auf dem europäischen Festland spürbar. Durch die Sparpolitik der Regierungen, von einer EU verordnet, die genauso wie die USA und die Weltbank eine kompromißlose Verfechterin des GATS ist, entstand den Städten, Gemeinden und Ländern eine immer größere Finanznot. Diese hat sie dazu bewogen, die Privatisierungspolitik »freiwillig« aufzugreifen und ihr »Tafelsilber« zu verkaufen. Auch auf nationaler Ebene wurden immer mehr öffentliche Unternehmen verkauft bzw. zusammengelegt, um sie anschließend als Paket an interessierte Konzerne zu vergeben. Das gilt auch für Infrastrukturen, etwa im Energie-, Wasser-, Tourismus- und Verkehrsbereich, die immer erst zusammengelegt, »modernisiert« und anschließend verkauft werden. Dies geschieht oft nur, um Löcher in den Haushalten zu stopfen. Gleichzeitig verschwinden die Erlöse oft auf Nimmerwiedersehen in dunklen Kanälen.

Auch halblegale Geschäfte wie das Cross Border Leasing (CBL) sind inzwischen bekannt geworden. Begünstigt durch eine Lücke in der amerikanischen Steuergesetzgebung, werden z.B. Eigentumsrechte an der Wasserver- und -entsorgung erst verkauft und dann von der Gemeinde »zurückgeleast«, die dann einem neuen US-amerikanischen Eigentümer die Kontrolle über einen langen Zeitraum ermöglicht. Wie schon im Falle von GATS, MAI oder WTO, ob auf kommunaler oder globaler Ebene: Die Verhandlungen bleiben für die Öffentlichkeit unsichtbar, intransparent, ohne Bürgerbeteiligung.

Bis heute weiß die Bevölkerung in Europa kaum etwas über GATS, so wie sie auch nichts über das MAI erfuhr. Die Medien fast aller Couleurs schweigen sich beharrlich aus oder geben Entwarnung. Auch die Auskünfte aus den zuständigen Ministerien und von den Beamten, die für ihre Regierungen das GATS bei der EU verhandeln, tragen zur Wahrheitsfindung wenig oder gar nichts bei, ja, es wird direkt gelogen, wenn es darum geht, welche Bereiche nun tatsächlich privatisiert werden sollen. Da beteuert z.B. Pascal Lamy, der GATS-Verhandlungsleiter für die EU, daß »sensible Bereiche« wie Gesundheit, Bildung und Wasserversorgung in der EU von der Privatisierung, Liberalisierung, Globalisierung ausgenommen würden. Damit suggeriert er, daß an der Grundversorgung nicht gerüttelt werde und kein Grund zur Beunruhigung bestünde. In Wirklichkeit aber sind Ausnahmen, genau wie im MAI, immer nur vorübergehende. Die Liberalisierung ist eine »schleichende« und die jeweils anschließende Privatisierung gerade der »sensiblen Bereiche« ist der Hauptzweck des GATS, weil hier die profitabelsten Möglichkeiten liegen. Allein im Gesundheitsbereich werden jährlich, weltweit geschätzt, drei Billionen Dollar, im Bildungsbereich zwei, im Wasserbereich eine Billion Dollar umgesetzt. So werden die Menschen nicht nur im Unklaren gelassen, sondern sie werden nachgerade betrogen über die Ausmaße und Folgen des GATS. Dies gilt z.B. für den Hinweis, daß »hoheitlich« geführte Dienstleistungen von der Privatisierung ausgenommen seien. Das trifft aber nur dann zu, wenn bei dieser hoheitlichen Durchführung keinerlei kommerzielle Aspekte eine Rolle spielen. Und das ist so gut wie nirgendwo der Fall. Allein die Einführung von Studiengebühren an den Universitäten führt dazu, daß diese aus der hoheitlichen Bestimmung herausfallen.

Maude Barlow und Vandana Shiva weisen die Verschleierungsversuche von Pascal Lamy und der EU-Kommission als glatte Heuchelei zurück. Sie stehen nicht nur im Widerspruch zu den Grundregeln der WTO, sondern auch zu dem speziell beim GATS angewandten Aushandlungsverfahren der zu liberalisierenden Dienstleistungsbereiche. Lamy mag zwar beteuern, daß in der EU Wasser in der Liste der auf dem Weltmarkt angebotenen Dienstleistungsbereiche nicht vorkomme. Gleichzeitig verlangt aber die EU ausdrücklich von Indien, daß es seine Wasserver- und -entsorgungssysteme für die globalen Wasserkonzerne öffne. Diese spezielle EU-Heuchelei ist dadurch zu erklären, daß drei der fünf größten Wassermultis der Welt – Suez, Vivendi (Frankreich) und RWE (Deutschland) – in der EU beheimatet sind.

Eins ist klar beim GATS: Es geht nicht nur darum, alle öffentlichen Leistungen den Konzernen zu deren Bedingungen zu überlassen. Es geht auch darum, daß überhaupt nur noch Konzerne das Geschäft machen. Also fallen auch im privaten Sektor die kleinen, mittleren und auch größeren Anbieter der Konzernpolitik des GATS zum Opfer, weil sie der Konkurrenz mit Konzernen ausgeliefert werden. Die sogenannte »Inländerbehandlung« im GATS bedeutet, daß transnationalen Konzernen alles zur Verfügung steht, was an Vergünstigungen, Transferzahlungen oder Subventionen für inländische Anbieter zur Verfügung steht. Damit fallen all die Leistungen weg, die im GATS pauschal als »Subventionen« definiert sind, weil sie sonst auch an die Konzerne gezahlt werden müßten. Ganz genau wie im MAI haben die Konzerne immer einen Vorteil gegenüber den nationalen Anbietern. Es gelten eben die WTO-Richtlinien in allen WTO-Abkommen gleichermaßen.

Die Politik besteht darin, den Konzernen alles Nötige zu liefern: Märkte, Investitionsmöglichkeiten, Geld, Recht. Es ist erstaunlich, wie lange es braucht, bis einheimische Unternehmerverbände merken, daß auch sie dieser Politik geopfert werden. Dabei ist das Unternehmenssterben seit Jahren sichtbar. Nur scheint niemand sich die Frage zu stellen, woraus es resultiert. Statt dessen wird ein Projekt wie das GATS immer noch als seriöse Wirtschaftspolitik verkauft, obwohl es sich um die Enteignung von Volksvermögen und nationalem Privateigentum handelt.

Auch die Praxis des PPP, des Public Private Partnership, suggeriert, daß nach den Privatisierungen eine öffentliche Kontrolle bestehen bleibt. Statt dessen geht es allein darum, auch nach Privatisierungen öffentliche Mittel in private Konzernkanäle zu schleusen. So z.B. im Falle privatisierter Schulen, deren Mieten aus Steuermitteln bezahlt werden, oder bei Modernisierungen maroder Einrichtungen, die, mit Steuermitteln durchgeführt, ein Sponsoring des privaten Käufers darstellen. Nach George Monbiot waren die PPP-Verträge in England lediglich das Vorspiel für Privatisierungen. Ihre Folge ist jedoch überall die Vernachlässigung der notwendigen Infrastruktur. Ein Beispiel unter vielen ist das schlecht gewartete Schienennetz der Eisenbahn in Großbritannien. Hier fordern Zugunglücke Menschenleben, weil die privaten Eisenbahngesellschaften Reparaturkosten scheuen, die ihre Gewinne schmälern. Am Ende muß dann die Öffentlichkeit wieder dafür sorgen, daß Erhaltungsinvestitionen durchgeführt werden. Gleiches gilt für die private Wasser- und Stromversorgung sowie für private Schulen und Krankenhäuser.

Insgesamt sind die Erfahrungen mit Privatisierungen überall schlecht: Die neuen Dienste sind knapp, teuer und von schlechterer Qualität. Die neuen Eigner versuchen rauszuholen, was möglich ist. Auf diese Weise entsteht regional oder spartenweise ein Mangel oder eine Unterversorgung. Im schlimmsten Fall wird dort der Wasserhahn buchstäblich abgedreht, wo sich die Bevölkerung die teurere Wasserversorgung nicht mehr leisten kann.

Es gibt aber auch Beispiele dafür, daß Privatisierungen erfolgreich wieder rückgängig gemacht wurden, so z.B. in der bolivianischen Stadt Cochabamba, in der die Bevölkerung nach der Wasserprivatisierung durch den amerikanischen Multi Bechtel einen Aufstand gegen die enorm angestiegenen Wasserpreise unternahm. Die Kommunalverwaltung kündigte schließlich den Vertrag mit dem Wasserkonzern. Auch aus Indien wird berichtet, daß der Verkauf eines ganzen Flusses rückgängig gemacht werden mußte, nachdem die Bevölkerung und insbesondere die Frauen, die den Fluß zum Viehtränken, Wäschewaschen und für Trinkwasser benötigen, protestiert hatten. Doch dies war vor Abschluß des GATS. Nach Abschluß der GATS-Verhandlungen im Jahre 2004 wäre das praktisch nicht mehr möglich.

Was ist nun der Stand der Dinge? Bisher ist das GATS nur ein Privatisierungsprogramm, es ist aber noch nicht – wie das MAI – von den Mitgliedsländern der WTO unterzeichnet. Das soll gegen Ende nächsten Jahres, also 2004, geschehen. Und dann tritt eine ganz andere Qualität des GATS in den Vordergrund, nämlich seine Eigenschaft als neues Völkerrecht, sein Verfassungscharakter. Denn das GATS hat, genau wie das MAI, vor allem eine gesetzgebende Qualität. Das heißt, es schafft einen juristischen Rahmen dafür, daß Privatisierungen nicht nur vorgenommen werden können, sondern auch müssen. Das GATS entmachtet, genau wie das MAI, jedes Recht, jedes Gesetz, jede Tradition, die ein Hindernis auf dem Weg der Konzernprivatisierung darstellen könnten. Jeder Konzern kann dann jederzeit beim Schiedsgericht der WTO die Erfüllung seiner Nicht-Behinderung und ein etwaiges »roll-back« oder »stand-still« in der Gesetzgebung einfordern, sofern er der Ansicht ist, daß er in seinen Profitinteressen beeinträchtigt wird. Dies würde, wie im MAI, als »indirekte Enteignung« des Konzerns gewertet, und der Konzern könnte über das internationale Schiedsgericht der WTO zwangsweise durchsetzen, daß ihm recht gegeben wird. Und bisher wurde den Konzernklagen – also dem Konzern-Recht auf Enteignung des Volksvermögens – immer recht gegeben!

Der frühere WTO-Präsident Renato Ruggiero nannte schon das MAI »den Weg zur Verfassung einer einzigen globalen Wirtschaft«. Das trifft auch für das GATS zu, und man könnte sogar ergänzen »zur Verfassung einer einzigen globalen Politik«. Gleichgültig, ob über das MAI oder das GATS, das Ziel der WTO ist tatsächlich, eine Art Weltregierung zu etablieren, nämlich die von der amerikanischen Regierung schon im Golfkrieg von 1991 sogenannte »Neue Weltordnung«. Diese NWO wird erreicht, indem alles, was den Konzernen nützt oder was sie tun (wollen), dereguliert, also von allen Regeln und Konventionen, Auflagen oder Beschränkungen befreit wird, während auf der anderen Seite alle Betroffenen, Länder, Menschen und Ressourcen reguliert werden, indem sie nämlich in ein juristisches Zwangskorsett geraten, das ihnen im Prinzip alles untersagt, was die Konzerne schädlich finden, und ihnen alles aufzwingt, was zu deren Nutzen ist.

Eine politische und ökonomische Verfassung, die einen solch einseitigen Zweck hätte, hat es wahrscheinlich noch nie gegeben. Sie wäre aber auf jeden Fall keine demokratische, sondern eine autoritäre, diktatorische, ja sogar despotische Verfassung. Zu diesem Aspekt des GATS, und es ist letztlich sein wesentlichster, gibt es bisher kaum Reflexionen. So wurde das MAI 1998 von Frankreich nicht etwa deshalb abgelehnt, weil es einen solchen Verfassungsentwurf beinhaltete, sondern weil Frankreich um seine Kultur angesichts der Hollywood-Konkurrenz fürchtete. Daher halten wir es für besonders notwendig, daß das GATS endlich auch unter dieser Fragestellung öffentlich untersucht wird. Denn wenn nur mehr Privateigentum und Interessen von Konzernen »recht« haben, gibt es eigentlich kein »Recht« mehr.

Daher bedeutet das GATS auch eine nicht nur latente, sondern offene Kriminalisierung jeder Argumentation, Ansicht oder gar Handlung, die nicht mit Konzerninteressen konform geht. Wer sich gegen GATS wehrt, weil es ihm die Lebensgrundlagen entzieht, macht sich strafbar. Das GATS stellt bei Strafe das Geld über das Leben. So wurden z.B. Frauen in Indien des Diebstahls bezichtigt, weil sie einen Fluß, der gerade »privatisiert«, also verkauft worden war, weiterhin zum Tränken ihrer Tiere, zum Wäschewaschen und zum Baden benutzen wollten, wie sie es seit eh und je getan hatten.

An der Privatisierung des Bildungswesens ist es auch schon abzulesen: Wenn Bildung, auch auf universitärer Ebene, nur mehr den Zweck haben soll, Konzernen zu Profiten zu verhelfen, dann bedeutet das Denkverbote und ein Ende der Freiheit der Forschung und Meinungsäußerung.

So ist auch auffallend, daß die Globalisierungsbefürworter auf die Argumente der Globalisierungsgegner überhaupt nicht eingehen. Man versucht lediglich, sie zu verhöhnen, zu negieren oder zu kriminalisieren, so als wären *sie* die Terroristen.

Nur mehr die Kriegslogik scheint Geltung zu haben. Das Ende der Glaubwürdigkeit, der Rechtfertigungsmöglichkeiten und der Ideologien ist gekommen. Die nackte Wahrheit tritt zu Tage, und sie kann nicht »erklärt« oder »begründet« werden. Daher setzen die Globalisierer auf Legalisierung statt Legitimierung. Die Lizenz wird gebraucht, weil die Legitimität längst dahin ist. Hier sehen wir nicht nur einmal mehr die Kontinuität zwischen MAI und GATS, sondern auch die zwischen der Lizenz zum Plündern und der Lizenz zum Töten: Wie das MAI durch Selbstmandatierung der stärksten OECD-Länder in die Welt gesetzt werden sollte, so erteilte sich die Bush-Regierung selbst das Mandat – mit oder ohne UNO –, den Irak zu überfallen. Es bedarf nicht mehr der Begründungen und Rechtfertigungen. Die Sieger haben und machen Recht. Sie schaffen die neuen Fakten.

Angesichts dieser Perspektiven ist es nur allzu verständlich, nach dem in der Verfassung garantierten Recht auf Widerstand zu rufen. Nur, was bleibt dann noch von den Verfassungen?

Bis Ende März 2003 hatten die Einzelregierungen der EU die Möglichkeit, etwas gegen das GATS zu unternehmen. Seitdem verhandelt allein die EU für alle ihre Mitglieder bei der WTO über das GATS. Eine legale Austrittsaktion, wie die von Frankreich angesichts der MAI-Schlußverhandlungen, ist nicht mehr möglich. Es gibt zur Zeit für die einzelnen EU-Länder keine juristische Möglichkeit mehr, das GATS noch abzuwenden.

Und was ist, wenn zahlungsunfähige Menschen das benötigte Lebensgut nicht mehr bekommen? Welcher Konzern würde es ihnen wohl zuführen, wenn es ihnen fehlte? Allein diese Möglichkeit bedeutet, daß mit dem GATS eine Art »Hobbesscher Naturzustand« hergestellt werden soll, ohne allerdings den dazugehörigen »Leviathan« zu konzipieren, der die Konkurrenzkämpfe befriedet. So wird das GATS eine koloniale Politik der Unterentwicklung auch im Norden einführen, auch hier Gesundheit, Nahrung, Sicherheit und Umweltgesetze zu Fall bringen, und zwar irreversibel. Denn nach Unterzeichnung des GATS muß auch die Gemeinde von Cochabamba zahlen. Der gekündigte Wasserkonzern Bechtel hat seine diesbezüglichen Forderungen schon angemeldet.

Sollen dann Leute verdursten? Gibt man ihnen keine Medikamente mehr? Läßt man Alte und Kinder unversorgt? Die Folgen des GATS werden auf die Frauen abgewälzt. Ihnen wird zugemutet, all die Menschen zu versorgen, die sich die neuen teuren Güter nicht mehr leisten können.

Wo öffentliche Krankenhäuser, Kindergärten oder Schulen geschlossen und private Einrichtungen nicht bezahlt werden können, da wird man die Frauen aufrufen. Immer wird ihnen die Schuld gegeben werden, wenn sie es nicht schaffen. Die neue Arbeitslosigkeit durch GATS und Privatisierungspolitik, die Verschlechterung der verbliebenen Arbeitsverhältnisse in Richtung »Hausfrauisierung« der Arbeitsbedingungen oder die »neue Sklavenarbeit« werden dazu führen, daß Frauen, schon um des Geldes willen, noch mehr arbeiten müssen als vorher, weil alles teurer wird oder überhaupt Kosten verursacht, wo vorher keine waren. Und dazu kommt dann noch die anschwellende unbezahlte Hausarbeit und Versorgungsleistung gegenüber jenen, die aus der Versorgung herausfallen werden.

Abzusehen ist: Es wird nicht gehen, ja, es geht schon jetzt nicht. Man betrachte nur den Bankrott der Länder, die die neoliberale Politik mit quasi religiösem Eifer verfolgt haben, nicht nur Argentinien, sondern auch die USA und Deutschland. Wieso stecken sie in einer tiefen Krise? Man kann nicht alle Arbeit vergesellschaften, das Leben zu einem einzigen Kostenfaktor machen und gleichzeitig die Arbeit »hausfrauisieren«. Doch das ist das Hauptparadox des GATS: Es will alles in Warenproduktion verwandeln, aber dafür möglichst keine Löhne zahlen. Es will aus jeder Handlung ein Marktangebot machen, aber denen, die nachfragen sollen, keine Mittel dafür geben. So bleibt es ein Projekt der oberen

Zehntausend, der Rest wird ins Elend abkommandiert. Daraus folgt: GATS-Globalisierung ist kein Projekt auf Dauer. Es ist seinem Scheitern näher als seiner Verwirklichung – wenngleich dies kein Trost sein kann.

Das GATS ist nur die logische Fort- oder Zu-Ende-Führung der kapitalistischen Produktionsweise: In Gestalt der Enteignung der Völker ist es ein weiterer Prozeß fortgesetzter ursprünglicher Akkumulation, dem eigentlich nichts mehr nachfolgen soll. Indem es die Trennung zwischen Arbeit und Leben aufhebt, sozusagen die Haustür eintritt, führt es die kapitalorientierte Vergesellschaftung von allem und allen konsequent zu Ende. Und indem es die Arbeitskraft umgekehrt weiter hausfrauisiert oder zum Rohstoff naturalisiert, senkt es seine Kosten und erhofft sich eine weitere Phase von Wachstum und Profit – wenn auch nur vorübergehend und nur zugunsten einer winzigen Minderheit. Indem es alle Dinge, Menschen und Verhältnisse wie in einem alchemistischen Prozeß transformiert, in Ware, Arbeitskraft, Geld, Maschinerie und letztlich Kapital, beraubt es sich der Grundlagen, auf die es am Ende angewiesen ist. Denn wo alles Leben ausgesaugt ist, bleibt nur noch totes Kapital. Der letzte Konzern, der nach aller Monopolisierung noch übrigbleiben wird, wird ein neuer König Midas sein: Alles verwandelt sich unter seinen Händen zu Gold. So wird er Hungers sterben.

Obwohl der »GATS-Prozeß« noch längst nicht überall oder überhaupt verstanden worden ist, ist inzwischen eine internationale »Stoppt GATS!«-Kampagne unterwegs. Auf lokaler Ebene bilden sich Initiativen wie die »Tiroler Plattform gegen das GATS und für eine gemeinsame Welt« oder solche gegen konkrete Cross-Boarder-Leasing-Geschäfte und den Ausverkauf öffentlichen Eigentums so in München, Stuttgart, Köln und vielen deutschen Städten. In Kanada und Österreich z.B. haben zahlreiche Gemeinden sich zu »GATS-freien Zonen« erklärt. In Köln haben wir im Mai 2003 einen internationalen Kongreß erlebt: GATS, PRIVATISIERUNG UND DIE FOLGEN FÜR FRAUEN. Er endete und begann mit dem Slogan »Frauen stoppt GATS!« Eine klare Forderung der 500 TeilnehmerInnen dieses Kongresses war: Das GATS muß weg! Es ist nicht zu verbessern oder zu reformieren. Und in Innsbruck fand gleich danach die internationale Tagung statt:

»WasserLos. Vom öffentlichen Gemeingut zur privaten Geldquelle?«.

Auch bei den verschiedenen Sozialforen steht das GATS im Mittelpunkt der Debatten und Überlegungen. Wegen der besonderen Betroffenheit von Frauen wird gar damit begonnen, den allgemeinen »Frauenstreik«, wie er schon einmal im Jahre 1975 in Island stattgefunden hat, auch auf dem europäischen Kontinent zu diskutieren, um spürbar zu machen: GATS geht nicht ohne Frauen, und GATS geht auch nicht mit Frauen!

Bei all diesen lokalen, nationalen und internationalen Treffen kristallisiert sich immer stärker heraus, daß die neoliberale, konzerngesteuerte Globalisierung mit WTO, GATS u. Co. weltweit katastrophale Folgen zeitigt. Obwohl längst delegitimiert, halten ihre Befürworter in einer Art religiösem Wahn an ihr fest und behaupten, die Globalisierung sei wie ein Naturgesetz. Es gebe, um mit Margaret Thatcher zu sprechen, keine Alternative dazu. Andere setzen immer noch auf ihre Reformierbarkeit, um die schlimmsten Auswüchse einzudämmen. Manche hoffen auf einen neuen Keynesianismus. Wieder andere warten Jahr für Jahr auf den von den Wirtschaftsweisen und Politikern versprochenen Wirtschaftsaufschwung.

Doch die Globalisierung ist schon seit dem MAI bankrott. Viele ahnen das, verstehen es aber nicht genau. Sie merken jedoch, daß ihnen der Boden unter den Füßen weggezogen wird. Viele wenden sich enttäuscht ganz von der Politik und den Parteien ab. Andere, besonders viele Junge, schließen sich der internationalen Protestbewegung, der »Globalisierung von unten« an. Viele suchen nach Erklärungen. Für sie wird die Neuauflage unseres Buches zum MAI gerade heute wichtige Einsichten und Erkenntnisse vermitteln. Denn wer verstehen will, nach welchen Regeln die konzerngesteuerte, neoliberale Globalisierung funktioniert, der findet in »Lizenz zum Plündern« klare Antworten. Sie sind heute noch so aktuell wie 1998.

Maria Mies
Claudia von Werlhof
Köln, Innsbruck, im Juni 2003

Vorwort

»Das MAI – dazu fällt mir nichts anderes ein als der schöne Monat im Frühling« – so antwortete sinngemäß Gerhard Schröder, Kanzlerkandidat, auf die Frage einer Gewerkschafterin auf der Bundeskonferenz der AfA (Arbeitsgemeinschaft für Arbeitnehmerfragen der SPD) Mitte März 1998.

Dagegen bezeichnete der Präsident der Welthandelsorganisation (WTO), Renato Ruggiero, das MAI, das Multilaterale Abkommen über Investitionen, schon 1996 in Singapur als »die Verfassung einer einzigen globalen Wirtschaft«.

Über diese »Verfassung« wurde seit 1995 im Kellergeschoß der OECD, der Organisation für Ökonomische Zusammenarbeit und Entwicklung, in Paris verhandelt, ohne daß die Öffentlichkeit und die Parlamente der beteiligten 29 reichsten Industrieländer informiert waren. Erst im Frühjahr 1997 wurde ein Originaltextentwurf in Kanada an die Öffentlichkeit geschmuggelt und löste dort, wie auch in den USA, sofort eine breite Protestbewegung aus, die sich im Laufe der folgenden Monate rasch über die ganze Welt ausbreitete.

Dennoch hatte Herr Schröder im März 1998 davon – angeblich – noch nichts mitbekommen. Dabei sitzen Deutschland, Österreich und die gesamte EU als entschiedene Befürworter des MAI seit 1995 mit am Verhandlungstisch.

Warum regen sich die Menschen, sobald sie Genaueres über das MAI erfahren, so auf? Wie kann ein Abkommen, bei dem es sich angeblich nur um den Schutz von Auslandsinvestitionen handelt, solche heftigen Gegenreaktionen auslösen?

Wir erfuhren im Sommer/Herbst 1997 vom MAI und waren zutiefst erschrocken. Denn das MAI ist eben nicht bloß ein Wirtschaftsabkommen, sondern soll zunächst in allen beteiligten Ländern, auf die Dauer aber auch weltweit, sämtliche politischen und juristischen Beschränkungen abbauen, die den Multinationalen Konzernen, den sogenannten »Global Players«, bei ihrem weltweiten Expansions- und Plünderungsfeldzug noch im Wege stehen.

Angeblich sollen durch absolute Handels- und Investitionsfreiheit Wachstum und Arbeitsplätze überall geschaffen werden. Real entsteht durch eine solche Globalisierungspolitik jedoch keineswegs ein »Level Playing Field« – ein ebenes Spielfeld –, wie die Befürworter es nennen, sondern eine Art neuer Krieg gegen Mensch und Natur im Süden wie im Norden. Dieser Krieg ist nicht nur ein totaler, denn er erfaßt alle Bereiche der Wirklichkeit, sondern er hat auch alle Merkmale eines neuen weltweiten Totalitarismus: Nach unserer Analyse ist das Neue an dieser Situation nicht in der Tatsache zu sehen, daß die kapitalistische Wirtschaft auf Gewalt basiert – das hat sie immer getan. Sondern Gewalt, Unfreiheit und Armut werden mit dem MAI nun auch in den »entwickelten«, »zivilisierten« und »demokratischen« Ländern zur Regel.

Deshalb haben wir – wie viele andere – begonnen, etwas zu unternehmen. Wir haben ein »Komitee Widerstand gegen das MAI« gegründet, das am 25. April 1998 in Bonn einen internationalen Kongreß organisierte unter dem Titel: »Das MAI, der Gipfel der Globalisierung.« In Österreich haben wir seit November mit der Gruppe »MAI-frei-Innsbruck« eine Reihe von Veranstaltungen, darunter eine österreichweite Tagung im März 1998, gegen das MAI organisiert und damit eine landesweite Kampagne ausgelöst.

Das vorliegende Buch enthält einen Bericht über den internationalen Widerstand gegen das MAI, eine Darstellung der wesentlichen Inhalte des MAI und seiner Vorgeschichte. Dem schließen sich Analysen des MAI an, die von seinen Kritikern der ersten Stunde verfaßt wurden (Khor, Clarke). Ihre und weitere Beiträge sind zum Teil gekürzte, überarbeitete und übersetzte Reden, die beim Bonner Kongreß gehalten wurden (dieselben sowie Boulboullé und Mies). Andere Beiträge sind Analysen, die wir im Laufe der internationalen MAI-Kampagne erstellt haben.

Wir haben dieses Buch geschrieben, um eine breite Öffentlichkeit über das MAI zu informieren und zu einer umfassenden Diskussion über seine Gefahren aufzurufen. Denn das MAI soll nach mehreren vergeblichen Anläufen im Oktober 1998, also in diesem Moment, endgültig von den Regierungen der OECD-Staaten unterschrieben werden. Wir hoffen, daß unser Buch dazu beiträgt, daß dies nicht geschieht und daß die Auseinandersetzungen um das MAI neue Perspektiven eröffnen zur Gestaltung einer Wirtschaft und Gesellschaft, die nicht auf der Ausbeutung von Mensch und Natur basiert.

Wir danken allen Beteiligten aus der Internationalen Kampagne, die uns mit Informationen versorgt, ihr Engagement mit uns geteilt und uns ermutigt haben. Ohne ihre praktische und emotionale Unterstützung wäre es nicht möglich gewesen, ein solches Buch in so kurzer Zeit zu schreiben. Insbesondere danken wir dem »Corporate Europe Observatory« (CEO), Eva May-Igelmund, Judith Mies, ganz besonders Christine Pfaller, der Gruppe »MAI-frei-Innsbruck«, Dr. Bernhard Mark-Ungericht, Rosemarie Borodin-Herzog, Walther Schütz und dem »Komitee Widerstand gegen das MAI«, insbesondere Saral Sarkar und Hermine und Fritz Karas.

Unser besonderer Dank gilt Frau Dr. Sabine Groenewold. Sie hat nicht nur die Wichtigkeit des Themas erkannt, sondern uns auch die Möglichkeit gegeben, dieses Buch sofort zu veröffentlichen.

Maria Mies und Claudia von Werlhof
Innsbruck, am 18. 7. 1998

I. Das Problem: Die Machtergreifung der Konzerne

Maria Mies/Claudia von Werlhof

Der internationale Widerstand

Die neoliberale Politik der Deregulierung, Privatisierung und Globalisierung, die seit Ende der achtziger Jahre die Weltwirtschaft bestimmt, hat schon früh zu massiven Widerstandsbewegungen in der »Dritten Welt« geführt. In Indien gingen 1992/93 Millionen von Bauern auf die Straße, um gegen das »Allgemeine Zoll- und Handelsabkommen« (GATT) und gegen das Eindringen Transnationaler Konzerne in die indische Landwirtschaft zu protestieren. In Mexiko entstand 1994 der Aufstand der EZLN, der Zapatisten in Chiapas, als Antwort auf das Nordamerikanische Freihandelsabkommen zwischen Kanada, USA und Mexiko, NAFTA. Für diese Bewegungen war klar, daß die indigenen Völker, die Bauern, die städtischen Armen und die Frauen die Opfer waren, die bei diesem »Spiel« der »Global Players« um Marktanteile und Kostenvorteile auf der Strecke bleiben würden.

In Nordamerika, Japan und Europa geschah zunächst nichts dergleichen. Die Mehrzahl glaubte hier noch den Beteuerungen der Ökonomen und Politiker, daß es – besonders nach dem Fall der Berliner Mauer – keine Alternative zum globalen Kapitalismus, zum sogenannten »freien« Markt gäbe.

Das änderte sich jedoch im Frühjahr 1997, als erste Berichte über ein »Multilaterales Abkommen über Investitionen« – MAI – an die Öffentlichkeit kamen. Zuerst entstand in Kanada und den USA, dann in vielen anderen Industrieländern eine breite und bis heute andauernde Opposition gegen dieses MAI und gegen die Regierungen, die bereits seit 1995 in Paris unter Ausschluß der Öffentlichkeit bei der Organisation für Wirtschaftliche Zusammenarbeit und Entwicklung (OECD), dem Club der 29 reichsten Industrieländer, darüber verhandelten. Nach der Liberalisierung des Welthandels durch das GATT geht es beim MAI nun darum, den weltweit operierenden Großkonzernen möglichst völlige Investitionsfreiheit zu gewähren. Es wurde klar, daß diese Freiheit für die Transnationalen Konzerne (TNKs) mit der Unfreiheit der Bürger und mit dem Abbau von Demokratie erkauft werden sollte.

Kanada

Nach den schlechten Erfahrungen, die die kanadische, US-amerikanische und vor allem die mexikanische Bevölkerung inzwischen mit der NAFTA gemacht hatte, bekam nun ein Netz kritischer Forscher den Originalentwurf des MAI in die Hand, der im Januar 1997 unter strengster Vertraulichkeit an die betroffenen Regierungen verteilt worden war. Anfang April hatte Tony Clarke bereits eine erste Analyse des MAI erstellt, die vom Canadian Centre for Policy Alternatives (CCPA) unter dem Titel: »The Corporate Rule Treaty« (Das Abkommen zur Herrschaft der Konzerne) veröffentlicht wurde. Am 3. April 1997 wurde die Nachricht über den MAI-Entwurf erstmalig in der Welt durch eine Titelgeschichte in *Globe and Mail* veröffentlicht. Gleichzeitig wurde das Originaldokument durch den *Multinational Monitor* in Washington, DC, ins Internet gesetzt.

In Kanada wurde die Anti-MAI-Bewegung von zahllosen Initiativen, vor allem aus Umwelt-, Dritte-Welt-Solidaritäts-, Gewerkschafts- und Frauenorganisationen, getragen. Die Bevölkerung war empört darüber, daß die Regierung am Verhandlungstisch in der OECD die Grundlagen ihrer demokratischen Rechte und die Souveränität des eigenen Landes den Transnationalen Konzernen (TNKs) auslieferte, um Auslandsinvestitionen anzulocken. 1997 war für Kanada ein Wahljahr. Die Anti-MAI-Aktivisten benutzten den Wahlkampf, um die Regierung, vor allem den Handelsminister Eggleton, unter Druck zu setzen und Antworten auf Fragen nach dem Schutz der kanadischen Souveränität zu fordern. Die Anti-MAI-Bewegung gewann im Sommer 1997 immer mehr an Schwung. Das *Council of Canadians* veröffentlichte eine Anti-MAI-Anzeige in einer nationalen Zeitung, und die Abgeordneten wurden bei allen Wahlversammlungen mit der Frage nach dem MAI konfrontiert.

Die Aktivisten in Kanada sorgten vor allem dafür, daß der Vertragstext nicht mehr geheim blieb und daß eine breite Diskussion über die Folgen des MAI entstand: Folgen für die nationale Souveränität, die Umwelt, für Arbeits- und Minderheitenrechte, für die Selbstbestimmung der Provinzen und Kommunen. Hauptlinie der Kritik war und ist es, daß das Abkommen den Regierungen nur Verpflichtungen zur Förderung internationaler Investoren und ihrer Interessen auferlegt, während diese andererseits keinerlei Verpflichtungen mehr gegenüber den Bürgern und der Umwelt haben (Clarke 1997, S. 6).

Der MAI-Vertragsentwurf wurde fotokopiert und in allen öffentlichen Bibliotheken ausgelegt. Kritische Wissenschaftler setzten sich öffentlich und in Artikeln mit dem MAI auseinander. An der Universität Victoria BC fand ein Tribunal gegen das MAI statt, bei dem von Aktivisten die Forderung erhoben wurde, die Provinz British Columbia solle sich gegen die Machtübernahme der Konzerne zur Wehr setzen, indem Rechte wie Self-Rule und Self-Reliance zur Anwendung kämen.

Der Widerstand in Kanada hat vielfältige Formen, z.B. daß sich Gemeinden, Städte und Provinzen zu MAI-freien Zonen erklären. Im April 1998 hatten sich bereits fünf kanadische Provinzen gegen das MAI ausgesprochen, darunter British Columbia, Saskatchewan, Yukon, Prince Edward Island und Manitoba. Auch viele Dörfer und Städte haben inzwischen gegen das MAI votiert. In der Umgebung von Guelph brachten Frauengruppen die Gemeinderäte dazu, das MAI abzulehnen. Die Provinz- und Gemeindeparlamente argumentieren, sie hätten nicht mit am Verhandlungstisch in Paris gesessen. Sie seien nicht bereit, ihre legislativen Rechte aufzugeben und das, was ihre Bundesregierung bei der OECD verhandelt habe, lokal oder regional umzusetzen. Sie seien nicht bereit, noch weitere Beschränkungen hinzunehmen, vor allem solche, die noch über das hinausgingen, was die NAFTA an Investitionsschutz für ausländische Investoren bestimmt habe.

Während die Menschen ihre eigene Analyse und ihre eigene Kritik erarbeiteten, wußte in den Parlamenten praktisch noch niemand etwas über das MAI. Es war nur im Handels- und Finanzministerium bekannt. Durch die Anti-MAI-Kampagne sah sich jedoch die Regierung schließlich unter Druck gesetzt, sich kurzfristig zu beraten, wie sie im Wahljahr auf die kritischen Fragen der Bevölkerung antworten solle. Im Herbst 1997 war das MAI ein zentrales Thema bei verschiedenen Veranstaltungen, z.B. beim *International Forum on Globalization* (IFG) und dem darauf folgenden öffentlichen Teach-In (2000 Teilnehmer) sowie während des APEC-Gipfeltreffens im Herbst 1997 in Vancouver. Nach Tony Clarke gab es in Kanada im April 1998 600 Anti-MAI-Organisationen und -Gruppen, die bis heute aktiv sind.

USA

Eine ähnlich breite und aktive Bürgerbewegung gegen das MAI entstand in den USA. Der Widerstand wird vor allem vom *Public Citizen's Global Trade Watch* mobilisiert, einem von Ralph Nader gegründeten Institut in Washington, dem eine Reihe von kritischen Konsumenten-, Gesundheits-, Bürgerrechts- und andere Organisationen angeschlossen sind. Außerdem waren die *Friends of the Earth* (hier BUND) aktiv sowie *50 Years is Enough* und das *Preamble Centre for Public Policy.* Diese Organisationen haben nicht nur öffentlich gegen das MAI protestiert, sondern gaben den Bürgern auch konkrete Anleitungen für Aktionen an die Hand.

In den USA wurde besonders kritisiert, daß das MAI nach dem Vorbild der NAFTA konzipiert worden war, dessen negative Folgen jetzt schon sichtbar wurden. Das betrifft vor allem den Streitschlichtungsmechanismus im MAI zwischen Investoren und Staat. Während der zweijährigen Dauer der NAFTA gab es bereits vier Klagen von ausländischen Investoren gegen den Staat. Sie betrafen typischerweise Gesetze zum Schutz der Umwelt und der öffentlichen Gesundheit, die die Investoren als investitionshemmend ansahen.

Am bekanntesten wurde die Klage der *Ethyl Corporation* (USA) gegen den kanadischen Staat. Anfang April 1997 hatte das kanadische Parlament ein Einfuhr- und Transportverbot von MMT beschlossen. MMT ist eine toxische Substanz, die von der *Ethyl Corporation* hergestellt und dem Benzin beigemischt wird und gesundheitsschädlich ist. Am 14. April verklagte die *Ethyl Corporation* die kanadische Regierung nach den Regeln der NAFTA wegen der »Enteignung« entgangener zukünftiger Profite der Firma in Kanada und wegen Rufschädigung. Der kanadische Staat soll 251 Millionen US-Dollar Entschädigung zahlen (vgl. S. 61 und 153 f.).

Ein zweiter Fall betraf die kalifornische Müllentsorgungsfirma *Metalclad Corporation*. Sie verklagte den mexikanischen Staat, weil er nach einer Umweltschädlichkeitsprüfung verboten hatte, daß *Metalclad* Sondermüll auf ein mexikanisches Gebiet ablud, weil dadurch das Grundwasser verseucht würde. *Metalclad* verlangt 90 Millionen US-Dollar als Ersatz für entgangene Profite. (Information v. Antonia Juhasz, Project Coordinator Preamble Center: juhasza (a) rtk.net)

Lori Wallach, Direktorin des *Public Citizen's Global Trade Watch*-Zentrums in Washington, berichtete bei einem internationalen Treffen von MAI-Aktivisten in Amsterdam Anfang 1998, daß die USA zwar die treibende Kraft hinter dem MAI-Prozeß seien, daß aber die Bürger überhaupt nicht informiert wurden. Die Regierung sei wütend gewesen, als der MAI-Text von der Bürgerorganisation *Public Citizen's* ins Internet gesetzt worden war. Von nun an erschienen Dokumente und Kommentare im Internet, für jeden zugänglich. Wie in Kanada waren es hauptsächlich Umwelt-, Dritte-Welt-, Kirchen- und Bürgerrechtsgruppen, die auf die Gefahren des MAI aufmerksam machten. Gruppen, die vorher die NAFTA unterstützt hatten, waren nun gegen das MAI. Andere Gruppen waren besorgt über den Verlust der Souveränität. Die Bewegung suchte und fand Sympathisanten unter den Mainstream-Journalisten, die über das MAI berichteten. Dabei beschämten die Aktivisten die Journalisten, indem sie darauf verwiesen, daß die Kanadier ihnen weit voraus seien. Radiostationen eröffneten eine Hotline für mehr Informationen.

Die Anti-MAI-Aktivisten stellten ein »Enquiry-kit« zusammen mit Fragen an Abgeordnete, Musterbriefen, Musteranträgen für MAI-freie Städte, Informationen zum MAI usw. Sie organisierten Rednertouren im ganzen Land, zu denen sie Minister einluden. Ziel aller Aktionen: »MAI must be killed, it is not fixable.« Das Ding sei wie Dracula, der das Tageslicht scheut, also müsse es die

Strategie sein, es an eben dieses Tageslicht zu zerren. Je mehr die Leute nun das MAI von allen Seiten beredeten, um so stärker gerieten die Regierungsunterhändler in Paris unter Zeitdruck. Die USA waren wild entschlossen, das MAI Ende April 1998 zu unterzeichnen, egal, wie es aussehe (Lori Wallach).

Am 17. Februar erschien eine ganzseitige Anzeige in der *International Herald Tribune* unter der Überschrift: »Should Corporations Rule the World?« Sie fand weltweit Beachtung.

Großbritannien

In Großbritannien wird der Widerstand gegen das MAI vom World Development Movement (WDM) koordiniert. Wie in den USA und Kanada sind es auch hier vor allem Dritte-Welt-, Umwelt-, Frauen- und andere Gruppen, die gegen das MAI protestieren.

Im September 1997 fand ein Treffen der kanadischen Anti-MAI-Aktivistin Terry Wolfwood mit Mitgliedern von Oxfam, WDM, feministischen und anderen Gruppen statt, das vom Reading International Solidarity Center (RISC) organisiert worden war. Terry Wolfwood berichtete über das MAI und den kanadischen Widerstand. Zu diesem Zeitpunkt gab es auch in Großbritannien kaum Informationen zum MAI, geschweige denn kritische Aktionen und Anfragen. Die Aktivisten von RISC, WDM, Oxfam und viele andere begannen mit lokalen und regionalen Aktionen: Sie klebten Plakate, daß MAI die Kontrolle der Menschen über lokale Politik zerstören würde. Das machte die Leute neugierig. Dann verteilten sie kleine Flugschriften, die die wichtigsten Punkte des MAI erklärten. Sie forderten auf, die lokalen Volksvertreter nach ihrer Position zum MAI zu befragen und sie zu drängen, eine Anfrage im Parlament einzureichen. Sie organisierten Konferenzen zum MAI und veranstalteten Demonstrationen unter dem Haupttransparent **MAI-NOT**. Nun gab es Anfragen im Unterhaus, Befragungen von Abgeordneten, Berichte in der Presse. Der *Guardian* brachte mehrere kritische Artikel zum MAI. In London fand im Februar 1998 eine Demonstration vor dem Handels- und Industrieministerium statt.

Jakob von Uexküll, der Gründer des »Alternativen Nobelpreises«, sagte: »Die weltweiten Konzerne sind heute mächtiger als viele Nationalstaaten. Sie als Opfer von Diskriminierung zu bezeichnen, ist ein weiteres Beispiel des Orwellschen ›Newsspeak‹.« (zit. in: Third World Network, MAI, Martin Khor: flora.mai.net: 3384)

Niederlande

In den Niederlanden wird der Widerstand gegen das MAI von verschiedenen Organisationen getragen. Wichtig ist vor allem das *Corporate Europe Observatory* (CEO), das bestens informiert ist über alle Strategien und Bewegungen der transnationalen Konzerne, die hinter dem MAI stehen. CEO gibt über Internet regelmäßige Infos und Analysen heraus, sowohl über den Stand und die Hintergründe der OECD-Verhandlungen, als auch über den internationalen Widerstand gegen Globalisierung, WTO und MAI.

Anfang 1998 organisierte CEO ein internationales Strategietreffen für MAI-Aktivisten in Amsterdam. Dort wurde deutlich, daß der Stand der Informationen über das MAI in den verschiedenen OECD-Ländern sehr unterschiedlich ist. Unterschiedlich sind auch die Aktionen gegen das MAI. Das Unwissen in Europa liegt zum Teil daran, daß der Originalvertragstext lange nicht öffentlich zugänglich war, nur in englischer Sprache vorliegt und bisher nicht übersetzt wurde. Deshalb ist die Bewegung in Kanada und den USA stärker als im nichtenglischsprachigen Europa. Ein anderer Grund ist die Tatsache, daß – zumindest in Deutschland – die Organisationen und die DGB-Spitze, die etwas über das MAI wußten, die Öffentlichkeit zunächst nicht informierten, sondern sich an die Geheimhaltungsvorschrift hielten. Andere NROs haben sich mehr auf die internationalen Auswirkungen des MAI beschränkt.

In Holland begannen die Organisationen im Herbst 1997 vor dem MAI zu warnen. Sie wurden vom Wirtschaftsminister zu einem Gespräch eingeladen, bei dem ihnen klargemacht wurde, daß ihre Befürchtungen unbegründet seien.

Dennoch wurden in Holland im Dezember 1997 die Presse und die Parlamentarier über das MAI aufgeklärt. Das hat zu einem Antrag im Parlament geführt, daß soziale und Umweltstandards in das MAI eingebaut werden müßten. Kirchengruppen und *Friends of the Earth* (Holland) waren im Januar jedoch noch nicht in die internationale Kampagne gegen das MAI involviert.

Frankreich

In Frankreich gab es bis Januar 1998 wenig Bürgerprotest gegen das MAI. Allerdings verlangten die französischen wie die kanadischen Unterhändler bei der OECD, daß die französische Kulturindustrie aus dem MAI ausgenommen werden solle. Sie wollen nicht, daß die Hollywood-Filmindustrie ihren Markt beherrscht. Während der Berlinale demonstrierten dann 1000 Filmschaffende und Künstler vor der OECD gegen das MAI. Erst als der Minister Jack Lang einen scharfen Artikel gegen das MAI in *Le Monde* (10. Februar 1998) schrieb, änderte sich die Situation. Auch er konzentrierte sich vor allem auf die Zerstörung der nationalen Kultur durch das MAI. Jack Lang betonte unter der Überschrift: »L'AMI c'est l'ennemi« (Das MAI ist der Feind[1]) die Wichtigkeit, die nationale und europäische Kulturindustrie vor dem Zugriff der US-amerikanischen Film- und Medien-Konzerne zu schützen.

Am 28. April 1998, nach dem OECD-Ministertreffen in Paris, als das MAI eigentlich hätte unterschrieben werden sollen, organisierte die französische Anti-MAI-Kampagne eine große internationale Kundgebung in den Straßen von Paris. Es sprachen viele Künstler und international bekannte Persönlichkeiten, und es nahmen etwa 1000 Menschen teil, darunter auch viele Arbeitslose. Auf dieser Kundgebung wurde ein Manifest veröffentlicht, das nicht nur das MAI ablehnt, sondern es quasi auf den Kopf stellt und eine Kontrolle der transnationalen Konzerne durch die Regierungen und das Volk verlangt.

1 Die Abkürzung für MAI ist im Französischen AMI, ›l'ami‹ = frz. der Freund.

Obwohl die Bewegung gegen das MAI in Frankreich relativ spät begann und sich weitgehend auf den Kulturvorbehalt beschränkte, hat sie wesentlich dazu beigetragen, daß das MAI im April nicht unterschrieben wurde. Die französische Regierungsvertreterin weigerte sich strikt, diesen Kulturvorbehalt aufzugeben und die französische Kulturindustrie der internationalen Konkurrenz auszuliefern.

Österreich

In Österreich begann die kritische Information der Öffentlichkeit über das MAI durch eine Professorin für Politikwissenschaft an der Universität Innsbruck, die ein in Deutschland verbreitetes Dossier mit der Analyse des kanadischen Kollegen Tony Clarke erhalten hatte. Ab Oktober 1997 wurde das Dossier an Einzelpersonen und Gruppen versandt, die sich mit entsprechenden Fragen beschäftigen. Auch die Presse wurde informiert.

Es stellt sich heraus, daß bisher das MAI in Österreich vollkommen unbekannt war. Als beste Informationsquelle stellte sich im folgenden das Internet heraus, in dem eine ständig zunehmende internationale Diskussion zum MAI begonnen hatte. Die erste öffentliche Veranstaltung fand Ende November an der Universität Innsbruck im Rahmen einer Veranstaltungsreihe des Senatsarbeitskreises »Wissenschaft und Verantwortlichkeit« unter dem Titel »Wird Europa zur Kolonie der Konzerne?« statt. Dagegen intervenierte schon im Vorfeld der Leiter der österreichischen Delegation bei den MAI-Verhandlungen aus dem Wirtschaftsministerium. Die Teilnehmer der Veranstaltung richteten einen Offenen Brief an den österreichischen Bundeskanzler Viktor Klima, in dem sie Aufklärung über die Beteiligung der österreichischen Bundesregierung an den MAI-Verhandlungen und deren Charakter verlangten. Es gründete sich eine Gruppe »MAI-frei-Innsbruck«, die sich seitdem wöchentlich traf. Ein Radio-Interview am 9. Januar 1998 mit Kritikern und Befürwortern des MAI war die erste Medienreaktion. Dabei war die erste kritische Gewerkschaftsstimme aus dem Österreichischen Gewerkschaftsbund zu hören.

Im selben Monat richtete die Partei der Grünen eine Anfrage an den Österreichischen Nationalrat, das Parlament. Der für die Unterschrift unter den MAI-Vertrag zuständige Wirtschaftsminister, Johannes Farnleitner, versicherte noch in einer öffentlichen Diskussion im selben Monat, er werde den MAI-Vertrag auf jeden Fall unterschreiben.

Im Februar fand eine MAI-kritische Veranstaltung im renommierten SPÖ-nahen Renner-Institut in Wien statt. Die Teilnehmer aus allen gesellschaftlichen Gruppen waren zu diesem Zeitpunkt schon nicht mehr bereit, den MAI-Befürwortern aus der Bundeswirtschaftskammer und seitens des OECD-Botschafters Österreichs, Dr. Jankowitsch, zu glauben. Als letzterer betonte: »Es geht bei diesem Abkommen um Investitionen und nicht um Menschenrechte«, kam es fast zum Tumult. Es wurde beschlossen, ein MAI zu erarbeiten, das genau das Umgekehrte vorsieht, nämlich eine Wirtschaftspolitik, in der Mensch und Umwelt geschützt werden.

Im März erstellte der ÖGB Tirol die erste inoffizielle deutsche Übersetzung des MAI-Vertragsentwurfs, den es bisher nur in englischer und französischer Sprache gegeben hatte, mit der Begründung, eine Übersetzung ins Deutsche sei »zu teuer«. Der deutsche MAI-Text wurde bei einer ersten österreichweiten Tagung »für ein MAI-freies Österreich« am 20. und 21. März in Innsbruck präsentiert. Dabei trafen sich 50 Personen aus 15 verschiedenen österreichischen Gruppen und Initiativen. Neben Einzelpersonen waren Nichtregierungsorganisationen aus den Bereichen Entwicklungspolitik, Umweltschutzbewegung, Kirchen, Frauen, Alternative Gewerkschaften, Alternative Bildungseinrichtungen, Universitäten und linke Oppositionsparteien gekommen. Im Mittelpunkt standen die Analyse des Vertrags, eine wirkungsvolle Aufklärung der Öffentlichkeit auf allen Ebenen, insbesondere in den Gemeinden und Ländern, öffentliche Aktionen und eine dezentral vernetzte Kooperation. Nun schrieb zum erstenmal eine der großen österreichischen Tageszeitungen, der *Standard*, kritisch über das MAI. Ihm folgten andere Tageszeitungen und wiederholt Sendungen im Rundfunk, währen das Fernsehen beharrlich schwieg.

Inzwischen hatte sich innerhalb des ÖGB die kritische Linie durchgesetzt: Der ÖGB schwenkte um und beschloß österreichweit, eine MAI-kritische Haltung einzunehmen. Dem schlossen sich die Österreichischen Arbeiterkammern an. Entsprechende Veranstaltungen fanden bis zum Mai in Linz, Feldkirch und Lienz statt. Noch einmal versuchte das Wirtschaftsministerium, einzelnen Kritikern der ersten Stunde mittels einer rufschädigenden Kampagne eine Art Maulkorb zu verpassen. In der Zwischenzeit hatte sich jedoch der Widerstand überall ausgebreitet. Es gab gegen das MAI gerichtete Veranstaltungen an der Universität Wien, am Institut für Höhere Studien in Wien, im Grünen Parlamentsclub in Wien und seitens der Arbeitsgemeinschaft Entwicklungszusammenarbeit AGEZ in Wien. Aktivisten befragten die Kandidaten zur Wahl des Bundespräsidenten bei ihren Wahlkampfreisen zum MAI, die Gruppe »Virus« spezialisierte sich auf öffentliche Lesungen aus dem MAI-Vertragstext, und es kam zu einer von mehreren hundert Personen besuchten Demonstration am 20. Mai in Wien.

Als bereits international klar war, daß das MAI nicht, wie vorgesehen, Ende April unterzeichnet werden würde, schwenkte plötzlich auch der Bundeskanzler um. Im Februar noch hatte er der Innsbrucker Initiative einen durchweg beschwichtigenden und das MAI beschönigenden Antwortbrief geschrieben. Nun stellte er sich gegen seinen Wirtschaftsminister und verlangte, unterstützt von der Sozialministerin und dem Umweltminister, eine Nachdenkpause in Sachen MAI. Das MAI wurde zur Chefsache des Bundeskanzleramtes erklärt. Dort fand Ende Juni auch eine Anhörung von Kritikern statt, kurz bevor Anfang Juli die SPÖ eine MAI-Enquete durchführte, um ihre Position zu erneuern. Dies bedeutet allerdings nicht, daß die Österreichische Bundesregierung dem MAI gegenüber wirklich kritisch eingestellt wäre, sondern sie versucht, dem wachsenden Widerstand im ganzen Land eine neue Begründung entgegenzusetzen.

In der Zwischenzeit hatte sich neben einer Parlamentsdebatte zum Antrag der Grünen und der Diskussion über die ablehnende Haltung des europäischen Parlaments gegenüber dem MAI in einigen österreichischen Länderparlamenten eine Gegenbewegung herausgebildet. Nachdem Gewerkschaften und Arbeiterkammer zunächst einmal auf die Seite der Gegner umgeschwenkt waren, faßte der Landtag von Vorarlberg am 13. Mai einstimmig einen das MAI ablehnenden Beschluß: »Die Vorarlberger Landesregierung wird ersucht, die Bundesregierung aufzufordern, das Multilaterale Investitionsabkommen (MAI) nicht zu unterzeichnen, solange dringende nationalstaatliche sowie Bundesländerinteressen nicht gewährleistet sind.« Es wird auf einer eigenständigen Industrie- und Wirtschaftspolitik zur Aufrechterhaltung und Weiterentwicklung von nationalen und regionalen Umwelt-, Arbeits-, Sozial-, Gesundheits- und Sicherheitsstandards bestanden. Die »Gleichstellung von Multinationalen Konzernen mit Nationalstaaten (soll) verhindert werden, das Klagerecht ausländischer Investoren vor einem internationalen Schiedsgericht (wird) abgelehnt«. Internationale Menschenrechtsaspekte sollen »beachtet« und die »kulturelle Autonomie und Vielfalt ... nicht in Frage gestellt werden«.

Ende Mai gründeten 80 Vorarlberger Gruppen die *Plattform: Vorarlberg für ein MAI-freies Österreich*, unter anderem mit der Begründung: Der Vorrang für den Profit schaffe das Gemeinwohl ab.

Auch im Salzburger Landtag wurde ein ähnlicher Antrag von allen Parteien angenommen. Darin heißt es: »Die Auswirkungen des MAI-Abkommens ... auf das wirtschaftliche und soziale Leben in der Region Salzburg, die Auswirkungen auf die Betriebe im Land und die Arbeitnehmer sind unabsehbar. Die Gefahr für eine weitere Verschlechterung der Bedingungen für eine ökologische und sozial ausgewogene Politik sowie die noch einmal verringerten Handlungsmöglichkeiten der gewählten Vertreter in Landtag und Landesregierung sind offenkundig. Immer stärker zeichnet die globalisierte, neoliberale Wirtschaftspolitik ihre Spuren in die politische, wirtschaftliche und soziale Landschaft: Verantwortliche Politiker werden zu Erfüllungsgehilfen von Interessen transnationaler Konzerne. Immer mehr Wirtschaftsunternehmen werden Opfer aggressiver multinational agierender Unternehmen. Immer drückender wird das Problem der Arbeitslosigkeit und der mit der Deregulierung einhergehende Sozialabbau. In dieser Situation ist ein völlig einseitiger Schutz ausländischer Investitionen nicht zu verantworten. Gerade dieser aber ist das Ziel des MAI.« Daher lehnte der Salzburger Landtag »den bekannt gewordenen Vertragsentwurf zum MAI ab«.

Anfang Juli ist dann auch in Salzburg eine Plattform verschiedener Gruppen und Organisationen gegen das MAI gegründet worden. Inzwischen lehnte auch der Landtag der Steiermark das MAI ab. Auch andere Landtage werden sich in diesem Jahr mit dem MAI befassen. Aufgrund der EU-Präsidentschaft Österreichs seit dem 1. Juli 1998 rechnen sich Anti-MAI-Aktivisten gute Chancen für öffentlich breit wirksame Kampagnen aus.

An der österreichischen Situation fällt auf, daß der Widerstand gegen das MAI zuerst und am intensivsten in der Provinz begann. Bei der Kritik der Gewerkschaften darf aber nicht vergessen werden, daß es hier zunächst einmal eher um eine größere, auch finanzielle Beteiligung (Umverteilung) geht als um eine wirkliche Kritik an der im MAI formulierten Wirtschaftspolitik überhaupt. Auch die Querelen innerhalb der österreichischen Bundesregierung gehen wohl mehr auf den Parteienstreit ÖVP (Wirtschaftsminister) versus SPÖ (Bundeskanzler) zurück als auf einen echten inhaltlichen Unterschied in der Einschätzung des MAI. Es wird daher darauf ankommen, die Arbeit vor allem auf Gemeindeebene weiterzubringen, auf der konkret der Ausverkauf der einheimischen »Ressourcen« läuft: von Kärnten bis Tirol. »Tirol wird ein Disneyland«, so glauben es bereits die Tourismusmanager, während in Kärnten Konzernchef Stronach im Vorgriff auf das MAI bereits eine Gemeinde aufgekauft haben soll, um sich den Zugang zu einem Naturschutzgebiet am Wörthersee zu sichern. Sommerfeste wie das am 25. Juli in Innsbruck, die mit Witz, Musik und Theater Stimmung gegen das MAI machen, und Broschüren zur Aufklärung der Bevölkerung, wie sie die Innsbrucker Grüne Bildungswerkstatt gedruckt hat, sind geeignete Methoden, um das Thema und die Diskussion weiter zu verbreiten. Immerhin mußte Chefunterhändler Schekulin zugeben: »Wir wußten zwar, daß in Kanada und Neuseeland Bürgergruppen gegen das MAI mobilisieren. Aber wir hätten nie gedacht, daß das auch bei uns losbricht. Davon sind wir völlig überrascht worden.«

Eine zentrale Erfahrung bei der Entstehung des Widerstandes gegen das MAI in Österreich war, daß alle Initiativträger aus persönlicher Motivation, nämlich dem Entsetzen über den wahren Inhalt des MAI, aktiv wurden, nicht jedoch als »Funktionsträger« der Institutionen, in denen sie tätig waren. Dies zeigt, wie wichtig der Zusammenhang von Erkenntnis und persönlichem Engagement ist. Denn gerade dies ist auch für andere glaubwürdig, während Organisationen/Institutionen meist partikulare Interessen vertreten und zu einer eigenständigen, lebendigen Aktion nicht fähig sind. Im Gegenteil, solange sich die Menschen als »Funktionäre« verstanden, argumentierten sie in Sachen MAI entweder blauäugig oder zynisch. Es wurde auch regelrecht gelogen, um das MAI oder die eigene Befürwortung des MAI zu verteidigen. Es wird also auch in Zukunft darauf ankommen, sich nicht einfach auf Institutionen zu verlassen, selbst wenn sie in Opposition zum MAI stehen, sondern immer wieder auf die persönliche Betroffenheit zurückzukommen.

Deutschland

In Deutschland suchte man im Frühling und Sommer 1997 vergeblich in der Presse nach Nachrichten über das MAI oder gar über Widerstand gegen dieses Geheimabkommen. Offensichtlich hielten sich hierzulande auch alle Beamten im Wirtschaftsministerium gehorsam an die Geheimhaltungsverordnung der OECD. Niemand kannte den Originaltext. Bis Januar/Februar 1998 hatten die meisten Abgeordneten des Bundestages (angeblich) noch nie etwas von MAI gehört, auch nicht die der Opposition. Auch die Spitze des DGB, die über das *Trade Union Advisory Committee* (TUAC) als Beobachter mit am Verhandlungstisch in Paris sitzt, hielt es nicht für nötig, die Gewerkschaftsbasis über die Existenz dieser Verhandlungen zu informieren, die doch grundlegende Arbeiterrechte betreffen. Dennoch waren es kritische Gewerkschafter, die als erste in Deutschland ihre Stimme gegen das MAI erhoben.

Widerstand von Gewerkschaftern

Am 8. Juni 1997 erfuhren die Delegierten, die zum 85. Jahrestreffen der Internationalen Gewerkschaftsbewegung nach Genf gekommen waren, von der Existenz der MAI-Verhandlungen. An Ort und Stelle verfaßten sie eine Erklärung, in der sie die sofortige

Veröffentlichung des Vertragsentwurfes forderten und die anmaßenden Übergriffe auf Arbeiter- und Umweltschutzrechte scharf zurückwiesen. Nach ihrer Rückkehr fuhr eine deutsche Delegation zum Wirtschaftsministerium und verlangte, daß ihr ein Exemplar des Originalentwurfs des MAI ausgehändigt werde. Dies wurde von einem Herrn Dr. Zimmer mit der Begründung abgelehnt: »Es ist legitim, den normalen Bürger nicht zu informieren, unter welchen Bedingungen ein Konzern im Ausland investiert.« (*Soziale Politik und Demokratie* 46, S. 11ff.) Die Gewerkschafter schickten eine Presseerklärung an die wichtigsten Zeitungen, an die SPD- und Gewerkschaftsführung, in der sie diese skandalöse und undemokratische Geheimhaltungspolitik kritisierten. Doch es erfolgte keine Reaktion. Die deutsche Presse schwieg weiter.

Die Gewerkschafter schrieben:

»Zur gleichen Zeit, wo die Arbeitnehmer weltweit mit Angriffen der Deregulierung, Privatisierung, Zerstörung der öffentlichen Dienste, mit Angriffen auf ihre Rechte, Tarifverträge und kollektiven Garantien konfrontiert sind, erfahren wir soeben, daß Verhandlungen zum Abschluß eines internationalen Vertrages im Gang sind, der im Falle der Unterzeichnung in einem nie dagewesenen Ausmaße die Rechte, Standards, Garantien und Freiheiten, sogar die Existenz souveräner Nationen infrage stellen würde.«

Dieses MAI würde »die gesamte Menschheit einer endlosen, schrankenlosen Ausbeutung unterwerfen« (*Soziale Politik und Demokratie* Nr. 46, S. 11ff.). Wie viele andere Kritiker sehen diese kritischen Gewerkschafter das MAI nicht als einmaliges Ereignis an, sondern als Fortsetzung des Prozesses der weltweiten Deregulierung, Liberalisierung, Privatisierung, der mit Verträgen wie GATT/WTO, NAFTA, APEC, MERCOSUR und in Europa mit den Maastricht/Amsterdam-EU-Verträgen anfing und nun durch das MAI seinen Höhepunkt finden soll. Sie sagten deshalb nicht nur NEIN zu MAI, sondern auch NEIN zu Maastricht/Amsterdam (EU), NEIN zu NAFTA, NEIN zu APEC.

Die erste Gewerkschaftsgruppierung, die sich im November 1997 dem NEIN zum MAI anschloß, war die DGB-Bundesfrauenkonferenz in Magdeburg. Es waren auch Frauenbeauftragte der *Katholischen Arbeiterbewegung*, die den Protest gegen das MAI in diesen Gewerkschaftsverband und in andere kirchliche Verbände hineintrugen.

Doch die Position der Gewerkschaften zum MAI ist nicht eindeutig. Es gibt zwei Positionen. Da ist zunächst die Position des TUAC (*Trade Union Advisory Committee* – des Internationalen Gewerkschaftsbeirats), der von Anfang an als Beobachter an den MAI-Verhandlungen teilnahm und das MAI-Abkommen als solches akzeptierte. Das TUAC und mit ihm die DGB-Spitze wollen nur, daß Sozialklauseln im MAI verankert werden. H.W. Schuster fragt, ob die Position des TUAC mit der Unabhängigkeit der Gewerkschaften zu vereinbaren sei:

»Wem sind die TUAC-Leute rechenschaftspflichtig? Warum haben DGB-VertreterInnen, die seit vielen Monaten als Angehörige z.B. der Abteilung Wirtschafts- und Tarifpolitik beim DGB-Bundesvorstand mit MAI befaßt waren, nicht die Gewerkschaftsmitglieder informiert?«

Ähnlich empört fragt auch die *Belegschaftsliste Bayer-Wuppertal,* c/o S. Hufschmid, die TUAC und den DGB-Bundesvorstand, warum sie die Basis nicht über die MAI-Verhandlungen und ihre Gefahren unterrichtet hätten.

»Anstatt daß Ihr Euch der Offensive des Internationalen Unternehmertums für weitere Deregulierung, Einschränkung der staatlichen Souveränität und damit der Demokratie entschieden entgegenstellt, gebt Ihr mit Eurem Ringen um Präambeln, Anhängsel und Klauseln von geringer Verbindlichkeit und Bedeutung ein Feigenblatt für dieses ›internationale kapitalistische Manifest‹ (Le Monde Diplomatique) ab.« (Brief vom März 1998)

Die Belegschaftsliste schickte eine Kopie ihres Briefes auch an die ICEM (International Federation of Chemical, Energy, Mine and General Workers Union) in Brüssel.

Der Generalsekretär der ICEM, Vic Thorpe, unterstützte in einem Schreiben im Juni den Protest der Belegschaftsliste. Er schrieb: »Ich hoffe, daß die Ansichten, die Ihr in Eurem Brief ausdrückt, auch vom Apparat Eurer eigenen Gewerkschaft formuliert werden und so in die Debatte einfließen, die wir anstoßen wollen. Glaubt mir, ich habe absolut kein Interesse daran, zu beobachten, wie ICEM oder andere internationale Gewerkschaftsorganisationen den Hintern von globalen Bürokraten lecken, die nichts anderes im Sinn haben, als unsere Bewegung zu zerstören.«

Der DGB hat jedoch erst im März 1998 eine ziemlich lahme Stellungnahme zum MAI abgegeben und die Mitglieder informiert.

Widerstand von Bürgern

Erste Anti-MAI-Aktivitäten gingen in Deutschland von einer kleinen Initiativgruppe in Köln aus, die im Sommer 1997 von Terry Wolfwood erste Informationen über das MAI und den Widerstand in Kanada erhalten hatte. Die Gruppe stellte aus diesem Informationsmaterial ein MAI-Dossier zusammen, das auch die erste Analyse von Tony Clarke enthielt: »MAI – ein Vertrag zur Herrschaft der Konzerne.« Dieses Dossier wurde zunächst Freunden und Bekannten, der Presse, Parteimitgliedern und dem DGB zugeschickt. Doch schließlich fragten immer mehr Interessierte nach diesem Dossier. Die Nachfrage hält bis heute an.

Anfang Januar beschloß die Gruppe, die sich hinfort *Komitee Widerstand gegen das MAI* nannte, einen großen Anti-MAI-Kongreß in Bonn vor der Paraphierung des MAI zu veranstalten, die für den 27. April 1998 geplant war.

Der Kongreß wurde von vielen Organisationen unterstützt, u.a. von der IG-Medien, vom Schriftstellerverband und vom Landesverband des BUND NRW.

Am 25. April 1998 fand dieser internationale Kongreß »Das MAI – der Gipfel der Globalisierung« statt. Er war in Zusammenarbeit mit dem AStA der Universität Bonn organisiert worden.

Über 500 Menschen nahmen teil. Vertreter der internationalen Anti-MAI-Kampagne wie Tony Clarke (Kanada) und Martin Khor (Malaysia) sprachen über die Gefahren des MAI. Aktivisten aus England, Österreich, Holland und Finnland waren erschienen. Es war die erste größere öffentliche Veranstaltung zum MAI in Deutschland. Diskussionen im vollbesetzten Audimax zeigten, daß es ein ungeheures Defizit an Informationen in Deutschland gibt. Viele waren gekommen, weil sie sich später nicht sagen lassen wollten: »Ihr müßt es doch gewußt haben. Warum habt Ihr nichts unternommen?«

Denn anders als in anderen Ländern berichtete die Presse kaum über das MAI und schon gar nicht über den internationalen Widerstand. Das gilt auch für die Berichterstattung über den Kongreß selbst. Die größeren Blätter ignorierten ihn völlig.

Die Schlußerklärung des Kongresses, von mehr als 300 Teilnehmern unterschrieben, forderte, daß das MAI gestoppt werden müsse, denn keine Regierung habe das Recht, die grundlegenden Rechte und Interessen der Bürger den Interessen der Konzerne unterzuordnen.

38 Teilnehmer erklärten sich bereit, weitere Aktivitäten gegen das MAI zu organisieren. In verschiedenen Städten haben sich Gruppen gebildet, die Veranstaltungen gegen das MAI planen. Ein MAI-Arbeitskreis in München hat schon mehrere solcher Veranstaltungen organisiert, und einer ihrer Teilnehmer hat bereits ein Lesedrama zum MAI geschrieben. Wie in Österreich sind es vor allem einzelne, teils in, teils außerhalb von Verbänden, Kirchen, Organisationen, die selbst die Initiative ergreifen, um das Schweigen der Medien zu durchbrechen.

Studenten werden aktiv

Seit Januar 1998 entstanden an verschiedenen Universitäten MAI-Arbeitsgruppen, z.B. in Berlin, Nürnberg, Regensburg, Bochum, Frankfurt, Köln, Heidelberg, Aachen. Ein Jura-Student aus Regensburg machte sich daran, eine deutsche Übersetzung des MAI zu erstellen.

Die Studenten forderten Politiker und Presse auf, zum MAI Stellung zu nehmen. Meist stießen sie auf Unwissen oder Desinteresse. Als Berliner Studenten Herrn Lafontaine bei einem Treffen mit Herrn Thierse, Herrn Reemtsma und Journalisten nach seiner Meinung zum MAI fragten, antwortete Lafontaine, er habe geglaubt, es handele sich dabei um eine Sekte.

Am Aschermittwoch organisierte ein studentisches Aktionsbündnis von Studenten aus Regensburg, Nürnberg und Passau eine MAI-Gegenveranstaltung zum traditionellen politischen Aschermittwoch der CSU in Passau.

Aktivitäten von Parlamentariern

Im Dezember 1997 hatte Michael Müller mit 50 weiteren SPD Mitgliedern eine Kleine Anfrage zum MAI an die Regierung gerichtet. Am 14. Januar fand eine Sitzung des Wirtschaftsausschusses des Bundestages statt, in der, auf der Grundlage eines 1 ½-seitigen Papiers, das MAI »mündlich erörtert« werden sollte. Keiner der Abgeordneten hatte je den Originalentwurf des MAI zu Gesicht bekommen. Die SPD-Abgeordnete Dr. Ingrid Skarpelis-Sperk empörte sich darüber. Es sei eine Unverschämtheit, daß ein Abkommen, das als neue Verfassung der Weltwirtschaft deklariert worden sei (Ruggiero), ihnen lediglich in Form von anderthalb Seiten Papier vorgelegt würde. Sie formulierte einige grundsätzliche Fragen und verlangte eine offene Aussprache über das MAI im Bundestag.

Über Umwege hatte sie sich den englischen Textentwurf besorgt. Sie konnte den Kollegen so zeigen, daß es das MAI-Dokument wirklich gibt und daß es sich nicht nur um ein Gespenst handelt, wie manchmal behauptet wurde. Die SPD-Abgeordneten der AG Wirtschaft veröffentlichten daraufhin eine Presseerklärung mit der Forderung, vor einer offenen Debatte über das MAI im Bundestag und in der Bevölkerung dürfe die Bundesregierung das MAI nicht unterzeichnen. Sie forderten die Übersetzung und Veröffentlichung des Vertragstextes. Die Presse ignorierte beides. Bis heute ist keine offene Aussprache im deutschen Bundestag erfolgt.

Ende Dezember richtete die Gruppe der PDS eine Kleine Anfrage zum MAI an die Bundesregierung. Die Antwort der Bundesregierung erfolgte am 21. 1. 98. Am 9. 2. 98 gab die PDS eine Presseerklärung heraus, in der sie die Forderungen der Kampagne gegen das MAI

– nach sofortiger Veröffentlichung und Übersetzung,
– nach parlamentarischer Ablehnung,
– nach breiter öffentlicher Diskussion des MAI unterstützt:

Die PDS machte das MAI zum Wahlkampfthema.

Mitte April, erst kurz vor der geplanten Unterzeichnung, richtete die Fraktion Bündnis 90/Die Grünen einen Entschließungsantrag bezüglich des MAI an die Bundesregierung. Doch weder die SPD noch Bündnis 90/Die Grünen haben das MAI zum Wahlkampfthema gemacht.

Die internationale Ebene: die Rolle der NROs

Wie bei allen großen internationalen Konferenzen und Abkommen, versuchen die Befürworter eines ungehemmten freien Spiels für die Transnationalen Konzerne, die »Global Players«, diejenigen, die sie als Vertreter der »Zivilgesellschaft« ansehen, die sogenannten Nichtregierungsorganisationen (NROs), zu Gesprächen einzuladen. Dies brauchen sie zur Legitimierung ihrer neoliberalen Strategie genauso wie die Duldung oder Akzeptanz durch die internationale Gewerkschaftsvertretung (TUAC). Sie können dann behaupten, die relevanten Gruppen der Gesellschaft wären informiert gewesen und hätten Gelegenheit gehabt, ihre Stellungnahme vorzulegen.

Darum lud die OECD im Oktober 1997 Vertreter verschiedener NROs ein, um mit ihnen das MAI zu erörtern. Die internationalen NROs erarbeiteten ein Papier zum MAI, in dem sie entscheidende Punkte des Abkommens kritisierten, Verbesserungen und eine Aufschiebung forderten. Sie lehnten aber das MAI nicht grundsätzlich ab. Sie verlangten vor allem die Integration von Arbeits- und Umweltrechten in das Vertragswerk. Diese NRO-Erklärung vom Oktober 1997 wurde weltweit von 600 Organisationen aus 67 Ländern unterstützt.

In der deutschen Presse wurde das NRO-Papier zum MAI jedoch nicht bekannt gemacht. Im Dezember 1997 erklärten die beiden deutschen NROs *Germanwatch* und *WEED*, daß sie sich nun der internationalen Kampagne gegen das MAI anschließen wollten. Im Januar 1998 organisierten sie einen Presse-Workshop zum MAI. Das Resultat waren Anfang Februar zwei längere, verharmlosende Artikel in der *Frankfurter Rundschau* und in der *Tageszeitung*.

WEED, Germanwatch, das *Komitee Widerstand gegen das MAI* und *Play Fair Europe* verfaßten einen gemeinsamen Protestbrief an die Abgeordneten von Bundestag und Bundesrat, in dem diese aufgefordert werden, das MAI nicht zu ratifizieren. In Deutschland hat sich der Landesverband von BUND NRW besonders aktiv eingeschaltet, den Aufruf für den Bonner Kongreß unterstützt und in einer eigenen Stellungnahme die Ablehnung des MAI wegen seiner Verfassungswidrigkeit gefordert.

Der internationale Widerstand ist eingebettet in eine viel breitere Kampagne, die, ausgehend vom Süden, die gesamte neoliberale Politik der Globalisierung, Privatisierung und Deregulierung angreift und sich neben dem MAI auf die Weltbank, den Internationalen Währungsfonds und die WTO konzentriert. Koordiniert wird dieser internationale Widerstand u.a. vom Netzwerk *People's Global Action Against Globalisation and Free Trade* (PGA). Am 18. Mai 1998 hat das PGA anläßlich der 50-Jahres-Feiern von GATT Aktionstage in Genf gegen die WTO und gegen das MAI durchgeführt, die mit ungewöhnlicher Härte von der Polizei behindert wurden.

Das Netzwerk PGA besteht aus verschiedenen Initiativen und Bewegungen aus dem Süden und dem Norden, die den transnationalen »Global Players« und der WTO das Recht streitig machen, ihre Lebensbedingungen und ihr Leben dem Profit zu opfern.

Die EU-Ebene

Da die EU-Kommission als Beobachter mit am Verhandlungstisch bei der OECD sitzt, ist ihre Haltung zum MAI ebenfalls wichtig. Sie tritt bis heute für eine völlige Liberalisierung von Handel und Investitionen ein. Die meisten Abgeordneten des Europaparlaments begrüßten zunächst das MAI, die EU-Kommission verlangte lediglich eine »Ausnahme« bezüglich der ökonomischen Integration Europas, die REIO-Klausel (*Regional Economic Integration Organization*). Die EU möchte europäischen Firmen und Bürgern wegen der geplanten Osterweiterung Vorzüge gewähren, die für nichteuropäische Firmen nicht gelten sollen. Die USA wehren sich gegen diese Ausnahmeforderung.

Der Berichterstatter des Ausschusses für Außenwirtschaftsbeziehungen des Europaparlaments, der Abgeordnete Kreissl-

Dörfler von Bündnis 90/Die Grünen, legte dem EU-Parlament am 11. März 1998 einen kritischen Bericht zu den OECD-MAI-Verhandlungen vor. Er nannte das MAI eine Auftragsarbeit der Konzerne und verlangte seine Ablehnung. Zum Erstaunen aller Beteiligten akzeptierte das Europaparlament diesen Bericht und stimmte mit überwältigender Mehrheit gegen das MAI in der jetzigen Form.

Inzwischen rührt sich in vielen Ländern Europas der Widerstand – im Norden in Schweden und vor allem in Finnland, aber auch in Italien und in der Schweiz, wo man zunächst meinte, die Schweizer Verfassung würde vor MAI-Mißbrauch schützen.

Auch in vielen anderen Ländern der Welt wehren sich Menschen gegen das MAI, z.B. in Australien, Neuseeland, Südkorea. Die Länder der »Dritten Welt«, die von den Verhandlungen ausgeschlossen sind, diesem Abkommen aber »beitreten dürfen«, wenn es abgeschlossen ist, sehen im MAI eine direkte Bedrohung einer eigenen Wirtschaftsentwicklung in ihren Ländern. Martin Khor, Direktor des *Third World Network,* war der erste, der bereits 1996 vor den Gefahren des MAI für den Süden, aber auch für den Norden gewarnt hat.

Fazit

Der internationale Widerstand gegen das MAI weist trotz nationaler, kultureller und politischer Unterschiede viele Gemeinsamkeiten auf. In allen Ländern ging er von einzelnen aus, die sich in der Umweltbewegung, in der Dritte-Welt-Solidaritätsbewegung, in Bürgerrechts-, Menschenrechts- und Verbraucherorganisationen, in der Frauen- und Gewerkschaftsbewegung engagieren. In allen Ländern waren die Parteien und Parlamentarier uninformiert und/oder desinteressiert. In allen Ländern weigerten sich die Mainstream-Medien zunächst, überhaupt über das MAI zu berichten, und kritische Berichte erschienen erst, nachdem die Anti-MAI-Bewegung nicht mehr zu überhören und zu übersehen war.

Die kritischen Veröffentlichungen führten zu wachsender Empörung, daß die Vertreter demokratisch gewählter Regierungen die Interessen privater Großkonzerne über die Rechte und Freiheiten der Bürger und den Schutz der Natur stellen. Viele beginnen zu verstehen, daß sie wieder Politik in der ersten Person machen müssen und daß sie sie nicht mehr irgendwelchen Delegierten überlassen können. Der Anti-MAI-Widerstand zeigt, daß die Rede von der Politikverdrossenheit nicht stimmt.

Viele wollen nicht mehr hilflos vor sogenannten globalen »Sachzwängen« kapitulieren, die ihnen von ihren Regierungen wie Naturgesetzlichkeiten verkauft werden. Das MAI hat zur wichtigen Erkenntnis verholfen, daß die Politik der Globalisierung, Liberalisierung, Deregulierung kein ehernes Schicksal ist, das wie die Kontinentaldrift nicht zu stoppen ist, sondern daß diese Politik im Interesse des Kapitals gemacht wird und daß es sich lohnt, sich dagegen zu wehren.

Ferner wird durch das MAI ganz handgreiflich deutlich, daß es jetzt um die »Drittweltisierung« der »Ersten Welt« geht. Damit ist der Zeitpunkt gekommen, daß wir in den Industrieländern von den Bewegungen in der »Dritten Welt« lernen können, wie wir die Herrschaft der »Global Players« zurückweisen können, denn den Satz: »Was gut ist für Siemens, ist gut für die Deutschen« kann nun niemand mehr glauben. Vor allem hat der Widerstand gegen das MAI überall denselben Effekt, daß begonnen wird, erneut und engagiert über Wirtschaft, Politik, Demokratie, Souveränität, Staat nachzudenken und nach neuen Perspektiven jenseits der Herrschaft von Kapital und Patriarchat zu suchen.

Bei diesem Nachdenken fallen jedoch nicht nur Gemeinsamkeiten und Erfolge auf, sondern auch erhebliche Unterschiede und Konflikte zwischen Ländern, die wir nicht verschweigen wollen.

Wir haben uns z.B. gefragt, warum das MAI in Deutschland, anders als in anderen Ländern, nach wie vor kaum bekannt ist. Wir müssen immer wieder bei Null anfangen, um zu erklären, was dieses Abkommen bedeutet und warum es wichtig ist, sich damit auseinanderzusetzen. In Kanada, den USA, Frankreich, England, Holland, Schweden, Finnland, Dänemark und Österreich ist das MAI längst zu einem öffentlichen Thema geworden, zu dem sich Politiker äußern müssen, und über das die Presse berichtet.

Warum gibt es bisher in Deutschland trotz der Kampagne

nichts Vergleichbares? Warum schweigt die große Presse beharrlich? Warum wissen Abgeordnete aller Parteien (angeblich) immer noch nicht, daß es sich bei diesen drei Buchstaben weder um den Wonnemonat im Frühling, noch um eine Sekte handelt?

Warum haben die Oppositionsparteien SPD und Bündnis 90/Die Grünen das MAI nicht zu einem Wahlkampfthema gemacht? Anders als in Kanada 1997 spielt das MAI im deutschen Wahlkampf 1998 keine Rolle, außer bei rechten Parteien und Gruppierungen.

Warum führt die Tatsache, daß durch das MAI die Souveränität von Bund, Ländern und Gemeinden eingeschränkt werden soll, in Deutschland dazu, daß die, die auf diese Einschränkung hinweisen, in die rechte Ecke gestellt werden?

Maria Mies

Die wichtigsten Klauseln des Vertrages[1]

I. Begriffsbestimmungen

1. Investor bedeutet:

I. eine natürliche Person, die nach geltendem Recht einer Vertragspartei die Staatsangehörigkeit dieser Vertragspartei besitzt oder ihren ständigen Wohnsitz in dieser Vertragspartei hat, oder
II. eine juristische Person oder jede andere nach geltendem Recht einer Vertragspartei eingerichtete oder gegründete Körperschaft, unabhängig davon, ob sie der Gewinnerzielung dient oder nicht, ob in privatem oder öffentlichem Eigentum oder unter privater oder öffentlicher Kontrolle, einschließlich einer Kapitalgesellschaft, Treuhandgesellschaft, Personengesellschaft, eines Einzelunternehmens, Joint Ventures, einer Vereinigung oder Organisation.

2. Investition bedeutet:

jede Art von Vermögenswert, in direktem oder indirektem Eigentum oder unter direkter oder indirekter Kontrolle, einschließlich:

I. eines Unternehmens (eine juristische Person oder jede andere nach geltendem Recht einer Vertragspartei eingerichtete oder organisierte Körperschaft, unabhängig davon, ob sie zur Gewinnerzielung dient oder nicht, ob in privatem oder öffentlichem Besitz oder unter privater oder staatlicher Kontrolle, einschließlich einer

1 Wir beziehen uns hier auf die Übersetzung, die der Tiroler Gewerkschaftsbund im März 1998 erstellt hat.

Kapitalgesellschaft, Treuhandgesellschaft, Personengesellschaft, eines Einzelunternehmens, Joint Ventures, einer Vereinigung oder Organisation);
II. Anteilsrechte, Aktien oder andere Arten von Kapitalbeteiligung an einem Unternehmen sowie Rechte daraus;
III. Schuldverschreibungen, ungesicherte Verbindlichkeiten, Anleihen sowie andere Schuldformen und Rechte daraus;
IV. Rechte aus Verträgen, einschließlich schlüsselfertiger Verträge, Bau-, Geschäftsführungs-, Produktions- oder Finanzausgleichsverträge;
V. Ansprüche auf Geld und Ansprüche auf Leistung;
VI. Rechte auf geistiges Eigentum;
VII. kraft Gesetz oder auf Grund eines Vertrags übertragene Rechte wie Konzessionen, Lizenzen, Befugnisse und Genehmigungen;
VIII. des Eigentums an allen körperlichen und unkörperlichen, beweglichen und unbeweglichen Sachen sowie damit in Zusammenhang stehende dingliche Rechte, wie Pacht, Hypotheken, Zurückbehaltungsrechte und Pfandrechte.

Dieser Begriff von »Investor« und »Investition« ist weiter als der bisher in bilateralen Verträgen benutzte. Er umfaßt »jede Art von Vermögenswert, welcher unmittelbar oder mittelbar im Eigentum oder der Kontrolle eines Investors steht«. (BWMi) *Diese tautologische Definition umfaßt praktisch alles unter der Sonne, ob es sich um Patente, geistige Eigentumsrechte handelt oder um Schuldverschreibungen, Vermögen aus Drogenhandel, aus spekulativen Portfolio-Investitionen oder irgend etwas sonst. Die wichtigste Bedingung für den Schutz einer solchen Investition durch das MAI ist, daß sie den Einsatz von Kapital, die Erwartung von Profit und die Übernahme von Risiko beinhaltet.*

Das heißt: Ethische, ökologische, soziale, politische Gesichtspunkte haben nur dann einen Platz in dieser Definition, wenn sie gleichzeitig zur Gewinnmaximierung und zu weiterem Wachstum beitragen. Es ist aber längst bekannt, daß die meisten der genannten Werte im Widerspruch zum Wachstum und Profitmotiv stehen; also gehören sie nicht zum MAI. Nach der Unterzeichnung des MAI dürfte es z.B. noch schwieriger als bisher sein, die Forschung an einwilligungsunfä-

higen Personen oder an Embryonen zu verbieten; denn beides kann zu lukrativen Investitionsmöglichkeiten führen.

II. Inländerbehandlung und Meistbegünstigung

1. Jede Vertragspartei gewährt den Investoren einer anderen Vertragspartei und ihren Investitionen eine nicht weniger günstige Behandlung als jene, die sie (unter ähnlichen Umständen) ihren eigenen Investoren und ihren Investitionen in bezug auf die Gründung, den Erwerb, die Erweiterung, Tätigung, Verwaltung, Aufrechterhaltung, Verwendung, Nutzung, den Verkauf oder eine andere Veräußerung von Investitionen gewährt.
2. Jede Vertragspartei gewährt den Investoren einer anderen Vertragspartei und ihren Investitionen eine nicht weniger günstige Behandlung als jene, die sie (unter ähnlichen Umständen) den Investoren einer anderen Vertragspartei oder Nichtvertragspartei und den Investitionen von Investoren einer anderen Vertragspartei oder Nichtvertragspartei in bezug auf die Gründung, den Erwerb, die Erweiterung, Tätigung, Verwaltung, Aufrechterhaltung, Verwendung, Nutzung, den Verkauf oder eine andere Veräußerung von Investitionen gewährt.
3. Jede Vertragspartei gewährt den Investoren einer anderen Vertragspartei und ihren Investitionen jene in Artikel I.1 und I.2 vorgeschriebene Behandlung, die sich für diese Investoren oder Investitionen als am günstigsten erweist.

Die Bestimmungen über Inländerbehandlung und Meistbegünstigung werden von den Befürwortern des MAI stets als das Kernstück des Abkommens dargestellt, bei dem es lediglich um die Aufhebung der Diskriminierung zwischen inländischen und ausländischen Investoren gehe.

Kritische KommentatorInnen weisen jedoch darauf hin, daß es hier nicht in erster Linie um Diskriminierung geht, sondern um die Aufhebung aller nationalen Beschränkungen im internationalen Investitionswettbewerb. Darum wird nicht nur eine de jure Diskriminierung verboten, sondern auch eine de facto. Ein kommunales Ge-

setz, das z.B. verbietet, daß Industrien in Wohngebieten angesiedelt werden, könnte von einem ausländischen Investor als de facto Diskriminierung ausgelegt werden, die nach dem MAI verboten ist. Oder ein Staat könnte wegen »Diskriminierung« verklagt werden, wenn er einem Auslandsinvestor eine Begrenzung der Ausbeutung von Mineral-Ressourcen vorschreibt, die er einem inländischen Investor vorher nicht vorgeschrieben hat.

Die Klausel über »Inländerbehandlung« und die »Meistbegünstigung« sind feste Bestandteile in vielen internationalen Verträgen, so im GATT, aber auch in vielen bilateralen Investitionsabkommen. Während diese Klauseln bisher aber nur die Diskriminierung verbieten, nachdem ein Auslandsinvestor schon seine Firma im Gastland errichtet hat, verlangt das MAI, daß ein Auslandsinvestor ein generelles Zugangsrecht zu allen Unterzeichnerländern und zu allen Wirtschaftssektoren hat. Damit geht das MAI weit über bisherige bilaterale Abkommen hinaus (Sforza 1998, S. 5). Michelle Sforza von Public Citizen sieht in diesem allgemeinen Zugangsrecht nicht nur einen »top-down-Ansatz«, sondern die praktische Auflösung nationaler Grenzen zum Zwecke der Investitionen.

Die Meistbegünstigungsklausel verlangt außerdem, daß alle Investoren das gleiche Recht zum Eintritt in ein Land haben. »Investoren kann der Zutritt zu einem Markt nicht verwehrt werden, und er darf nicht aufgrund seiner Nationalität anders behandelt werden« (Sforza 1998, S. 8). Ein Investor darf nicht wegen der Politik seines Landes vom Geschäftemachen in einem bestimmten Land abgehalten werden. Der Boykott des Südafrikanischen Apartheidsregimes wäre nach dem MAI illegal gewesen, und Mandela säße immer noch im Gefängnis. Ebenso dürften Gemeinden und Staaten keinen Boykott gegen Firmen wie Shell in Nigeria zulassen oder stützen, die Menschenrechte verletzen, die Umwelt zerstören oder Kriege anzetteln (Sforza 1998, S. 5-8).

Beschäftigungsauflagen

Eine Vertragspartei erlaubt den Investoren einer anderen Vertragspartei und ihren Investitionen, jede natürliche Person nach Wahl des Investors oder der Investition zu beschäftigen, unabhängig ihrer Staatsangehörigkeit, sofern diese Person über eine gültige Aufenthalts- und Arbeitsbewilligung verfügt, die von den zuständigen Behörden der anderen Vertragspartei ausgestellt wird, und die betreffende Beschäftigung den Bedingungen und zeitlichen Beschränkungen der dieser Person gewährten Bewilligung entspricht.

Leistungsauflagen

1. Eine Vertragspartei darf in Zusammenhang mit der Gründung, dem Erwerb, der Erweiterung, Verwaltung, Tätigkeit oder Durchführung einer Investition eines Investors einer Vertragspartei oder einer Nichtvertragspartei in ihrem Hoheitsgebiet keine der folgenden Auflagen festlegen, durchsetzen oder beibehalten oder irgendeine Verpflichtung durchsetzen, um

a) eine bestimmte Menge oder einen bestimmten Prozentsatz an Gütern und Dienstleistungen zu exportieren;

b) eine bestimmte Menge oder einen bestimmten Prozentsatz an inländischem Geschäftsumfang (»local content«) zu erreichen;

c) in ihrem Hoheitsgebiet produzierte Güter oder erbrachte Dienstleistungen zu erwerben, zu nutzen oder ihnen eine Präferenz einzuräumen oder Güter oder Dienstleistungen von Personen in ihrem Hoheitsgebiet zu erwerben;

d) auf irgendeine Weise das Volumen oder den Wert von Importen mit dem Volumen oder dem Wert von Exporten oder dem Umfang an Devisenzuflüssen, die in Zusammenhang mit dieser Investition stehen, in Beziehung zu setzen;

e) den Absatz von Gütern und Dienstleistungen, den diese Investition produziert oder erbringt, in ihrem Hoheitsgebiet dadurch zu beschränken, daß dieser Absatz mit dem Volumen oder dem Wert ihrer Exporte oder Deviseneinnahmen in Beziehung gesetzt wird;

f) Technologie, einen Produktionsprozeß oder anderes eigentumsrechtlich geschütztes Wissen auf eine natürliche oder juristische Person in ihrem Hoheitsgebiet zu übertragen, außer wenn dazu eine Auflage besteht oder die Verpflichtung dazu von einem ordentlichen Gericht, einem Verwaltungsgericht oder einer Wettbewerbsbehörde durchgesetzt wird, um eine mögliche Verletzung des Wettbewerbsrechts zu korrigieren (oder auf eine Weise zu handeln, die nicht unvereinbar mit dem TRIPS-Abkommen ist);

g) ihre Hauptgeschäftsstelle für ein bestimmtes Gebiet oder den Weltmarkt in das Hoheitsgebiet dieser Vertragspartei zu legen;

h) ein oder mehrere der von ihr produzierten Güter oder erbrachten Dienstleistungen einem bestimmten Gebiet oder dem Weltmarkt ausschließlich vom Hoheitsgebiet dieser Vertragspartei aus anzubieten;

i) (für die Bereiche Produktion, Investition, Absatz, Beschäftigung oder Forschung und Entwicklung eine bestimmte Menge oder einen bestimmten Wert in ihrem Hoheitsgebiet zu erreichen);

j) (eine bestimmte Zahl an lokalem (Personal) (Staatsangehörigen) einzustellen);

k) ein Joint Venture zu gründen; oder

l) (ein Mindestmaß an lokaler Kapitalbeteiligung zu erreichen).

2. Absatz 1 hindert eine Vertragspartei nicht daran, den Erhalt oder weiteren Erhalt eines Vorteils in Zusammenhang mit einer Investition einer Vertragspartei oder einer Nichtvertragspartei in ihrem Hoheitsgebiet von der Erfüllung der in Absatz (1 lit. a und) 1 lit. f bis 1 lit. l festgelegten Auflagen oder Verpflichtungen abhängig zu machen.

»Diese Klauseln schränken die Gesetze und Regelungen ein, die von ausländischen Investoren das Einhalten bestimmter Bedingungen verlangen, ehe sie in einem Gebiet oder Land eine Firma gründen oder wenn sie in den Genuß von Steuerbegünstigungen oder anderer Regierungsunterstützung kommen wollen. Solche Regelungen sind etwa: daß einheimische Inputs verwandt werden, daß einheimisches Personal eingestellt wird, daß einheimische Zulieferfirmen berücksichtigt werden, daß der Technologietransfer gesichert ist, daß ein bestimmtes Maß an Forschung und Entwicklung, an Wertproduktion, der Schaffung von Arbeitsplätzen auf dem Gebiet des Gastlandes

ausbalanciert sind, daß ein bestimmter Prozentsatz lokaler Kapitalbeteiligung sichergestellt wird.« (Tony Clarke & Maude Barlow 1997)

Die Klauseln über das Verbot von Beschäftigungs- und Leistungsauflagen gehören zu den »absoluten Rechten der Investoren«, durch die die Risiken für eine Auslandsinvestition auf die Gastländer abgeschoben werden sollen. Dabei geht der Schutz, den diese Gastregierungen den Auslandsinvestoren gewähren müssen, weit über das hinaus, was sie einheimischen Firmen gewähren. Sie erleichtern die weitere Mobilität des Kapitals und machen diese sicherer.

Michelle Sforza macht darauf aufmerksam, daß der Wortlaut dieser Bestimmung sich nicht nur auf »Investoren einer anderen Vertragspartei« bezieht, wie bei der Inländerbehandlung, sondern auf »eine Vertragspartei« in bezug auf Investitionen auf ihrem Hoheitsgebiet. Damit gelten diese Verbote von Leistungsauflagen nicht nur für ausländische, sondern auch für inländische Investoren. Dies sei eingeführt worden, um eine faktische Diskriminierung ausländischer Investoren gegenüber inländischen zu verhindern. Regierungen könnten sonst einheimische Firmen bevorzugen, da sie ihnen Leistungsauflagen machen können. Dieses Verbot ist besonders gefährlich für Länder des Südens, die die einheimische Industrie und Entwicklung fördern und vor ausländischer Konkurrenz schützen wollen (Sforza 1998, S. 19).

III. Schutz von Investitionen

1. Allgemeine Behandlung

1.1 Jede Vertragspartei behandelt Kapitalanlagen (Investitionen) in ihrem Hoheitsgebiet von Investoren einer anderen Vertragspartei gerecht und billig und gewährt ihnen vollen und dauerhaften Schutz und Sicherheit. Keinesfalls gewährt eine Vertragspartei eine weniger günstige Behandlung als im nationalen Recht vorgesehen.

1.2 Eine Vertragspartei beeinträchtigt in ihrem Hoheitsgebiet nicht durch unangemessene oder diskriminierende (unangemessene und diskriminierende) Maßnahmen den Betrieb, die Verwaltung, den Gebrauch, die Nutzung oder die Verfügung über Kapitalanlagen von Investoren einer anderen Vertragspartei.

Diese Vorschrift des MAI soll den Auslandsinvestoren Schutz vor all den Regeln und Leistungsauflagen gewähren, die weder durch die geschlossene Liste der oben aufgeführten Auflagen erfaßt sind noch durch die folgenden Klauseln über Enteignung und Entschädigung. Nach Sforza könnten sich TNKs auf die Generalklausel berufen, wenn sie bestimmte Kern-Politiken von Regierungen angreifen wollen, wie z.B. Gesetze über Mindestlöhne, Gesetze, die verlangen, daß ein Investor für eine Minimal-Zeit in einem Land oder einer Stadt bleibt, Gesetze, die für entlassene Arbeiter und Kommunen eine Abfindung vorschreiben, oder Politiken, die der Kapitalflucht vorbeugen wollen u.a. (Sforza 1998).

2. Enteignung und Entschädigung

2. Eine Vertragspartei darf eine Investition eines Investors einer anderen Vertragspartei in ihrem Hoheitsgebiet nicht direkt oder indirekt enteignen oder verstaatlichen oder eine andere Maßnahme oder Maßnahmen mit gleicher Wirkung ergreifen (im folgenden als »Enteignung« bezeichnet) außer:

a) im öffentlichen Interesse;
b) auf nichtdiskriminierende Weise;
c) auf Grund eines rechtmäßigen Verfahrens;
d) gegen gleichzeitige Bezahlung einer unverzüglichen, angemessenen und wirksamen Entschädigung nach Artikel 2.2 und 2.5 unten.

2.2 Die Entschädigung ist unverzüglich zu leisten.
2.3 Die Entschädigung entspricht dem angemessenen Marktwert der enteigneten Investitionen unmittelbar vor ihrer Enteignung. Dieser angemessene Marktwert darf in keinster Weise eine Wertänderung enthalten, die durch die Tatsache bedingt ist, daß die Enteignung vorher öffentlich bekannt wurde.
2.4 Die Entschädigung ist tatsächlich verwertbar und frei transferierbar.

Bekannte Präzedenzfälle sind der Fall Ethyl Corporation gegen Kanada *und* Metalclad Corporation gegen Mexiko, *die das Nordamerikanische Freihandelsabkommen (NAFTA) ermöglicht haben. Im April 1997 hat das kanadische Parlament die Einfuhr des hochgiftigen Treibstoffzusatzes MMT, der von Ethyl Corporation hergestellt und vertrieben wird, verboten. Ethyl Corporation, ein US-Konzern, hat eine Tochterfirma in Kanada. Darauf verklagte Ethyl Corporation den kanadischen Staat wegen »indirekter Enteignung« zukünftiger Gewinne auf 251 Mio. Dollar Schadenersatz. Begründung: NAFTA – das direkte Vorbild für MAI – verbietet solche »indirekten Enteignungen«.* *(vgl. S. 61, 153f.)*

Metalclad Corporation, eine kalifornische Müllentsorgungsfirma, die Giftmüll exportiert, hat den mexikanischen Bundesstaat San Luis Potosi auf 90 Millionen Dollar Schadenersatz verklagt, weil dieser Staat nach einer Umweltverträglichkeitsprüfung eine Vergiftung des Trinkwassers befürchtet und das Gebiet, wo Metalclad seinen Standort hat, zum Umweltschutzgebiet erklärt hat. Metalclad begründet seine Klage mit den NAFTA-Bestimmungen über Enteignung und Verletzung der Klauseln über Inländerbehandlung, Meistbegünstigung und dem Verbot von Leistungsauflagen. (Quelle: The Preamble Center for Public Policy, Washington, DC)

3. Schutz vor Unruhen und Konflikten

3.1 Einem Investor einer Vertragspartei, der in bezug auf seine Investition im Hoheitsgebiet einer anderen Vertragspartei durch Krieg oder einen anderen bewaffneten Konflikt, durch eine Krise, Revolution, durch Aufstand, öffentliche Unruhen oder irgendein anderes ähnliches Ereignis im Hoheitsgebiet der anderen Vertragspartei Schaden erlitten hat, gewährt die andere Vertragspartei in bezug auf die Rückerstattung, den Ersatz, die Entschädigung oder in bezug auf irgendeine andere Abfindung eine nicht weniger günstige Behandlung als jene, die sie ihren eigenen Investoren oder den Investoren eines dritten Staates gewährt, je nachdem, welche sich für den Investor als am günstigsten erweist.

»Krisen, Aufstände, soziale Unruhen« u.ä. sind das Resultat der demokratie-, menschen- und naturverachtenden Investitions- und Freihandelspolitik der TNKs. Nach dem MAI müßten Regierungen in Zukunft mit Polizeigewalt stärker als bisher gegen solche Unruhen (z.B. von Bauern, Arbeitslosen, StudentInnen) vorgehen.
Interessanterweise beläßt das MAI den vertragabschließenen Staaten die volle Souveränität in bezug auf Verteidigungs- und Ordnungsrecht. Diese Bereiche sind von der allgemeinen Deregulierung, die das MAI ansonsten anstrebt, explizit ausgenommen worden. Das heißt, der MAI-Staat hat vor allem für ein sicheres Investitionsklima zu sorgen. Massive Verluste ausländischer Konzerne aufgrund von Aufständen, wie etwa kürzlich in Indonesien, müssen nach dem MAI in vollem Umfang von der jeweiligen Regierung, und das heißt vom Volk, kompensiert werden. Obwohl nach der MAI-Definition ein Investor durch Profitorientierung und Risikobereitschaft charakterisiert ist, reflektieren die Bestimmungen über Enteignungen und Unruhen eine »Vollkasko-Mentalität der Unternehmer, wie sie auf Arbeitnehmerseite heute niemand mehr auch nur annähernd zu formulieren wagte« (Germanwatch 1998, S. 16).

IV. Streitschlichtung

A. Verfahren zwischen Staaten
B. Rechtsstreitigkeiten zwischen Investor und Vertragspartei (Staat)
1. Anwendungsbereich und Handlungsfähigkeit

a) Dieser Artikel findet Anwendung auf Rechtsstreitigkeiten zwischen einer Vertragspartei und einem Investor einer anderen Vertragspartei hinsichtlich einer gemäß diesem Abkommen geltend gemachten Pflichtverletzung durch erstere Vertragspartei, sofern diese Pflichtverletzung dem Investor oder seiner Investition Schaden zufügt.
b) Ebenso kann ein Investor einer anderen Vertragspartei eine Investitionsstreitigkeit bezüglich einer Verpflichtung, die die Vertragspartei hinsichtlich einer bestimmten Investition des Inve-

stors eingegangen ist, gemäß diesem Artikel einem Schiedsgericht vorlegen, und zwar mittels:

i) einer Investitionsbefugnis, die von den zuständigen Behörden eigens für den Investor bzw. die Investition ausgestellt wird,

ii) einer schriftlichen Vereinbarung, die Rechte für (verschiedene Arten von Vertragsgegenständen) gewährt,

auf die sich der Investor bei der Gründung, dem Erwerb oder der wesentlichen Erweiterung einer Investition gestützt hat.

2. Mittel der Streitbeilegung

Ein derartiger Rechtsstreit sollte nach Möglichkeit auf der Basis von Verhandlungen oder Konsultationen bereinigt werden. Sollte dies nicht gelingen, kann der Investor den Rechtsstreit zur Beilegung vorlegen:

a) einem beliebigen zuständigen Gericht oder Verwaltungsgericht der in den Rechtsstreit involvierten Vertragspartei;

b) in Übereinstimmung mit den Streitbeilegungsverfahren, die vor Beginn des Rechtsstreits einvernehmlich festgelegt wurden, oder

c) einem Schiedsgericht in Übereinstimmung mit diesem Artikel, gemäß:

i) der Konvention über die Beilegung von Investitionsstreitigkeiten zwischen Staaten und Staatsangehörigen anderer Staaten (»ICSID Convention«), falls diese anwendbar ist;

ii) den ergänzenden Vorschriften des Zentrums zur Beilegung von Investitionsstreitigkeiten (»ICSID Additional Facility«), falls diese anwendbar sind;

iii) den Schiedsvorschriften der Kommission der Vereinigten Nationen für Internationales Handelsrecht (»UNCITRAL«) oder

iv) den Schiedsvorschriften der Internationalen Handelskammer (International Chamber of Commerce, ICC).

Dieser Investor-Staat-Streitschlichtungsmechanismus gibt Privatinvestoren und Konzernen das Recht, nationale Regierungen zu verklagen und finanzielle Entschädigungen für den Fall zu verlangen, daß ein Gesetz, eine Praxis, eine Politik Investorenrechte, wie sie das MAI festlegt, verletzt. Internationale Investoren haben die Wahl, einen Staat eher vor einer internationalen Streitschlichtungsstelle (wie dem ICC – einem nicht aus demokratischen Wahlen hervorgegangenen Gremium, in dem die TNKs dominieren) als vor den eigenen Gerichten zu verklagen. Im Grunde gewährt die Investor-Staat-Streitschlichtungs-Klausel einem privaten Investor mindestens denselben legalen Status wie einer nationalen (demokratisch gewählten) Regierung, um die MAI-Klauseln durchzusetzen.

Dauer des MAI (Kapitel XII.1 und 3)

Die Architekten des MAI wollen sicherstellen, daß durch dieses Abkommen die Liberalisierung der Investitionen auch in Zukunft sichergestellt ist. Länder, die das MAI unterzeichnen, verpflichten sich zu einer fünfjährigen Mitgliedschaft. Nach fünf Jahren können sie das Abkommen kündigen. Aber alle noch bestehenden Verpflichtungen gegenüber Auslandsinvestoren müssen noch weitere 15 Jahre eingehalten werden.

Das heißt, ein Land ist 20 Jahre in dieses Abkommen »eingeschlossen« (locked in). Das ist ungewöhnlich für internationale Verträge. Mitgliedsländer können aus dem NAFTA z.B. nach sechs Monaten ohne irgendwelche weiteren Verpflichtungen austreten (Sforza 1998, S. 24).

Die zwanzigjährige Dauer dieses Abkommens bedeutet, daß auch zukünftig Regierungen, gleichgültig, welche Partei durch Wahlen an die Macht gekommen ist, an die Bestimmungen dieses Abkommens gebunden sind. Die Interessen der Großkonzerne werden auf jeden Fall mindestens 20 Jahre lang die Politik bestimmen. »Regierungen kann man abwählen, Konzerne nicht«, sagte Martin Khor auf dem MAI-Kongreß in Bonn.

Standstill und Roll back
(Status quo und Abwicklung, Kap. IX. A (b))

Die Standstill- und Roll-back-Klauseln sind nur im Kommentar des MAI-Entwurfs vom 7. Oktober 1997 im Zusammenhang der länderspezifischen Ausnahmen aufgeführt. Man könnte sie mit Status-quo- und Abwicklungsbestimmungen übersetzen. (Eine offizielle deutsche Übersetzung des Kommentarteils liegt nicht vor.)

Die Standstill-Klausel bedeutet, daß vom Moment der Unterzeichnung des MAI keine neuen Gesetze verabschiedet werden dürfen, die nicht im Einklang mit den Regeln des MAI stehen.

Roll back heißt, daß die bestehende Gesetzgebung auf Widersprüche zum MAI überprüft und entsprechend abgeändert werden muß.

Die Abwicklungsklausel (Roll back) ergibt sich aus der Statusquo (Standstill)-Klausel. Vertragstext:

»Abwicklung heißt der Prozeß der Liberalisierung, in dessen Verlauf die Maßnahmen, die dem MAI zuwiderlaufen, abgebaut und schließlich beseitigt werden. Dabei handelt es sich um ein dynamisches Verfahren, das am Status quo ansetzt. In Verbindung mit der Status-quo-Liste bewirkt es einen ›Sperriegel-Effekt‹, durch den jede neue Liberalisierungsmaßnahme ›eingeschlossen‹ wird und später nicht mehr aufgehoben oder für unwirksam erklärt werden kann.« (Aus der englischen MAI-Version vom 6. 10. 1997, Kommentarteil, S. 154, übers. von Bodo Schulze.)

Diese Roll-back-Klausel bedeutet ferner, daß die länderspezifischen Ausnahmen bis zu einem bestimmten Zeitpunkt (sun-set-time) aufgehoben werden müssen. Das heißt dann z.B., daß ein Land, das z. Zt. noch den Zugang zu Ackerland nur Einheimischen vorbehält, diesen Vorbehalt aufgeben müßte. Ähnliches gilt für MAI-nichtkonforme Gesetze, Maßnahmen, Verordnungen in anderen Bereichen wie Umwelt, Arbeit, soziale Sicherung usw. Die Bestimmungen gelten außerdem nicht nur für die nationale Ebene, sondern auch für alle subnationalen Ebenen wie Länder und Gemeinden.

»Standstill« bedeutet, daß Länder, Gemeinden oder Staaten auch in Zukunft keine Gesetze erlassen oder Maßnahmen ergreifen dürfen, die nicht MAI-konform sind. Das heißt z.B., daß eine Regierung

keine weiteren Gesetze zum Schutze der Umwelt erlassen darf oder auch Gesetze, die die Diskriminierung von Frauen und Minderheiten am Arbeitsplatz verbieten würden.

Im Anhang des Textentwurfs vom April 1998 wird von einer Delegation sogar vorgeschlagen, daß ein Land, das seine nicht-MAI-konformen Gesetze und Maßnahmen nicht abwickelt, an alle anderen Vertragsländer eine Kompensation zahlen muß (Sforza 1998, S. 25).

Nuri Albala schreibt:

> »Die Liberalisierung ist unwiderruflich. Die sogenannten Status-quo- (Standstill) und Abwicklungs- (Roll-back-)bestimmungen sind innerhalb des Vertragsentwurfs sicherlich die gefährlichste Neuerung.«

(Nuri Albala: Auszug aus: »Auf diesem Weg gibt es kein Zurück. Die Klippen des Multilateralen Abkommens über Investitionen«, in: *Le Monde Diplomatique*/*WOZ*/*TAZ*, März 1998)

Maria Mies

Geschichte und Hintergründe

Es ist wichtig, das MAI nicht als einmaliges, außergewöhnliches Ereignis anzusehen, das keinen Bezug zur vorherigen und nachfolgenden Geschichte des globalen patriarchalen Kapitalismus hat. Das MAI ist vielmehr die bisher letzte und »höchste« Stufe eines Prozesses, der seine Anfänge bereits in der Kolonialzeit hatte (s. Martin Khor), dessen Grundphilosophie schon kurz nach dem Zweiten Weltkrieg entwickelt wurde und der etwa zwanzig Jahre danach, nach einer Phase ökonomischen Aufschwungs in den Industrieländern, zu einer raschen und grundsätzlichen Abkehr von der bisherigen keynesianischen Wohlfahrtspolitik führte. Die neue Wirtschaftspolitik, deren Schlüsselbegriffe Deregulierung, Privatisierung und Globalisierung sind, wurde zu Beginn der achtziger Jahre erstmals von Margaret Thatcher in England und Ronald Reagan in den USA in die Praxis umgesetzt. Sie basiert auf dem neoliberalen Credo, das schon Adam Smith und David Ricardo im 19. Jahrhundert entwickelt hatten, daß das »Spiel der freien Marktkräfte«, wenn sie sich nur ungehindert entfalten könnten, so etwas wie ein »level playing field«, ein ebenes Spielfeld, erzeugen würden, auf dem alle »global players« nur Vorteile hätten.

Die theoretische Begründung für die Notwendigkeit einer Abkehr von der keynesianischen Wirtschaftspolitik lieferte vor allem Milton Friedman von der Universität Chicago. Während John Maynard Keynes dem Staat die Rolle zugedacht hatte, in den ökonomischen Prozeß durch Defizit-Finanzierung einzugreifen, um so eine Art Ausgleich zwischen dem Auf und Ab der Konjunkturzyklen herzustellen, vertrat Milton Friedman die Theorien der Wirtschaftsliberalen aus dem 19. Jahrhundert, die dem privaten Sektor und den Marktkräften volle Freiheit gewähren wollten. Nur die freien Marktkräfte könnten sensibel auf die Bedürfnisse der Menschen eingehen und so die Wirtschaft beleben. Friedman attackierte den Sozialstaat, das keynesianische Modell, das seit Ende des Zweiten Weltkriegs die Wirtschaft bestimmt hatte, und verlangte eine Steuersenkung für Unternehmer, ein Ende der staatlichen Defizit-Finanzierung zum Erhalt oder zur Schaffung von Arbeitsplätzen und die Aufhebung von Preiskontrollen, z.B. für Öl. Er befürwortete den Freihandel in der globalen Ökonomie, eine Einschränkung der Verhandlungsmacht großer Gewerkschaften und die Eliminierung der Mindestlohngesetzgebung.

Hätte Friedman seine Freihandelslehre zehn Jahre früher – etwa um 1960 – verkündet, hätte vielleicht niemand auf ihn gehört. Er brachte seine Theorie jedoch zu einer Zeit auf den Markt, als deutlich wurde, daß die alten keynesianischen Instrumente nicht mehr ausreichten, um die ökonomische Rezession, die 1970 eingesetzt hatte, wieder zu überwinden. Friedmans Theorien eines globalen freien Marktes avancierten darum sehr schnell zu einer neuen Orthodoxie, die von renommierten Instituten wie dem Fraser Institute in Kanada propagiert und von führenden Wirtschaftsverbänden und Politikern bereitwillig aufgegriffen wurde. Erklärtes Ziel der neuen Wirtschaftspolitik war die Deregulierung, d. h. der Abbau staatlicher Regelungen zur Kontrolle des Marktes, eine Schwächung der Gewerkschaften, die Privatisierung staatlicher Dienstleistungsmonopole (Post, Eisenbahnen) und der Abbau, zumindest die Reduzierung der Ausgaben, für soziale Sicherung.

Diese neoliberale Wirtschaftspolitik wurde zunächst in Chile, zur Zeit der Diktatur Pinochets, dann in den USA und England durchgesetzt. Sie kann jedoch weder allein aus den Theorien einiger Ökonomen erklärt werden noch allein aus den Strategien, die innerhalb gewisser Think Tanks von Managern zusammen mit Politikern und Wissenschaftlern ausgeheckt wurden. Wir müssen vielmehr auch bedenken, daß um 1980 die Nachkriegs-Boom-Phase des Wachstums für die transnationalen Kapitalgesellschaften zu Ende ging und daß eine weitere Expansion innerhalb nationaler Grenzen und nationaler Märkte nicht möglich schien. Die auf stetiges Wachstum programmierten Konzerne drängten über die nationalen Grenzen hinaus auf den »freien« Weltmarkt, wo sie möglichst ungehindert durch irgendwelche nationalen Gesetze zum Schutz von Arbeit, Umwelt, Menschenrechten ihre

»komparativen Kostenvorteile« und ihren Gewinn suchen konnten.

Durch diese Globalisierung von Handel und Auslandsinvestitionen entzogen sich die Konzerne nicht nur der Kontrolle ihrer Heimatregierungen, sie errichteten auch in kurzer Zeit Niederlassungen in vielen Ländern und konnten ihre Gewinne enorm steigern. Seit 1980 gab es einen dramatischen Anstieg der Auslandsinvestitionen in der Weltwirtschaft, von denen 75 Prozent auf Nordamerika, Europa und die USA entfielen. Die Auslandsinvestitionen stiegen nach Auskunft des Washingtoner *Institute for International Economics* in den vergangenen zehn Jahren um 80 Prozent. Sie sind heute wichtiger als die Gewinne aus dem globalisierten Handel (Clarke 1997, S. 18). Diese Entwicklung wurde durch die Liberalisierungspolitik in den achtziger und neunziger Jahren vorangetrieben, zunächst von der Weltbank und dem IWF, die sich die Freihandelsdoktrin zu eigen gemacht hatten. Um aber die weltweite Deregulierung, Privatisierung und Globalisierung juristisch fest zu verankern, mußten neue Abkommen und Institutionen geschaffen werden.

Zunächst wurde dies für den globalen Handel durch die 8. Runde des »Allgemeinen Zoll- und Handelsabkommens« (General Agreement on Tariffs and Trade, GATT) geschaffen. Diese 8. Runde des GATT, die sogenannte Uruguay-Runde (weil sie in Uruguay begann), wurde 1986 begonnen und führte 1995 zur Errichtung der Welthandelsorganisation (*World Trade Organisation* – WTO – in Genf). GATT/WTO haben vor allem das Ziel, den ungehinderten Marktzugang für multinationale Konzerne zu allen Ländern der Welt für die Vermarktung ihrer Produkte zu erschließen. GATT/WTO verbieten vor allem alle Formen von Protektionismus, mit dem Staaten bestimmte Bereiche ihrer Wirtschaft vor der Konkurrenz großer transnationaler Konzerne schützen wollen. Während das alte GATT, das 1948 zur Regulierung des Welthandels gegründet wurde, sich nur auf Industriegüter bezog, wurden in der Uruguay-Runde auch der Handel mit Agrarprodukten, der Handel und Investitionen im Dienstleistungssektor (Banken, Versicherungen, Investitionen) und der Handel mit geistigen Eigentumsrechten in das GATT einbezogen. Für die Länder des Südens haben GATT/WTO hauptsächlich negative Konsequenzen, denn nach Martin Khor schließen sie eine eigenständige Entwicklung für viele Länder des Südens aus und bedrohen ihre schwächeren Wirtschaften durch eine brutale internationale Konkurrenz.

Wie die »Global Players« jedoch feststellten, genügte die bloße Öffnung der Märkte weltweit nicht, um langfristig gesicherte Profite zu erwirtschaften. »Um einen Markt zu erobern, muß man als Produzent anwesend sein«, sagte ein Vertreter der EU (Clarke 1997, S. 20). Schon während der GATT-Verhandlungen begannen darum Überlegungen, wie man nach der weltweiten Liberalisierung des Handels nun auch die Behandlung von Auslandsinvestitionen deregulieren könnte. Bis dahin hatten nämlich die meisten Länder, besonders im Süden, strikte Regeln für die Zulassung von ausländischen Investoren zu ihren Volkswirtschaften.

Schon 1991, vor dem Abschluß des GATT, gab die OECD eine Studie über die Machbarkeit einer multilateralen Rahmenvereinbarung über Investitionen in Auftrag. In dieser Vorbereitungsphase wurden Wirtschaftsinteressen systematisch einbezogen. Vorläufer des MAI waren auch die Verträge zur Schaffung regionaler Handelsblöcke: der EU-Vertrag von Maastricht (1991) und das Nordamerikanische Freihandelsabkommen (NAFTA) zwischen den USA, Kanada und Mexiko (1994). Besonders das NAFTA galt und gilt als Blaupause für das MAI.

Die Ausarbeitung eines Multilateralen Investitionsabkommens (MIA – so hieß das MAI anfangs) wurde vor allem von der Europäischen Kommission und von den USA betrieben. Die EU wollte die Verhandlungen eher in der WTO führen, die USA favorisierte jedoch die OECD, weil sie ein »High-standard«-Abkommen wünschten. Sie fürchteten, daß die Länder des Südens, die auch Mitglieder der WTO sind, das Investitionsabkommen verwässern könnten. Nicht-OECD-Länder sollten erst nach Fertigstellung des Abkommens zum Beitritt eingeladen werden, aber ohne das Recht, die vereinbarten Klauseln zu ändern. Man wollte die Verhandlungen möglichst bis Mai 1997 abgeschlossen haben.

Die holländische Gruppe *Corporate Europe Observatory* (CEO) beschreibt im Februar 1998 den MAI-Prozeß bei der OECD in Paris folgendermaßen:

»Die wesentlichen Bestandteile des MAI, einschließlich seiner allumfassenden Definition von Investitionen und der Prinzipien der nationalen Behandlung »Standstill« und »Roll back«, waren dank der vierjährigen Machbarkeitsstudie bereits zu Beginn der Verhandlungen beschlossen. Die offiziellen Verhandlungen nahm 1995 eine Verhandlungskommission aus Repräsentanten aller OECD-Staaten sowie der Europäischen Kommission auf; Vorsitzender war der Niederländer F.A. Engering. Die WTO war als Beobachter eingeladen. Die Verhandlungsgruppe traf sich seitdem regelmäßig alle vier bis sechs Wochen; Arbeits- oder Entwurfsgruppen trafen sich häufiger. Zwischen den Treffen tauschten die Delegationen ihre Texte und Positionen auf elektronischem Wege aus.«

Informelle Zusammenkünfte

Während des gesamten Verhandlungsprozesses konnte die Wirtschaft ihre Positionen einbringen. Abgesehen von den formalen Konsultationen der Verhandlungsgruppe mit BIAC (Business and Industry Advisory Council) und TUAC (Trade Union Advisory Committee) »trifft sich eine Ad-hoc-Gruppe von BIAC-Experten mit den OECD-Unterhändlern und berät diese vor jeder Verhandlungsrunde« (CEO 1998). Die Verhandlungsgruppe machte außerdem massiven Gebrauch von »Expertisen« der ICC (Interational Chambers of Commerce), beispielsweise bei der Ausarbeitung des Konfliktlösungsmechanismus. So ist das Schiedsgericht der ICC eines von drei möglichen Gremien, an welches sich die Parteien im Falle eines Konflikts wenden können.

Nicht weniger wichtig als diese unmittelbaren Einflüsse auf den Prozeß innerhalb der OECD ist die Lobbyarbeit der Industrie auf nationaler Ebene. Beispielsweise trifft sich das *US Council for International Business* (USCIB) regelmäßig mit den US-amerikanischen Unterhändlern unmittelbar vor und nach jeder MAI-Verhandlungsrunde. Eine ähnlich enge Zusammenarbeit zwischen Vertretern der Industrie und staatlichen Unterhändlern findet in zahlreichen anderen OECD-Staaten statt, darunter in Kanada und den Niederlanden. Der Druck der niederländischen Delegation auf die USA, ihren Vorbehalt für den Bereich Förderung von Forschung und Entwicklung (R&D/ Research and Development) zurückzuziehen, ist direkt auf die Lobbyarbeit des mehrheitlich holländischen Weltkonzerns Philips zurückzuführen. Philips wollte sich den Zugang zu Forschungssubventionen in den USA sichern.

Interessenverbände wie ICC und *European Roundtable of Industrialists* (ERT) haben ihren Zugang zu höchsten politischen Ebenen – darunter Gipfeltreffen von globaler Bedeutung wie G7 – genutzt, um die Notwendigkeit eines raschen Abschlusses des MAI zu unterstreichen und um die Agenda von ökologischen und gewerkschaftlichen Forderungen frei zu halten.

Der Grund für die harmonische Zusammenarbeit zwischen Regierungen und Interessenverbänden der Wirtschaft während des gesamten MAI-Prozesses liegt darin, daß die Agenda der Wirtschaft von einigen der wichtigsten Verhandlungsdelegationen voller Begeisterung übernommen wurde. Der Bericht der ICC über die »Multilateralen Bestimmungen für Investitionen« läßt keinen Zweifel an der beinahe hundertprozentigen Übereinstimmung zwischen den MAI-Unterhändlern und der Wirtschaft. Die in diesem Bericht vorgeschlagenen Regeln sind im wesentlichen identisch mit dem neun Monate später vorgelegten ersten Entwurf für das MAI.

Im allgemeinen vertreten Beamte aus Handels- oder Wirtschaftsministerien ihre jeweiligen Staaten bei den MAI-Verhandlungen. In Deutschland besteht eine enge Zusammenarbeit zwischen dem Wirtschaftsministerium, dem *Bund der Deutschen Industrie* (BDI) und dem *Deutschen Industrie- und Handelstag* (DIHT). Der Geschäftsführer des BDI, Ludolf von Wartenberg, sagt, daß die deutsche Industrie einen »weitgehenden Abbau noch bestehender Hemmnisse für internationale Investitionen« wünscht. Er tritt für noch schärfere Bestimmungen ein, als es der OECD-Text vorsieht (v. Wartenberg, Nord-Süd aktuell, 3. Quartal, S. 470-475).

Der erste Entwurf für ein MAI lag Anfang 1997 vor. Bis dahin liefen die Verhandlungen, ohne daß das Volk oder auch die meisten gewählten Volksvertreter von ihrer Existenz etwas gewußt hätten. Inzwischen haben jedoch einerseits die komplizierten Verhandlungen über die jeweiligen nationalen Vorbehalte und andererseits die Entdeckung des MAI durch die Öffentlichkeit dazu geführt, daß der Prozeß verlangsamt und der geplante Kurs fundamental zersetzt worden ist.

Nationale Ausnahmen

Im Februar 1997 haben die Regierungen ihre jeweiligen Vorbehalte (»Ausnahmen«) eingereicht. Zusätzlich zum schieren Volumen haben die Regierungsvertreter auch noch entschieden, einige noch nicht klar definierte Kernbereiche ganz aus dem MAI herauszunehmen. Dies mag daran liegen, daß in einigen Staaten Regierungsakteure, die vorher nichts über das MAI gewußt hatten, an dem Prozeß beteiligt wurden und nun ob der offensichtlich sehr weitreichenden Bestimmungen des Abkommens kalte Füße bekamen.

Einige der wichtigsten von den Mitgliedsstaaten eingebrachten nationalen Ausnahmen sind:

- Die USA forderte eine Ausnahme für sämtliche subföderalen Gesetze, die die Bundesländer und Kommunen mit Immunität gegen das MAI versehen würde.
- Die EU fordert die Möglichkeit positiver Diskriminierung zugunsten von Investitionen innerhalb von regionalen wirtschaftlichen Zusammenschlüssen (REIOs) wie sie selbst. Der Zweck dieses Vorbehalts wäre sicherzustellen, daß das MAI Staaten nicht daran hindert, ihre Gesetze den EU-Bestimmungen anzupassen, was von fundamentaler Bedeutung für diverse EU-Anwärterstaaten und für die Harmonisierung der EU-Gesetzgebung ist.
- Frankreich und Kanada erbaten, daß die Kulturindustrie gänzlich ausgenommen wird.
- Die EU forderte das Verbot von Sekundärboykotten wie dem US-amerikanischen Helms-Burton-Gesetz, das ausländische Firmen bestraft, die mit Kuba Geschäfte machen.
- Viele Regierungen mißbilligten das vorgeschlagene Verbot von Steuermaßnahmen (die z.B. einheimische und kleinere Unternehmen begünstigen könnten).

Wie schlimm die Lage ist, zeigt, daß sich länderspezifische Ausnahmen inzwischen auf insgesamt 1000 Seiten belaufen. Manche Staaten haben einen Schlüsselsektor ihrer Wirtschaft nach dem anderen auf die Liste der nationalen Ausnahmen gesetzt. (Die Deutschen haben allerdings nur acht Ausnahmen angemeldet.)

Die gravierenden Auswirkungen dieser weitreichenden Vorbehalte (im Bereich der Kulturindustrie zum Beispiel) auf das Abkommen und das entmutigende Volumen der länderspezifischen Ausnahmen haben die bis dahin problemfreien MAI-Verhandlungen zum Wanken gebracht. Im Mai 1997 entschied die OECD-Ministerkonferenz, den äußersten Termin für den Verhandlungsabschluß auf Mai 1998 zu verschieben – mit der Begründung, daß ein MAI »mit hohem Standard« eben mehr Zeit erfordere.

Explosion in der Öffentlichkeit

Das zweite unerwartete Hindernis war die explosive Reaktion der Gemeinschaft von Nichtregierungsorganisationen (NROs), nachdem ein Entwurf des MAI Anfang 1997 durchsickerte. In kürzester Zeit verbreiteten kanadische und US-amerikanische NROs den Text via Internet, und Kampagnen gegen das MAI verbreiteten sich wie ein Lauffeuer in vielen Teilen der Welt.

NROs und Gewerkschaften haben zwei neue Forderungen in die MAI-Verhandlungen eingebracht – die Integration arbeitsrechtlicher und ökologischer Standards. Für die Industrie sind diese Forderungen zusammengenommen mit den lästigen Vorbehalten unerträglich.

Vor kurzem begann der BIAC eine neue Offensive, nachdem er gesehen hat, daß sein Traum-MAI am Rande des Scheiterns war. Bei einem offiziellen Termin zwischen der MAI-Verhandlungsgruppe und dem BIAC im Januar 1998 drückten Vertreter der Industrie ihre Sorge um die Richtung der Diskussionen aus: Hermann van Karnebeek, Vorsitzender des *Komitees für internationale Handelsbeziehungen* des BIAC (sowie des Chemiegiganten AKZO-Nobel und der niederländischen Zweigstelle der ICC), klagte: »Wir hören jetzt von beunruhigenden Anzeichen, daß viele der Bestandteile des MAI, die wir erhofften, vielleicht nicht möglich sein werden. Was bringt dann, so beginnen wir uns zu fragen, das MAI für uns noch?«

Die OECD-Verhandlungsgruppe beschwichtigte diese BIAC-Mitglieder mit der Zusicherung, daß Liberalisierung weiterhin an erster Stelle der Agenda stehe, daß gleichwohl Kompromisse notwendig seien, wenn das MAI zum Mai 1998 verabschiedet werden solle. »Merken Sie sich, dies ist nur der erste Schritt – wie das GATT 1947«, wurde dem BIAC von einem OECD-Vertreter mit auf den Weg gegeben. »Wir treten in einen Prozeß von historischen Dimensionen ein.« (Quelle: Maigalomania! Citizens and the Environment Sacrificed to Corporate Investment Agenda – a Briefing by Corporate Europe Oberservatory (CEO), Amsterdam, Februar 1998. Gekürzte und bearbeitete Übersetzung.)

Letzter Stand der Dinge zum MAI

Die Ministerrunde der OECD-Länder, die sich am 27. April 1998 in Paris traf, hat das Multilaterale Abkommen über Investitionen nicht unterzeichnet. Die Minister nahmen zur Kenntnis, daß die Verhandlungsgruppe Zeit »für eine Evaluierung und weitere Konsultationen zwischen den Verhandlungsparteien sowie interessierten Gruppen der Gesellschaft« brauche und daß die nächste Verhandlungsrunde im Oktober 1998 stattfinden wird. Sie wiesen die Verhandlungsführer jedoch an, ihre Arbeit mit dem Ziel fortzusetzen, »das MAI rechtzeitig zu einem erfolgreichen Abschluß zu bringen und eine breite Teilnahme an diesem Abkommen zu erreichen« (OECD-Pressemitteilung, Paris, 28. April 1998). Nach dem Rücktritt von Frans Engering, dem bisherigen holländischen Verhandlungsleiter, soll Herr Schomerus vom Bundeswirtschaftsministerium Verhandlungsleiter werden.

Daß die Paraphierung des MAI nun erneut aufgeschoben wurde, liegt einerseits an der riesigen Liste länderspezifischer Ausnahmen. Ein weiterer Grund war aber auch, daß die OECD den internationalen Widerstand unterschätzt hatte und nun einsah, daß es schwierig werden würde, das MAI, wie geplant, im

Schnellverfahren (»fast track«) durch die Parlamente zu jagen. Sie entschloß sich daher zu einer breit angelegten PR-Kampagne, durch die die Kritiker beruhigt und in den MAI-Prozeß eingebunden werden sollen. In dieser neuen PR-Strategie spielen nun Begriffe wie »Transparenz« und »Dialog mit der Zivilgesellschaft« eine große Rolle.

Lori Wallach von *Public Citizen* warnt davor, sich durch diese neue »MAI-Charm-Offensive« beeindrucken zu lassen und zu glauben, das MAI sei nun gestorben oder in seinen Kernbestandteilen geändert. Die letzte Fassung des Verhandlungstextes, die am 24. April 1998 erschien, habe diesen Kernbestandteilen lediglich etwas Kosmetik hinzugefügt. Unverändert ginge es der OECD und der Industrielobby darum, den Prozeß der Globalisierung, Deregulierung und Privatisierung weltweit auf eine rechtliche Grundlage zu stellen und der Öffentlichkeit als alternativlose Wirtschaftspolitik zu verkaufen. Die im neuen Textentwurf auftauchenden Aussagen über Umwelt, Gesundheit und Soziales seien Zugeständnisse an die MAI-Kritiker. Sie hätten aber keinerlei bindenden Charakter und berührten die zentralen Bestimmungen nicht. Es gehe dieser »MAI-Charm-Offensive« darum, die Gegner durch integrative Gesten der Offenheit zu entwaffnen. Gleichzeitig würden aber intensive bilaterale Verhandlungen fortgeführt, um bestehende Differenzen auszuräumen (Wallach: OECD & Governments Launch »MAI-Charm-Offensive«, Mai 1998).

Ein wichtiger Teil dieser neuen PR-Strategie ist die »Einbeziehung« eines »Komitees der Zivilgesellschaft« in die zukünftigen MAI-Verhandlungen. Dieses Komitee soll wohl aus den zahmeren Nichtregierungsorganisationen zusammengestellt werden, das dann, ähnlich wie die TUAC, als Beobachter am Verhandlungstisch säße, quasi als Repräsentant der »Zivilgesellschaft«. Damit wären dann die kritischen Stimmen, die noch an eine Reformierbarkeit des MAI glauben, weltweit zu einem integrierten Bestandteil der Globalisierungsstrategie der transnationalen Konzerne geworden. Diese NROs hätten aber keinerlei Gewicht, was den eigentlichen und unveränderten Charakter dieser Abkommen betrifft (Wallach, a. a. O.).

In Deutschland kann diese neue PR-Strategie nach dem 27.

April 1998 schon beobachtet werden. Regierungsvertreter und Vertreter der OECD sind zu Gesprächen bereit. Der Verhandlungstext vom 24. April 1998 ist – endlich – für den »amtlichen Gebrauch« übersetzt worden. Er enthält weder Fußnoten noch Kommentar. Wichtige Klauseln wie über Stand still und Roll back sind nur im Kommentar zu finden. Und es gibt nach wie vor keine aktive Informationspolitik zum MAI seitens der Regierung, bisher auch keine offene Aussprache im Bundestag.

Neben diesem »Dialog mit der Zivilgesellschaft« ist jetzt eine weitere Taktik, daß Metamorphosen des MAI unter verschiedenen Namen an verschiedenen Orten auftauchen. Da der OECD-Prozeß bisher kein »High-standard«-MAI zustande gebracht hat, schlagen die Vertreter der EU-Kommission vor, die MAI-Verhandlungen in die WTO zu verlagern, wo nicht mehr die nationalen Regierungen der EU, sondern die EU-Kommission am Verhandlungstisch sitzt. Außerdem sind dort auch die Länder der »Dritten Welt« vertreten. Martin Khor warnt vor einer solchen Entwicklung, denn sie würde den Ländern der »Dritten Welt« keinen Spielraum mehr lassen, ihre eigene Wirtschaftspolitik zu bestimmen. Sie wären fest eingebunden in die Liberalisierungspolitik des transnationalen Kapitals.

Außerdem haben die USA und die Europäische Kommission unter Führerschaft ihres Vizepräsidenten Sir Leon Brittan eine weitere MAI-mäßige Kopfgeburt ausgebrütet, den »New Transatlantic Marketplace« (NTM), bei dem es um eine Freihandelszone zwischen den USA und Europa gehen soll. In ähnliche Richtung gehen auch das von den USA vorgeschlagene TAFTA (»Transatlantic Free Trade Agreement«) und das FTAA (»Free Trade Area of the Americas«), durch das Nord- und Südamerika zu einer einzigen Freihandelszone zusammengeschlossen werden sollen.

Eine Abwandlung des NTM ist die »New Transatlantic Economic Partnership« (NTEP), die auf dem EU-US-Gipfel am 18. Mai 1998 von Tony Blair, Bill Clinton und Jaques Santer in die Welt gesetzt wurde. Damit wollen die USA und die EU-Kommission den Widerstand Frankreichs umgehen. Frankreich war strikt gegen den NTM und verlangte, daß Landwirtschaft und audiovisuelle Kunst aus allen Liberalisierungsgesprächen zwischen der EU und den USA ausgeklammert würden.

Bei all diesen neuen Köpfen der »MAI-Hydra« (Wallach) geht es jedoch immer um dasselbe: um eine Ausweitung und endgültige legale Festschreibung der globalen Liberalisierung und der Rechte und Freiheiten der Weltkonzerne. Dabei stehen die Interessen des EU- und US-Kapitals eindeutig im Vordergrund. Der Skandal an diesen MAI-Metamorphosen ist, daß sie nun »nur« noch von einzelnen, nichtgewählten Bürokraten ausgeheckt und im Zweier- oder Dreiergespräch »am Kamin« mit einzelnen Regierungschefs oder EU-Kommissaren ausgehandelt werden. Die Parlamente bleiben draußen. Auf diese Weise werden schon eine Reihe neuer Tatsachen geschaffen, bis sich die OECD-Unterhändler im Oktober wieder an den »Tisch« setzen.

Eine vielleicht noch gefährlichere Form des MAI sind Änderungen, die der *Internationale Währungsfonds* (IWF) an seinen Artikeln VIII und XIV vornehmen will. Die vorgeschlagenen Änderungen würden das Mandat des IWF auf Kapitalkonten ausdehnen und so den Regierungen die Hände binden, den freien Kapitaltransfer von Portfolio-Investitionen und Spekulationsgeldern zu kontrollieren. Martin Khor ist der Meinung, daß diese Änderung Finanzzusammenbrüche, wie sie in Asien stattgefunden haben, auch für Europa und die USA vorprogrammieren.

Das MAI sei wie eine Hydra, sagte Lori Wallach bei einem Intensiv-Training über das MAI im Juni in Brüssel. Wenn ein Kopf abgeschlagen sei, tauche sofort ein anderer an einer anderen Stelle auf. Die internationale Anti-MAI-Kampagne müsse daher wachsam bleiben und dürfe sich durch die Tricks und Verwandlungskünste der »Global Players« nicht täuschen lassen.

Doch nicht nur die »Global Players« verfolgen ihre Politik der Globalisierung weiter. Auch die Anti-MAI-Kampagne hat sich auf weitere Manifestationen der Globalisierungspolitik ausgedehnt. Sie ist zur Zeit u.a. damit beschäftigt, nicht nur NEIN zum MAI zu sagen, sondern darüber hinaus eine andere Perspektive zu entwickeln, in der die Menschen wieder die Kontrolle über ihre eigenen Lebensbedingungen zurückgewinnen können.

Während ich dies schreibe, erfahre ich, daß die Klage des US-Konzerns *Ethyl Corporation* gegen den kanadischen Staat (s. S. 16, 44) mit einem Vergleich geendet hat. Am 22. Juli 1998 zog der kanadische Staat sein Verbot der Herstellung des toxischen Benzinzusatzes MMT zurück und zahlt dem Hersteller *Ethyl Corporation* zehn Millionen US-Dollar für Gerichtskosten und Gewinnverlust. *Ethyl Corporation* verzichtet auf seine Entschädigungssumme von 250 Millionen US-Dollar, die ihm nach der NAFTA-Regel wegen »indirekter Enteignung« gezahlt werden müßten. Wissenschaftler haben festgestellt, MMT sei doch nicht gefährlich.

Dies wird ein Präzedenzfall für den Streitschlichtungsmechanismus des MAI nach NAFTA-Vorbild werden. Er zeigt, in welche Falle sich Regierungen begeben haben, die Verträge wie die EU-Verträge, NAFTA, GATT/WTO, APEC und MAI unterschreiben. Im Streitfall steht das Recht der Konzerne auf Gewinn über dem Recht der Bevölkerung auf Gesundheit.

II. Analysen: Die Folgen des MAI

Tony Clarke

Der Angriff auf demokratische Rechte und Freiheiten

Redemanuskript (gekürzt)
für den Kongreß am 25.4.1998

In den letzten drei Jahren basteln die 29 Industrieländer, die die *Organisation für wirtschaftliche Zusammenarbeit und Entwicklung* (OECD) ausmachen, ein globales Investitionsabkommen zusammen, das jetzt »Multilateral Agreement on Investment«, kurz MAI, heißt. Die OECD wird nicht nur für den sogenannten »Klub der reichen Nationen« gehalten. Ihre Mitgliedsländer sind auch die Heimatbasis von fast allen der 500 auf der Liste des »Global Fortune« stehenden Konzerne, die die Weltwirtschaft dominieren. Während dieser drei Jahre haben die Regierungsunterhändler aus jedem dieser 29 Länder vertraulich mit den »Chief Executive Officers« (CEO) von gewissen in ihrem Land beheimateten, transnationalen Konzernen zusammengearbeitet.

In den ersten zwei Jahren wurden die Verhandlungen fast total geheimgehalten. Abgesehen von den am direktesten involvierten Wirtschaftsministern, wußten die anderen Minister der meisten Regierungen im allgemeinen nichts von den MAI-Verhandlungen. Die Abgeordneten der Parlamente wußten noch weniger. Unter den Journalisten scheint nur eine Handvoll etwas zu wissen über das MAI, und niemand von diesen konnte eine Untersuchung darüber machen. In der Tat, ohne den Hinweis von Martin Khor aus dem *Dritte-Welt-Netzwerk* (Third Word Network) hätte ich auch nichts davon gewußt. Es war Martin Khor, der anfangs auf verschiedenen Treffen des *Internationalen Forums über Globalisierung* (International Forum on Globalization) Alarm schlug. Was mich schließlich dazu bewegte, mich (zusammen mit meiner Kollegin Maude Barlow) mit dem Thema zu befassen, war Martins Enthüllung, daß die kanadische Regierung einer der Hauptverfechter dieser Verhandlungen war.

Zusammen mit unseren Verbündeten in den USA und in zwei europäischen Ländern begannen wir eine ausgedehnte Suche nach Informationen über die Verhandlungen in Paris. In Kanada veranlaßten wir einige unserer Forschungsnetzwerke, Dokumentationen über das MAI auszugraben. Dann erreichte mich eines Tages im März 1997 plötzlich ein einfacher brauner Umschlag mit einem vertraulichen Entwurf des MAI. Im Besitz des Entwurfs konnte ich eine erste Analyse machen, die wir sofort unter dem Titel »The Corporate Rule Treaty« veröffentlichten. Am 3. April 1997 gaben wir den vertraulichen Entwurf des MAI öffentlich an die Medien und machten ihn weltweit im Internet zugänglich – durch die Webseite des *Public Citizen* in Washington, DC.

Jetzt, ein Jahr später, haben wir uns hier in Bonn für den Kongreß über das MAI versammelt. Man hätte keinen besseren Zeitpunkt dafür wählen können. Zwei Tage später findet ein hochrangiges politisches Treffen in Paris statt, wo wichtige Entscheidungen über die Zukunft der MAI-Verhandlungen getroffen werden. Im vergangenen Jahr wurden in mehreren OECD-Ländern viele öffentliche Foren und Aktions-Kampagnen organisiert – in den USA, Kanada, Frankreich, Großbritannien, den Niederlanden, Finnland, Dänemark, Neuseeland, Australien, Japan, um nur einige wenige zu nennen. Dieser öffentliche Druck ist eine wichtige Ursache dafür, daß die gegenwärtige Runde der MAI-Verhandlungen zum Stillstand gekommen ist. Am 27. und 28. April werden die OECD-Minister wohl entscheiden, das politische Mandat für die MAI-Verhandlungen zu verlängern, und sie werden wohl einen neuen Zeitplan und ein neues Verfahren für mindestens noch ein Jahr bekanntgeben.

Faktisch bedeutet dies, daß wir uns jetzt auf einen langen Weg vorbereiten müssen. Der Kampf gegen das MAI wird wohl noch zwei oder mehr Jahre weitergehen. Es ist also Zeit, daß wir unsere Mitbürger aufklären und für einen harten Kampf gegen das MAI und seinen potentiellen Angriff auf demokratische Rechte und

Freiheiten in diesem Zeitalter der Globalisierung mobilisieren, einer Globalisierung, die von den großen Konzernen angetrieben wird.

Demokratische Rechte

Vor allem glaube ich, daß es wichtig ist, unsere Arbeit am MAI in Kategorien des langfristigen Kampfes für demokratische Rechte und Freiheiten zu begründen. Das ganze 20. Jahrhundert hindurch ist der Kampf für fundamentale demokratische Rechte gekennzeichnet durch zwei Weltkriege und durch zahlreiche Befreiungskriege gegen den Kolonialismus in den meisten Teilen der Dritten Welt.

Kampagnen, um Arbeiter in Gewerkschaften zu organisieren, die Rechte der Frauen zu fördern, die Umwelt zu schützen, kulturelle Identitäten zu verteidigen, Bürgerrechte zu erweitern, das Recht auf kollektive Tarifverhandlungen zu etablieren, Bauern und Nahrungsproduzenten zu unterstützen, Armut und Obdachlosigkeit zu bekämpfen – all das diente dazu, die Bürgerrechte in einer demokratischen Gesellschaft zu verankern und zu vertiefen. Insgesamt diente der Kampf der Anerkennung kollektiver Rechte und sozialer Gleichheit.

Auf vielfältige Weise wurde diese Anerkennung durch die »Allgemeine Erklärung der Menschenrechte« im Jahre 1948 proklamiert. Der Wortlaut dieser Erklärung mag ein halbes Jahrhundert später unbeholfen klingen, aber fundamentale demokratische Rechte und Freiheiten wurden darin verankert – einschließlich des Rechts auf Nahrung, Kleidung und Wohnung, des Rechts auf Erwerbsarbeit, Bildung und Gesundheitspflege, des Rechts auf saubere Umwelt, kulturelle Integrität und öffentliche Dienste guter Qualität, des Rechts auf gerechte Löhne, kollektive Tarifverhandlung und Bildung von Gewerkschaften und des Rechts auf Teilnahme an Entscheidungsfindungsprozessen, die die obigen Rechte tangieren. Gekoppelt mit dem »Internationalen Pakt über die wirtschaftlichen, sozialen und kulturellen Rechte« (1966) und dem »Internationalen Pakt über die bürgerlichen und politischen

Rechte« (1966), machte die »Allgemeine Erklärung« den Vorrang der Menschen- und Bürgerrechte über politische und ökonomische Tyrannei geltend. Diese Dokumente zusammen bilden die Magna Charta des 20. Jahrhunderts, die später durch Erklärungen und Pakte wie die »Earth Charter« des Rio-Gipfels (1992) und die »Social Charter« des Kopenhagen-Gipfels (1995) bekräftigt wurde.

Das Schlüsselinstrument für die Anerkennung und Verwirklichung dieser demokratischen Rechte und Freiheiten sollte der Staat sein. Nach (und infolge) der Großen Weltwirtschaftskrise und dem Zweiten Weltkrieg entstand das Keynesianische Modell des Staates (genannt nach den Theorien des britischen Ökonomen John Maynard Keynes) als das Hauptvehikel dafür, sicherzustellen, daß die wirtschaftlichen, sozialen und ökologischen Rechte und Bedürfnisse der Bürger in einer demokratischen Gesellschaft verwirklicht bzw. erfüllt werden.

Nach diesem Modell hatte der Staat eine moralische und politische Verpflichtung, im Namen des Allgemeinwohls und des öffentlichen Interesses in den Marktprozeß einzugreifen. Um das tun zu können, mußte der Staat für ein Gleichgewicht zwischen Kapitalisten und Arbeitern sorgen und bestimmte Mechanismen zwecks öffentlicher Politikbestimmung entwickeln. Trotz einiger Schwächen war der Sozialstaat, der aus der Asche Nachkriegsdeutschlands entstand, ein klassisches Beispiel des Keynesianischen Modells.

Im letzten Viertel dieses Jahrhunderts wird dieser Sozialstaat systematisch und unablässig angegriffen. Angefangen in den frühen 70er Jahren mit der *Trilateralen Kommission*, die führende CEOs der größten Konzerne der Welt mit den Präsidenten, Premierministern und Kanzlern der wichtigsten Industrieländer zusammenbrachte, wurde der Sozialstaat als »ein Exzeß der Demokratie« kritisiert. Es wurde gesagt, die Zukunft liege im Aufbau von freien Marktwirtschaften, die nicht durch intervenierende und regulierende Staaten gefesselt würden. Die sofortige Aufgabe sei, die Märkte durch massive Privatisierung und Deregulierung zu liberalisieren. Um in diese Richtung gehen zu können, müsse der Sozialstaat abgebaut und ein Wirtschaftssystem ohne Grenzen aufgebaut werden. Letzteres solle Kapitalexporte in der ganzen

Welt erleichtern. Auslandsinvestitionen – auf der Grundlage von billiger Arbeitskraft und ungehindert durch staatliche Regulierung – würden schließlich Wohlstand bringen.

Bis zu den späten achtziger und frühen neunziger Jahren war dies bereits zur einzigen dominanten Vision der neuen globalen Wirtschaft geworden. Wie wir wissen, symbolisierte der Fall der Berliner Mauer die Auflösung der bipolaren Teilung der Weltwirtschaft in ein kommunistisches und ein kapitalistisches System. Der sogenannte Triumph des Kapitalismus bedeutete die Globalisierung der Ideologie der freien Marktwirtschaft. Eine einzige politische Monokultur ist entstanden, um die Existenz einer Weltwirtschaftsordnung zu rechtfertigen und zu erklären, die hauptsächlich von und für Kapitalexporteure gestaltet wird. Schließlich akkumulieren heute transnationale Konzerne mehr Geld als die meisten Nationalstaaten der Gegenwart. Unter den 100 Spitzenwirtschaften der gegenwärtigen Welt sind 51 transnationale Konzerne. *Mitsubishi* ist ökonomisch größer als Indonesien, das viertbevölkerungsreichste Land der Welt, *General Motors* ist größer als Dänemark, *Ford Motors* ist größer als Südafrika, *Daimler-Benz* ist größer als Malaysia, *Volkswagen* ist größer als Venezuela, und *Siemens* ist größer als Irland oder Chile.

Parallel zu dieser Entwicklung haben Konzerne einen besonderen juristischen Status und politische Rechte innerhalb des internationalen Rechts erreicht. Ein massives Korpus von Konzernrecht (corporate law) ist aufgebaut worden, welches Konzerne nicht nur als juristische Einheit mit den Rechten einer Person mit Staatsangehörigkeit anerkennt, sondern auch dazu dient, ihre Eigentumsrechte und Geschäftsaktivitäten zu schützen. Das hat dazu geführt, daß in einigen Ländern die einheimische Polizei ausgebildet wird, »das Leben und Eigentum von ausländischen Investoren« zu schützen; und das wird verstanden als ein Teil ihrer auswärtigen Sicherheitsaufgaben. Die neuen Freihandelsverträge wie die WTO, das NAFTA und, in gewissem Ausmaß, der Europäische Binnenmarkt sind sogar konzipiert worden, um den Rechten und Freiheiten der transnationalen Konzerne verfassungsmäßigen Schutz zu gewähren. Wie Carla Hills, die Chefunterhändlerin der USA bei der NAFTA und der WTO, es ausdrückte: »Wir wollen, daß Konzerne im Ausland investieren können, ohne einen einheimischen Investor als Partner haben zu müssen, ohne einen gewissen Prozentsatz ihrer Produktion exportieren zu müssen, ohne einheimische Vorprodukte benutzen oder ein Dutzend anderer Bedingungen erfüllen zu müssen.«

Der Politologe Stephen Gill nennt diese Entwicklung einen »neuen Konstitutionalismus«, der seit dem Fall der Berliner Mauer Form annimmt. Durch die Schaffung von neuen Freihandelsordnungen wie der WTO werden die Rechte der Bürger durch die Rechte der Konzerne aufgehoben. Ein Korpus von Regeln, die die Gesetze und schließlich sogar die Verfassungen von Nationalstaaten aufheben können, werden etabliert. Zum Beispiel kann unter der WTO ein Umweltgesetz, das ein demokratisch gewähltes Parlament eines Landes verabschiedet hat, annulliert werden, wenn gezeigt werden kann, daß das Gesetz den freien Handel über Ländergrenzen hinweg einschränkt. In diesem neuen »Konstitutionalismus« werden die demokratischen Rechte und Freiheiten, die in der Allgemeinen Erklärung der Menschenrechte und den sie begleitenden Pakten verkörpert sind, opportunistisch ignoriert. Es wird einfach angenommen, daß die Rechte der Konzerne über den Rechten der Bürger stehen und daß es die Aufgabe des Staates ist, eher profitable transnationale Investitionen zu fördern als das öffentliche Interesse oder das Gemeinwohl.

Herrschaft der Konzerne

Als er im Dezember 1996 das erste Ministertreffen der WTO eröffnete, erklärte Generaldirektor Renato Ruggiero, das Entwerfen eines globalen Investitionsabkommens sei wie »das Schreiben der Verfassung einer einheitlichen globalen Wirtschaft«. Wenn es beim MAI um das Schreiben einer Verfassung geht, dann ist es interessant, die Prinzipien dieses Investitionsabkommens damit zu vergleichen, was die deutsche Verfassung selbst über ähnliche Punkte aussagt. Der Artikel 14 (2) der deutschen Verfassung lautet: »Eigentum verpflichtet. Sein Gebrauch soll zugleich dem Wohle der Allgemeinheit dienen.« Mit anderen Worten, das Kapital hat soziale Verpflichtungen. Aber dieses Prinzip ist den Prinzipien, auf denen das MAI basiert, total entgegengesetzt. Wenn man den Textentwurf des MAI liest, ist man erstaunt über das Ausmaß, in dem praktisch alle »Rechte« ausländischen Konzernen oder Investoren gewährt werden, während praktisch alle »Verpflichtungen« den Staaten aufgeladen werden. Die hier zugrundeliegende Annahme ist, daß transnationale Konzerne keine, sehr wenig oder gar keine soziale Verantwortung haben.

Um die Implikationen dieser Verschiebung der Prinzipien zu verstehen, müssen wir etwas genauer auf die Hauptkomponenten des MAI schauen. Hier sollten wir drei Hauptaspekte unterstreichen:

1. Das MAI als ein internationaler Vertrag verleiht transnationalen Konzernen mit ihren Geschäftstätigkeiten in der globalen Wirtschaft den Status von Nationalstaaten. Die Konzerne haben nicht nur den juristischen Status einer »Person« und eines »Bürgers«, sondern unter dem MAI haben sie auch einen juristischen Status, der dem von Nationalstaaten ähnlich ist; das heißt, sie haben eine gewisse politische Macht und gewisse Rechte. Zum Beispiel:
a) Der Meistbegünstigungsstatus, der bei internationalen Handelsabkommen normalerweise anderen *Nationalstaaten* verliehen wird, wird unter dem MAI ausländischen *Konzernen* direkt verliehen. Das bedeutet, daß Investitionen und Geschäftstätigkeiten der Konzerne aus den Unterzeichnerstaaten bevorzugt behandelt werden müssen.
b) Die Klausel zur »Inländerbehandlung« beinhaltet, daß jeder Unterzeichnerstaat garantiert, daß ausländische Konzerne aus einem anderen Unterzeichnerstaat »nicht weniger bevorzugt« behandelt werden als inländische Konzerne. Der Zweck dieser Klausel ist es, sicherzustellen, daß die Gesetze eines Landes ausländische Investoren nicht diskriminieren, weder absichtlich noch faktisch. Aber die Wirkungsweise des MAI wird dafür sorgen, daß die Staaten ausländische Investoren *bevorzugter* behandeln müssen als inländische Unternehmen.
c) Das MAI gewährt transnationalen Konzernen, was man einen »quasidiplomatischen Status« nennen könnte, indem es ihrem »Schlüsselpersonal« (Managern, leitenden Angestellten, Fachleuten) das Recht auf freie, uneingeschränkte Einreise und Arbeitsge-

nehmigung in jedem der Unterzeichnerstaaten gewährt. Das bedeutet zum Beispiel, daß das Personal von ausländischen Konzernen die Einreisegesetze eines Landes umgehen kann, wodurch es eine Art diplomatische Immunität genießt.
d) Unter dem MAI wird selbst die Idee der nationalen Souveränität bereitwilliger auf transnationale Konzerne angewandt als auf Nationalstaaten selbst oder auf nationale Regierungen. Bei der Verteidigung der neuen Investitionsregeln zum Beispiel reden Staatsbeamte oft in Kategorien von Schutz der »Souveränität« von deutschen Konzernen wie *Daimler-Benz*, *Siemens* oder *Hoechst*.

2. Die Architektur des MAI ist so angelegt, daß die Investitionsregeln selbst den Konzernen ermöglichen, Regierungen zu regulieren. Normalerweise denkt man, daß ein Investitionsabkommen ein Korpus von Regeln sei, durch das Regierungen die Geschäftstätigkeiten der Konzerne kontrollieren. Im MAI herrscht der entgegengesetzte Trend. Die Regeln sind meistens so formuliert, daß sie Regierungen Verpflichtungen auferlegen. Zum Beispiel:
a) Es ist den Regierungen verboten, ausländischen Konzernen Leistungsauflagen zu machen. Das bedeutet, daß Regierungen nicht mehr von ausländischen Konzernen verlangen dürfen, eine bestimmte Anzahl von Jobs zu schaffen, Einheimische anzustellen, den Export von Naturressourcen einzuschränken oder Gemeinschaftsunternehmen (joint ventures) mit einheimischen Firmen zu bilden. Auch Leistungsauflagen dürfen sie nicht in Verbindung mit Subventionen machen, die sie ausländischen Firmen gewähren, oder wenn sie bei ausländischen Firmen etwas kaufen.
b) Regierungen wird auch verboten, einheimischen Firmen Subventionen, Zuschüsse oder Darlehen zu gewähren, wenn sie nicht auch ausländische Konzerne ähnlich begünstigen. (Subventionen für kleine und mittlere einheimische Firmen sind seit langem ein strategisches Instrument, das Regierungen benutzen, um ihre lokalen Wirtschaften zu stimulieren.) Diese neuen MAI-Regeln sollen einen »ebenen Spielplatz« schaffen. Aber das Endergebnis ist eine umgekehrte Diskriminierung – daß nämlich ausländische Konzerne mehr Vorteile haben im Vergleich zu einheimischen Firmen.
c) Regierungen dürfen das Ein- und Abfließen von Kapital nicht

regulieren. Nach dem MAI darf von einem ausländischen Konzern nicht verlangt werden, daß er z.B. einen Teil seiner in Deutschland erzielten Gewinne oder Guthaben/Vermögen – einschließlich der Finanzinstrumente wie Aktien und Währungsreserven – in Deutschland läßt. Ohne diese Regulierung der Wirtschaftspolitik werden die Regierungen keine Macht haben, wahnsinnige Spekulationen auf den Finanzmärkten einzudämmen, die zu Problemen führen können wie die mexikanische Peso-Krise oder die asiatische »Finanz-Grippe«.

d) Die Möglichkeiten der Regierungen sind auch eingeschränkt, wenn es darum geht, öffentliche Vermögen zu privatisieren. Wenn zum Beispiel eine Landes- oder Kreisregierung in Deutschland entscheidet, einen öffentlichen Versorgungsbetrieb, der der Region Strom liefert, zu verkaufen, aber gleichzeitig sichern will, daß er im Besitz der Gemeinde bleibt, dann gibt es Schwierigkeiten. Die Regierung kann versuchen, den Betrieb an die organisierten Arbeiter (die Gewerkschaft) oder an ein Unternehmen im Gemeindebesitz zu verkaufen. Aber das MAI kann benutzt werden, das zu verhindern.

3. Das MAI behandelt die Konzerne nicht nur als souveräne Wesenheiten und liefert ihnen die Regeln, Regierungen zu regulieren. Es gibt ihnen auch die Instrumente, diese Regeln zur Geltung zu bringen und sie bindend zu machen. Zum Beispiel:

a) Nach dem jetzigen Stand der Verhandlungen verpflichtet sich ein Unterzeichnerstaat, eine Liste von allen Gesetzen und praktischen Maßnahmen vorzulegen, die den neuen Investitionsregeln nicht entsprechen. Er verpflichtet sich auch, solche »nichtkonformen« Gesetze, Politiken und Programme binnen einiger Jahre abzuwickeln (»Roll back«). Diese Roll-back-Klausel wird wiederum durch eine »Standstill«-Klausel bekräftigt, die jede zukünftige Regierung daran hindern soll, neue Gesetze, Politiken und Programme einzuführen, die dem MAI nicht entsprechen.

b) Um sicherzustellen, daß die Regeln zur Geltung kommen, gibt das MAI ausländischen Konzernen das Recht und die Möglichkeit, Regierungen direkt zu verklagen, die gegen die Regeln verstoßen. Durch einen besonderen Investor-Staat-Mechanismus zur Konfliktlösung können Konzerne Staaten auf Schadenersatz ver-

klagen – entweder vor einem deutschen Gericht oder vor einem internationalen Schiedsgericht. Aber Staaten haben keine Möglichkeit, transnationale Konzerne zu verklagen.
c) Die MAI-Regeln werden nicht nur für die nationale Regierung, die das Abkommen unterschreiben wird, bindend sein, sondern auch für alle subnationalen Regierungen. Wie es eine OECD-Direktive ausdrückt, »das MAI will für alle ›Maßnahmen‹ gültig sein (d. h. für Gesetze, Regelungen und die Verwaltungspraxis), für alle Maßnahmen, auf allen Ebenen der Regierung, von der zentralen bis zur lokalen«. Für Föderalstaaten wie Deutschland könnte diese subnationale Gültigkeit des MAI eine tiefe Auswirkung auf demokratisches Regieren haben.
d) Wenn ein Staat das Abkommen einmal unterschrieben hat, ist er im Grunde genommen für eine Periode von 20 Jahren darin »eingeschlossen«. Normalerweise erlaubt die Aufhebungsklausel in einem internationalen Handelsabkommen einem Unterzeichnerstaat, sich mit einer Kündigungsfrist von sechs Monaten daraus zurückzuziehen. Aber das MAI darf von einem Staat nicht vor Ablauf von fünf Jahren gekündigt werden, und danach werden die Investitionsregeln für noch weitere fünfzehn Jahre gültig bleiben. Das Ziel ist es, ausländischen Investoren politische Stabilität zu garantieren.

Zusammengenommen sind das die Hauptkomponenten des MAI. Wenn sie angenommen sind, werden diese globalen Investitionsregeln radikal die Art und Weise ändern, wie wir in sogenannten demokratischen Gesellschaften regieren. Wir mögen Gesetze, Politiken und Programme haben, die von demokratisch gewählten Parlamenten entwickelt und verabschiedet worden sind. Aber transnationale Konzerne werden die Macht und die Instrumente haben, sie zu Fall zu bringen, wenn sie nicht den neuen Investitionsregeln entsprechen. In vielen Fällen wirken sich diese Gesetze, Politiken und Programme täglich auf die ökonomischen, sozialen und ökologischen Lebensbedingungen von Menschen aus. Aber unter der MAI-Ordnung wird die Entscheidungsfindung über solch vitale Fragen unseres gemeinsamen Lebens faktisch zunehmend Institutionen ausgehändigt werden, die nicht gewählt, nicht rechenschaftspflichtig und unkontrollierbar sind.

In der Tat, das ist der Grund, warum wir das MAI den »Vertrag zur Herrschaft der Konzerne« genannt haben. Es etabliert den Verfassungsrahmen, den transnationale Konzerne brauchen, um ihre Macht zu konsolidieren und auszudehnen zwecks Weltherrschaft. Durch diesen Prozeß schaffen sie sich gute Bedingungen für einen beschleunigten Angriff auf die demokratischen Rechte und Freiheiten der Menschen in der ganzen Welt.

Angriff auf das Soziale

Eine der größten Gefahren, die vom MAI ausgehen, ist, daß es die Beziehung zwischen Staat und Kapital dramatisch verändert. Wie wir gesehen haben, findet der Angriff auf den Keynesianischen Sozialstaat schon seit 20 bis 25 Jahren statt. Das MAI wird dazu dienen, diesen Trend sowohl zu beschleunigen als auch zu konsolidieren. In den Industrieländern des Nordens zum Beispiel ist die Hauptzielscheibe des MAI der öffentliche Sektor selbst. Ziel ist es nicht nur, den Prozeß der Deregulierung und »Privatisierung« zu beschleunigen, sondern diese Veränderungen auch einzuschließen (»lock in«), d. h. juristisch festzuklopfen. Einerseits zielen die MAI-Regeln darauf ab, die Handlungsfähigkeit von Regierungen und insbesondere des öffentlichen Sektors sehr zu beeinträchtigen, indem sie einschränken, was letztere in bezug auf ausländische Investitionen tun dürfen. Andererseits öffnet das MAI den transnationalen Konzernen die Tür, den öffentlichen Sektor selbst auszunutzen, um die Milliarden Dollar an Einnahmen und Gewinn, die in diesem Sektor erzielt werden, einzukassieren. (...)

1. Schaffung von Arbeitsplätzen:

Das Zeitalter des Freihandels hat eine große Unsicherheit in bezug auf Arbeitsplätze geschaffen. (...) Die schon hohe Zahl der Arbeitslosen in Deutschland wird wohl weiter steigen. (...) Unter dem MAI wird es der deutschen Regierung unmöglich sein, diesen Trend umzukehren. Ohne die Möglichkeit, wichtige wirtschaftspolitische Instrumente wie Subventionen, Leistungsauflagen und Kontrolle über Kapital zu benutzen, können Regierungen nicht mehr aktiv Strategien entwickeln, um die Schaffung von Arbeitsplätzen im Privatsektor zu stimulieren, sei es zu Hause oder im Ausland. Parallel dazu werden viele Unternehmen des öffentlichen Sektors – z.B. die Post, Stromversorgungsunternehmen usw. – gezwungen sein, wettbewerbsfähiger zu werden, was zur Folge haben wird, daß sie viele Arbeitsplätze streichen.

2. Soziale Sicherheit

In den USA zum Beispiel übertragen defizitscheue Regierungen der Bundesstaaten die Verwaltung von Fürsorgeprogrammen an Konzerne wie *Lockheed-Martin*, einen der führenden Waffenhersteller der Welt. Seitdem sie erkannt haben, daß Fürsorgeprogramme potentiell eine Multimilliarden Dollar versprechende Industrie sind, diversifiziert *Lockheed-Martin* seine Geschäftstätigkeiten. Das MAI wird auch den US-amerikanischen Konzernen auf dem Gebiet der kommerziellen Gesundheitsfürsorge die nötigen Instrumente liefern, Kanadas öffentliches Gesundheitsfürsorgesystem mit x Milliarden Dollar Umsatz aufzubrechen. Was in Kanada passieren kann, kann auch in Deutschland passieren.

3. Besteuerung von Konzernen

Der Sozialstaat leidet auch am Rückgang der Einnahmen aus Unternehmenssteuern. Entgegen den Klagen der Großkonzerne über angeblich zu hohe Steuern hat das Deutsche Institut für Wirtschaftsforschung (DIW) in Berlin errechnet, daß der durchschnittliche Nettosteuersatz auf Unternehmensprofite und Profite von Selbständigen in Deutschland von 37% im Jahre 1980 auf 25% im Jahre 1994 gesunken ist. Der CEO von Daimler-Benz soll im April 1996 deutschen Beamten gesagt haben, daß sein Konzern bis zum Jahr 2000 dem deutschen Staat überhaupt keine Steuern mehr auf Gewinne zahlen würde. Wenn die MAI-Ordnung Wirklichkeit wird, könnten diese Trends beschleunigt werden. Anfangs hatten die Architekten des MAI vorgeschlagen, daß die Besteuerung von Konzernen als eine Form von »schleichender Enteignung« betrachtet werden sollte. Obwohl dieser Vorschlag zwecks weiterer Überlegung zurückgezogen worden ist, kann er wieder als Teil der globalen Investitionsordnung auftauchen. Allerdings enthält der vorliegende Entwurf Bestimmungen, die dem Staat verbieten, Steuermaßnahmen als Mittel zum Kontrollieren des Kapital- und Profitabflusses zu benutzen. Das ist schon eine Einschränkung der Möglichkeiten des Staats, Gewinne von transnationalen Konzernen zu besteuern.

4. Menschenrechte

Es ist bekannt, daß der deutsche Kanzler und die CEOs der Konzerne genauso wie ihre Gegenpartei in den anderen OECD-Ländern bei Menschenrechtsverletzungen in Ländern wie China und Indonesien oft ein Auge zudrücken, um in diesen Ländern große Aufträge gewinnen und Investitionen machen zu können. Aber selbst wenn die deutsche Regierung bei ihrer internationalen Handelspolitik Menschenrechte zu einer Priorität machte, würde das MAI nach dem jetzigen Entwurf die Instrumente, die dazu benutzt werden könnten, stark beschränken. Die Meistbegünstigungsklausel könnte die Bundesrepublik daran hindern, Investitionen aus Ländern mit niedrigen Menschenrechts- und Arbeitsstandards einzuschränken oder zu verbieten. Das im MAI vorgesehene Verbot von sekundären Boykotts bedeutet, daß Regierungen nicht mehr die Instrumente benutzen dürfen, die bislang benutzt wurden, um Konzerne davon abzuhalten, während des Apartheid-Regimes in Südafrika zu investieren. Ein solches Instrument ist beispielsweise die Zurückhaltung von Pensionfonds-Investitionen und Verträgen der öffentlichen Beschaffung. Was noch schlimmer ist: Wenn es zu sozialen Unruhen kommt (z.B. infolge eines Streiks), verpflichtet die MAI-Klausel zum »Schutz vor Unruhen« Gastgeberstaaten praktisch, eine höhere Priorität auf den Schutz der Eigentumsrechte der transnationalen Konzerne zu legen als auf die Verteidigung der Menschenrechte ihrer Bürger. Sonst müssen sie den Konzernen Schadenersatz für Eigentumsverlust oder Zerstörung von Investition zahlen.

Schluß

Das sind nur einige der potentiellen Implikationen, wenn das MAI in seinem jetzigen Entwurf ratifiziert werden sollte. Mehr Arbeit ist notwendig, um die potentiellen Auswirkungen der MAI-Regeln auf eine ganze Reihe von bestehenden Gesetzen und Politiken zu analysieren.

Während wir hier unsere Aufmerksamkeit darauf konzentrieren, auf welche Weise das MAI benutzt werden könnte, den Abbau des Sozialstaates zu beschleunigen und den öffentlichen Sektor für profitable Investitionen aufzubrechen, dürfen wir nicht vergessen, daß die eigentliche, langfristige Zielscheibe des MAI die Entwicklungsländer des Südens sind. Ich weiß, Martin Khor wird in seinem Referat sehr viel mehr über diese Sache zu sagen haben. Aber lassen Sie mich beiläufig sagen, daß diejenigen von uns, die Bürger von relativ wohlhabenden Industrieländern des Nordens sind, verstehen müssen, daß der Vertrag zur Herrschaft der Konzerne alle Bestandteile eines neuen Instruments für Kolonialismus und Imperialismus in der heutigen Welt hat. Wir müssen also bereit sein, das MAI sowohl aus diesem Grund zu bekämpfen wie aus unseren eigenen Gründen.

Es mag sein, daß es einen realen Bedarf für ein globales Investitionsabkommen gibt. Es ist eine Tatsache, daß seit einigen Jahren weltweit ausländische Direktinvestitionen exponentiell wachsen und daß sie jetzt schneller wachsen als der Handel mit Gütern und Dienstleistungen. Das macht klar, daß internationale Regeln zur Regulierung der globalen Kapitalbewegungen notwendig sind. Aber das MAI ist grundsätzlich der falsche Weg, sowohl sein *Modell* der Investitionsregeln als auch die *Methode*, sie zu etablieren. Was nicht notwendig ist, ist ein Vertrag, bei dem transnationale Konzerne Regierungen vorschreiben, was letztere bei der Förderung von profitablen Investitionen tun dürfen und nicht. Was notwendig ist, ist ein Vertrag, der sicherstellt, daß Regierungen im

Interesse der Bürger und für das Gemeinwohl handeln können, indem sie die Investitionen und Tätigkeiten der Konzerne (ausländische sowie inländische) regulieren, um die elementaren ökonomischen, sozialen und ökologischen Lebensbedingungen der Menschen zu verbessern.

Die Charta der Vereinten Nationen über ökonomische Rechte und Pflichten der Staaten ist eine radikale Alternative zum MAI, als ein Rahmen zur Etablierung von globalen Investitionsregeln. Unterzeichnet im Jahre 1974 von den meisten Mitgliedsstaaten der UNO, erlaubt diese Charta nationalen Regierungen, Tätigkeiten von transnationalen Konzernen in ihren Territorien zu regulieren. Sie erlaubt den Regierungen, Leistungsauflagen zu machen und -standards zu setzen, die den elementaren Entwicklungsbedürfnissen ihrer Bevölkerung dienen. Obwohl sich in den letzten 25 Jahren die Lage in der Weltwirtschaft und den Nationalstaaten substantiell verändert hat, könnten die Hauptelemente dieser Charta als Rahmen für die Entwicklung eines alternativen globalen Investitionsabkommens angenommen werden. In der Tat arbeite ich seit einiger Zeit mit Kollegen aus verschiedenen Ländern daran – in der Hoffnung, daß wir etwas entwerfen können, was ein »Bürger-MAI« genannt werden könnte. Dies könnte bei den öffentlichen Diskussionen und Debatten, die im Anschluß an das OECD-Ministertreffen in der nächsten Woche stattfinden müßten, als ein brauchbares Instrument dienen.

Diese Analyse ist in einem Dossier enthalten, das das »Komitee Widerstand gegen das MAI« im Oktober 1997 erstellt hat. Es kann beim Komitee bestellt werden und kostet 6 DM in Briefmarken.

Übersetzt von: Saral Sarkar

MARTIN KHOR

Die Folgen für den Süden[1]

Das Thema MAI ist, ohne Übertreibung, wahrscheinlich das wichtigste wirtschaftliche und soziale Thema weltweit, mit dem wir uns in den nächsten Jahren beschäftigen werden. Und zwar deshalb, weil das MAI versucht, die Regeln der Weltwirtschaft zu ändern. Und in gewisser Weise wird sich das extrem nachteilig und extrem schädlich auswirken, besonders auf die Bevölkerung des Südens, aber auch auf die Menschen im Norden, einschließlich Deutschland.

Was das MAI zu erreichen versucht, ist die Wiedereinführung des Kolonialismus, den wir einige Jahrhunderte zuvor hatten, und den wir bekämpft haben, indem es uns gelang, die Unabhängigkeit zu erlangen. Das MAI erinnert mich an die Geschichte des Opiumkriegs, über den manche vielleicht gelesen oder gehört haben. Er fand statt, als die Briten im 19. Jahrhundert versuchten, weiterhin Opium nach China zu exportieren. Als die chinesische Regierung den Briten sagte, daß sie in Zukunft kein Opium mehr importieren wolle, weil es schlecht für die Gesundheit der Chinesen sei, sagten die Briten: Das ist gegen die Prinzipien des freien Handels! – Freier Handel bedeutet: die Freiheit der Briten, Opium zu verkaufen. Freier Handel bedeutet *nicht*: die Freiheit der Chinesen, kein Opium zu nehmen, das ist irrelevant! Nun, die Chinesen kämpften viele große Schlachten, aber sie verloren. Die Briten eröffneten das Kanonenfeuer von ihren Schiffen aus und zerstörten einige Häfen in China. Und danach unterzeichneten die Chinesen

1 Dieser Beitrag ist die übersetzte und überarbeitete Fassung des Vortrags von Martin Khor auf dem Kongreß: »Das MAI, der Gipfel der Globalisierung«, am 25. April 1998 in der Universität Bonn.
Übersetzt von Eva May-Igelmund.

den Vertrag, den Opiumkriegs-Vertrag, und erlaubten damit den Briten, nicht nur weiterhin Opium nach China zu verkaufen, sondern gaben ihnen auch das Recht, daß britische Firmen sich in vielen Städten und Häfen Chinas niederlassen durften. Das Recht, sich niederzulassen, bedeutet das Recht einer Firma, nach China zu kommen und innerhalb des Landes zu produzieren oder Handel zu treiben.

Es dauerte einige Jahrzehnte, viele Kriege und Revolutionen waren notwendig, bevor die Briten und andere hinausgeworfen waren, nicht nur aus China, sondern auch aus Indien, aus Malaysia, aus Afrika und aus Lateinamerika. Der Kampf gegen den Kolonialismus war auch ein Kampf gegen die Auflagen fremder Länder, fremder Firmen und fremder Produkte, die in alle Winkel der Welt eindrangen, wo sie nur wollten. Denn die Bürger in der »Dritten Welt« hatten natürlich den Wunsch, ihre eigene Entwicklung zu gestalten, und wollten, daß die eigene Wirtschaft die Bedürfnisse der eigenen Bevölkerung erfüllte.

Also führten nach der Unabhängigkeit viele der Drittweltländer eine Vielzahl von Richtlinien ein, die ausländische Firmen innerhalb ihrer Länder regulieren und kontrollieren sollten. Natürlich waren in manchen Ländern ausländische Firmen überhaupt nicht willkommen, in anderen Ländern waren sie willkommen, aber nur, um eine bestimmte Rolle zu spielen, und das auch nur in bestimmten Bereichen. Und in fast all diesen »Dritte-Welt«-Ländern versuchten die Regierungen oder das Volk selbst – manchmal sogar gegen die Regierung –, ihre eigene Wirtschaft aufzubauen, ihre eigenen Firmen, ihre eigenen Farmen, wovon viele klein und in Familienbesitz waren. Und dies war die wirkliche Bedeutung wirtschaftlicher Souveränität: daß die Ressourcen des Landes, das Land und die Wirtschaft dieser Länder, von Einheimischen kontrolliert würde.

In den ersten ein oder zwei oder sogar drei Jahrzehnten der Unabhängigkeit kämpften die »Dritte-Welt«-Länder wieder viele Schlachten auf internationaler Ebene, auch gegen die internationale Wirtschaftsordnung, um die großen Konzerne daran zu hindern, zuviel Kontrolle über ihre Wirtschaft auszuüben. Es gab eine Initiative der Vereinten Nationen, ein Zentrum für transnationale Unternehmen zu gründen. Aus diesem Zentrum wurde das Sekretariat zum Entwurf eines Verhaltens-Codex für transnationale Unternehmen. Dieser Verhaltens-Codex betonte das souveräne Recht der Länder und Völker, über ihre eigenen Ressourcen zu verfügen, das Recht, ausländische Firmen zu regulieren, das Recht, ausländische Firmen in ihr Land einzuladen oder nicht und zu welchen Bedingungen. Dieser Verhaltens-Codex setzte außerdem fest, daß auch die Konzerne bestimmte Rechte hätten: Wenn z.B. ein Konzern auf Einladung der Regierung in ein Land kam, hatte er Rechte, beispielsweise das Recht, von seinem Eigentum nicht enteignet zu werden, es sei denn mit einer gerechten Entschädigung. Aber dieser Verhaltens-Codex setzte ebenfalls fest, daß diese Konzerne Verpflichtungen hatten: z.B. wenn ein Konzern in ein anderes Land ging, daß dieser Konzern den Gesetzen, den Regulierungen und den sozialen Zielsetzungen dieses Landes Folge zu leisten hatte.

Dieser Verhaltens-Codex war also in gewissem Sinne ein ausgewogener Versuch, darzulegen, welches die Rechte der Länder und welches die Rechte der Unternehmen sind; welches die Verpflichtungen der Länder und welches die Verpflichtungen dieser ausländischen Konzerne sind.

Dieser gemäßigte Verhaltens-Codex ist etwas, dem sehr wenige Menschen widersprechen würden. Viele würden ihm nicht nur nicht widersprechen, sondern würden ihn für zu zahm und zu gemäßigt halten. Aber die »entwickelten« Länder, ich bin sicher, einschließlich der deutschen Regierung, die beeinflußt ist von den Vereinigten Staaten, sabotierten diesen Verhaltens-Codex.

Tatsächlich wurde über einen Zeitraum von mehr als zehn Jahren über diesen Verhaltens-Codex hinweg verhandelt. Und es gab schon fast eine allgemeine Zustimmung zu diesem Codex, als er schließlich einfach stillgelegt wurde, ich glaube, das war 1992, und das Zentrum für transnationale Unternehmen selbst wurde geschlossen.

Die Konzerne, die gegen diesen Verhaltens-Codex protestierten und ihren Einfluß auf die Vereinigten Staaten geltend machten, ihn ad acta zu legen, entschieden sich, einen Gegenangriff zu starten. Und dieser Gegenangriff ist ein Multilaterales Abkommen über Investitionen. Diese Firmen sagten, wir wollen uns niemals wieder der Bedrohung durch einen Verhaltens-Codex, der unser

Verhalten regulieren will, ausgesetzt sehen. Und so boxten sie bei der US-Regierung die Idee eines Auslands-Investitions-Vertrags durch, der den Konzernen alle Rechte verschaffte und den Regierungen jegliche Rechte entzog, die sie hatten, um solche Konzerne zu kontrollieren. Also wurde aus einem ausgewogenen Verhaltens-Codex jetzt ein MAI, durch welches

- Konzerne das Recht haben, in jedes Land ihrer Wahl hineinzugehen und zu investieren;
- Konzerne das Recht haben, 100% der Aktien in jedem Land zu besitzen, in das sie hineingehen möchten;
- ausländische Konzerne das Recht haben, ebenso wie einheimische Firmen behandelt zu werden oder noch besser;
- Regierungen nicht länger das Recht haben, selbst auszuwählen, welchen Konzernen sie Zutritt zu ihrem Land gewähren und für welche Sektoren;
- Regierungen nicht länger das Recht haben, den Kapitalfluß dieser Firmen ins Land hinein oder heraus zu regulieren;
- Regierungen noch nicht einmal mehr das Recht haben zu entscheiden, wie viele Ausländer von den ausländischen Firmen eingestellt werden dürfen.

Das war nun also eine Charta über die Rechte der Konzerne, und – noch wichtiger – dadurch wäre ein Versuch der Regierungen, die Konzerne zu regulieren, illegal. Illegal! Jede Regierung, die versuchen würde, Konzerne zu regulieren, ihren Zutritt zu einem Land, ihre Niederlassung, ihre Behandlung, ihre Leistungsanforderungen an sie, jegliche Schritte, die eine Regierung ergreifen würde, um diese Firmen zu regulieren, würden als illegal angesehen und mit einer Geldstrafe im Rahmen des MAI von der OECD geahndet. Oder sie würden bestraft durch Handelssanktionen im Rahmen der Welthandelsorganisation (WTO) – wenn dieser Vertrag in die WTO eingehen sollte.

Also werden die Regierungen zu Kriminellen, und die Firmen haben alle Rechte. Auf diese Art und Weise, könnte man sagen, hat das »Imperium« zurückgeschlagen. Das »Imperium« hatte sich schon sehr bedroht gefühlt von diesem sehr gemäßigten Verhaltens-Codex, der noch nicht einmal gesetzlich verbindlich war. Es ist nur ein Verhaltens-Codex. Eine Richtlinie des guten Benehmens, der man noch nicht einmal folgen *muß*. Aber die Konzerne haben sich derart darüber aufgeregt, daß sie mit dem MAI zurückschlugen.

Auf welche Art und Weise versuchten sie, das MAI durchzusetzen? Zuerst versuchten sie es durch die Welthandelsorganisation WTO. In den Uruguay-Verhandlungen der 80er Jahre gab es einen Vertrag namens »Trade Related Investment Measures« (»Handelsbezogene Investitions-Maßnahmen«), TRIMS, und diese Idee (der Auslandsinvestitionen) war ein Kernstück der TRIMS. Investment-Politik dieser Art – all die Dinge, die jetzt im MAI, in der OECD erwähnt werden – war schon in den GATT-Verhandlungen der 80er Jahre aufgekommen. Aber sie wurden wieder herausgestrichen, wegen des Widerstandes der Entwicklungsländer. Wir haben jetzt immer noch eine TRIMS-Vereinbarung, aber sie ist lediglich darauf beschränkt, Regierungen davon abzuhalten, Investitions-Gesetze zu erlassen, die einen Einfluß auf den Handel haben. Zum Beispiel, wenn eine ausländische Firma in ein Land kommt, und man verlangt von dieser fremden Firma, zu 50% einheimische Rohmaterialien zu verwenden, so sagt die WTO jetzt: Das ist illegal, weil ... Ja, weil dadurch die Amerikaner z.B. davon abgehalten werden, ihre Materialien in dieses Land zu exportieren. Es ist also tatsächlich so, daß dies jetzt ein Hauptproblem in den Entwicklungsländern ist, weil wir nicht mehr länger dieses Instrument haben, um lokale Nachfrage und lokale Geschäfte zu fördern. Allerdings sind die TRIMS auf die Art von Maßnahmen beschränkt, die sich auf den Handel beziehen. Die TRIMS haben nicht die Kapazität, Regierungen zu regulieren oder zu Investitions-Politik im allgemeinen zu zwingen. Aber nachdem die Uruguay-Runde unterzeichnet war und 1995 die WTO entstand, versuchten die »entwickelten« Länder es wieder. Natürlich waren sie sehr schlau, sie versuchten es und schlugen wieder fehl, aber sie sagten: »Macht nichts, wir werden wiederkommen. Wir werden niemals aufgeben!« Dieses MAI wird nicht sterben, nicht, so lange ich lebe. Egal, wie hart wir kämpfen oder gewinnen, es wird immer wieder plötzlich auftauchen, und jedesmal, wenn es wieder auftaucht, müssen wir es niederschlagen.

Wo und woher kann es immer wieder auftauchen? Für den Widerstand müssen wir das wissen. Die Europäische Kommission, in der Deutschland eine sehr große Rolle spielt, hielt 1995 in Genf eine Versammlung mit den Entwicklungsländern ab. Ungefähr 20 Entwicklungsländer waren da, und man sagte ihnen: »Wir haben ein perfektes Gesetz, um unsere Firmen davon zu überzeugen, daß es gut ist, in Ihren Ländern zu investieren. Wollen Sie ausländische Investitionen in Ihrem Land?« Die meisten Länder sagten: »Ja! Wir alle wollen ausländische Investitionen!« Also sagte der EU-Beamte aus Brüssel: »Es heißt: das Multilaterale Investitionsabkommen, MIA. Sie unterzeichnen es, und unsere Firmen werden zu Ihnen kommen.« Unglücklicherweise für die EU gab einer der Diplomaten das Papier dem *Third World Network,* und wir analysierten es und sagten: Um Himmels willen, das ist wieder dasselbe, was sie schon in den TRIMS versucht hatten und was immer wieder auftaucht! Das Recht, keine nationale Behandlung festzusetzen, keine Regulation der Konzerne zuzulassen, den Kapitalfluß rein ins Land und raus aus dem Land zu erlauben usw.

Aber das EU-Papier war sehr interessant. Daraus ging folgendes hervor: Wir verfolgen zwei Vorgehensweisen, 1. wir werden es in die WTO hineindrücken, und 2. wir werden es in der OECD verhandeln. Wir werden es an zwei verschiedenen Stellen machen, so daß wir eine doppelte Portion Eiskrem bekommen, könnte man sagen. Als nun in der WTO der Vorschlag vorgebracht wurde und viele Analysen gemacht und Workshops gehalten worden waren, gingen die Nichtregierungsorganisationen aus den Entwicklungsländern zu ihren Regierungen und starteten Kampagnen gegen das MIA.

Wieder sagten viele Entwicklungsländer: »Nein, wir wollen das nicht in der WTO haben. Wir haben es bei den TRIMS abgelehnt, also wollen wir das aus der WTO heraushalten!« Aber die »entwikkelten« Länder waren sehr schlau. Da die EU die Schlüsselrolle dabei gespielt hatte, es voranzutreiben, entschloß sie sich, sich im Hintergrund zu halten, und sie unterstützte Kanada und Japan, eine neue Idee zu lancieren.

»Nicht daß wir ein MAI haben wollten, aber wir wollen eine Arbeitsgruppe gründen, die das Problem der Auslands-Investitionen untersucht.« Und nach vielen Versuchen hatten sie Erfolg bei der Singapur-WTO-Konferenz vor zwei Jahren, so daß wir jetzt eine Arbeitsgruppe haben, die die Beziehung zwischen Handel und Investitionen untersuchen soll. Die Entwicklungsländer waren schlau genug zu sagen: »Das ist nur eine Gruppe, die das Thema untersucht, und keine Gruppe, die einen Vertrag verhandelt. Wenn wir einen Vertrag verhandeln sollen, dann müssen wir einen Konsens erreicht haben, nachdem die Untersuchungen abgeschlossen sind.« Also, in den vergangenen zwei Jahren hat diese Arbeitsgruppe das Thema Investitionen und Handel diskutiert, aber es gab keine Verhandlung in Richtung eines MAI! Aufgrund des Widerstands innerhalb der WTO wurden die Verhandlungen dann in die OECD verlagert. Der Grund dafür war natürlich klar: In der OECD sind die Entwicklungsländer nicht präsent, und so können die OECD-Länder (die 29 reichsten Länder der Welt, d. Ü.) eine Vereinbarung verhandeln, die – wie sie es nennen – einen »high standard« hat. Denn die meisten OECD-Länder haben ihre Investitions-Gesetze bereits liberalisiert, um das zu erreichen, was sie »high standard« nennen. Und dann, nachdem sie einen »hohen Standard« haben – was heißt, daß jeder zustimmt zu: »nationaler bzw. Inländer-Behandlung«, dem Recht, ins Land zu kommen, freiem Kapitalfluß rein und raus (in Deutschland z.B. haben Sie diese Regulationen vielleicht schon) –, nachdem all diesem in der OECD zugestimmt wurde, werden wir diese Entwicklungsländer unter Druck setzen, auch beizutreten und zu unterzeichnen.

Nun, wir wissen, daß diese sogenannte »High-standard«-Vereinbarung sogar in den »entwickelten« Ländern zu Problemen führt, denn – natürlich – fühlen sich auch all die westlichen Gruppen bedroht, wenn man seine Türen ganz und gar ausländischen Investoren öffnen muß.

Also, dieser Durchbruch, der durch die Anti-MAI-Kampagnen in Kanada, den Vereinigten Staaten und in Europa erreicht wurde, fand statt, weil die Nichtregierungsorganisationen, die sozialen Bewegungen, gegen das MAI protestierten. Sie protestieren in erster Linie gegen das MAI, weil es gegen die Interessen der »Dritte-Welt«-Länder gerichtet ist. Aber in zweiter Hinsicht, weil es auch gegen die Interessen der Menschen in den OECD-Ländern selbst geht. Es ist gegen ihre eigenen Interessen. Diese Analyse wurde sehr klar in dem Buch unseres Freundes Tony Clarke aus Kanada über das MAI herausgearbeitet. Diese Analyse, die sich jetzt entwickelt, gilt auch in bezug auf Deutschland.

Jetzt, da der OECD-Prozeß in Schwierigkeiten geraten ist, weil die Amerikaner ein großes Geschrei erhoben und plötzlich angeblich keine Lust mehr haben, über das MAI weiter zu verhandeln, sagen sie: »Es gibt so viele Ausnahmen, also wir wissen nicht, warum wir diesen Vertrag überhaupt noch haben sollen.« Das ist die normale amerikanische Verhandlungstaktik. Genauso haben sie es in der WTO gemacht, als es um Finanz-Dienstleistungen ging und jeder schon soweit war, daß er unterschreiben wollte, da sagten die Amerikaner: »Nein, dieser Standard ist zu niedrig für uns, da machen wir nicht mit, wir gehen!« Und so brach alles zusammen. Und im folgenden Jahr werden sie dann zu jedem einzelnen Land gehen und gesondert mit ihm verhandeln, und schließlich werden sie ein weiteres Jahr später sagen: »Okay, der Standard ist jetzt hoch genug, laßt uns unterzeichnen!« Und das ist wahrscheinlich die Taktik, die sie jetzt auch in der OECD in bezug auf das MAI verfolgen.

Die EU ihrerseits war wegen der Amerikaner nie sehr versessen darauf, es in der OECD zu verhandeln. Die Europäische Kommission möchte es in die WTO hinein haben, weil die Europäische Kommission dort mit verhandelt. Deutschland verhandelt nicht in der WTO. Die Europäische Kommission verhandelt dort in ihrem Namen, wohingegen Deutschland aber in der OECD verhandelt. Also unternehmen jetzt Sir Leon Brittan und der General Direktor der WTO, Mr. Ruggiero, große Anstrengungen, die Investitions-Verhandlungen in die WTO hineinzuverlagern und das Abkommen zu einem Vertrag aufzuwerten. Und das ist eine weitere Gefahr, der wir jetzt gegenüberstehen. Während wir das MAI auf der einen Seite in der OECD bekämpfen, müssen wir andererseits sehr vorsichtig sein, da sie es auch in die WTO reindrücken wollen – vielleicht wollen sie dazu das demnächst stattfindende Mai-Treffen der WTO benutzen –, um eine Art von Erklärung zu erlassen, daß eine neue Verhandlungsrunde notwendig wäre, um neue Punkte zu erörtern, denn die Diplomaten finden die alten Verhandlungspunkte sehr langweilig und suchen ständig nach neuen Verhandlungspunkten und neuen Bereichen, die »liberalisiert« werden müssen. Und so mag es sein, daß sie beantragen werden, die Diskussion aufzuwerten zu Verhandlungen über einen richtigen »Vertrag«.

Der dritte Ort, an dem dieses Thema auftauchen wird, ist der

IWF (Internationaler Währungsfonds). Der IWF weiß im Moment nicht so genau, was er mit sich selbst anfangen soll, da er sein Mandat beim Festsetzen fixer Umtauschraten verloren hat. Also entdeckte er in den 80er Jahren eine neue Rolle für sich selbst: die Strukturanpassungs-Darlehen für »Dritte-Welt«-Länder. Auf diese Art und Weise zerstörte er – natürlich – um die 70 oder 80 »Dritte-Welt«-Länder. Jetzt hat er eine weitere neue Rolle für sich gefunden, nämlich: die Liberalisierung der Kapital-Konten. Kapitalkonten-Liberalisierung ist die neue Strategie. Die Aufgabe des IWF ist es jetzt, auf dem Finanz-Sektor zu liberalisieren. Das bedeutet erstens: Liberalisierung in bezug auf den Handel. Das ist, was sie das »Laufende Konto« (Current Account) nennen. Also wenn jemand Geld in ein Land hinein- und herausbringen will, weil er importiert und exportiert, so nennt man das »Current Account«, das unter die Jurisdiktion des IWF fällt. »Kapitalkonto« (Capital Account) bedeutet jedoch: autonome Kapitalflüsse in ein Land hinein und aus einem Land heraus, welche nichts mit Handel zu tun haben. Noch genauer: Sie haben etwas damit zu tun, daß Ausländer Geld in die Aktienmärkte anderer Länder investieren, Ausländer Geld an andere Länder verleihen, Ausländer Regierungsobligationen (Schuldverschreibungen) anderer Länder kaufen und daß sowohl Einheimische als auch Ausländer Geld aus einem Land herausbringen können. All das sind »Capital-Account«-Transaktionen. Der IWF hat bisher keine Jurisdiktion über diese Art von Kapitalflüssen. Aber er möchte sie gern haben. Also versucht er in diesem Jahr, seine Satzungen – die »Articles of Association of the IMF« (Statuten des IWF) – dahingehend zu verändern, daß der neue Vertragsabschnitt für den IWF als Ziel miteinschließt, die »Capital-Account«-Transaktionen, besonders in den Entwicklungsländern, zu liberalisieren. Dies bedeutet einen freien Kapitalfluß rein und raus in bezug auf: Aktieninvestitionen, Portfolio-Investitionen, direkte Auslandsinvestitionen, Darlehen, Kredite usw., all das, worum es – natürlich – auch beim MAI geht.

Also, wenn wir das Problem der Auslandsinvestitionen behandeln wollen, besteht das Hauptproblem für die Länder, besonders für sehr schwache Entwicklungsländer, darin, daß sie das Recht haben wollen, vielfältige Kontrollen zu erlassen über Gelder, die in das Land hineinfließen, entweder in Form von kurzfristigen Anlagen oder in Form von langfristigen Anlagen wie direkten Auslandsinvestitionen. Denn die Aufgabe eines Landes, einer Regierung, eines Volkes ist es, die eigene Wirtschaft zu schützen. Die Regierungen müssen z.B. ihre eigenen Kleinbauern schützen. Sie müssen ihre eigene Kleinindustrie schützen, ihren eigenen Kleinhandelsbereich. So, daß all diese Betriebe, Geschäftsbereiche, Landwirtschaft und Banken nicht von großen transnationalen Banken oder Konzernen übernommen werden können. Und der unbeschränkt freie Fluß von hereinkommenden Investitionen wird die Fähigkeit der Regierung, die Rechte der eigenen Bevölkerung zu schützen, zerstören.

Abgesehen von der eher direkten Gefahr, daß ausländische Konzerne die lokalen Unternehmen und Arbeitsplätze zerstören können, kann der freie Investitionsfluß in ein Land hinein auch ein sehr plötzliches Absinken in der Zahlungsbilanz verursachen und das Land veranlassen, sich in Auslandsschulden zu stürzen, wovon es sich nie wieder erholen wird.

Dies kommt dadurch, daß, wenn ausländische Konzerne hereinkommen, sie gleichzeitig große Mengen von Rohmaterialien und Kapitalgütern importieren. Und ein großer Teil der Gewinne fließt dann zu der ausländischen Mutterfirma zurück. Diese zwei Faktoren führen dann zu einer Krise in der Zahlungsbilanz, es sei denn, die Gastgeberregierung kann Maßnahmen und Regulierungen ergreifen, wie: von den ausländischen Konzernen verlangen, daß sie ihre Aktien mit Einheimischen teilen; z.B. 50% der Aktien müssen im Besitz von Einheimischen sein, dann kommt es nicht zu einer 100%-Eigentümerschaftsbasis, sondern zu einer Jointventure-Basis. In diesem Fall bleibt die Hälfte der Gewinne im Land. Oder die Regierung kann von der Firma Technologietransfer verlangen. Oder sie könnte sagen: »Sie können Ihre Profite aus dem Land herausnehmen, aber nur die Hälfte davon. Die andere Hälfte muß lokal reinvestiert werden.«

Also, es gibt all diese verschiedenen Maßnahmen, die eine Regierung ergreifen kann, um die Ausgewogenheit der Zahlungsbilanz zu schützen. Das MAI würde die Regierungen davon abhalten, diese Art von Regulationen zu ergreifen. Es ist so gut wie sicher, daß viele Länder, die den freien Transfer von Geldern erlauben, ein Problem mit der Zahlungsbilanz bekommen und sich tief verschulden werden.

Für kurzfristige Kapitalanlagen, welche auch vom MAI abgedeckt sind, werden wir natürlich die Art von Krise bekommen, die wir in Ostasien beobachtet haben. Die Ostasien-Krise passierte nicht aufgrund von Vetternwirtschaft und Korruption, wie oft behauptet wird. Die hatten wir schon seit 20 oder 30 Jahren und haben uns sehr, sehr schnell weiterentwickelt. Die Krise ist durch die Tatsache begründet, daß diese asiatischen Länder, auf Anraten des IWF, in den vergangenen drei Jahren ihren Finanzsektor liberalisiert hatten. Sie erlaubten, daß Geld und Darlehen ins Land hineinkamen und Gelder wieder aus dem Land herausfließen konnten, ohne daß eine Regulierung durch die Regierung erfolgt wäre. In der Vergangenheit hatten wir sehr strenge Regierungsverordnungen. Als aber diese Bestimmungen aufgehoben wurden, kam eine Menge Geld herein; und weil die Währung nun auch international verkauft und getauscht werden konnte, unterlag sie nunmehr der Spekulation. Als nun einmal die Währung um 20 bis 50 oder 80% gefallen war, konnten diese Länder nicht mehr länger ihre Auslandsschulden begleichen und fielen so in die Hände des IWF und dessen Bedingungen, welche die Situation nur noch verschlimmerten.

Diese Art von kurzfristigen Kapitalflüssen rein und raus, Abwertung, Spekulation und Zusammenbruch von sehr gesunden Wirtschaften ist das, was wir überall erleben werden, wenn wir das MAI einführen.

Letztendlich ist das MAI auch deshalb gefährlich, weil es eine legale, verbindliche internationale Vereinbarung ist, egal, ob es in der OECD oder in der WTO verabschiedet wird.

Dies bedeutet, daß die Regierung, die diese Vereinbarung unterzeichnet hat, sich auch daran halten muß. Jemand fragte mich: »Also, viele Entwicklungsländer haben doch jetzt schon sehr lokkere Bestimmungen, so daß ausländische Investoren hereinkommen können und tun können, was immer sie wollen.« Das stimmt. Aber wenn die Regierung der Meinung ist, daß diese Art von Regeln für ausländische Investitionen sich als falsch herausgestellt haben, kann die Regierung die Regeln ändern. Oder die Regierung kann geändert werden, und die neue Regierung kann die Regeln ändern, okay? Aber wenn man Mitglied im MAI ist, kann man die Regeln nicht ändern. Also selbst, wenn du die Regierung wirst, mußt du dich an das MAI halten, und das bestimmt die Regeln. Es ist also sehr wichtig, *keine* internationale Vereinbarung dieser Art zu haben.

Viele fragen nun, ob wir denn nicht eine andere Form des MAI haben könnten. Ja, können wir. Aber wir können es nicht innerhalb des Kontexts des gegenwärtigen MAI haben. Glauben wir doch nicht, wir könnten in die OECD gehen und eine Gewerkschafts-Klausel, eine Umwelt-Klausel, eine Feministen-Klausel ins MAI reinbringen, und alles wäre okay. Es wird nicht okay sein, es wird nur ein Werbegag sein. Oder Sir Leon Brittan und andere werden versuchen, uns zu bluffen, indem sie sagen: »Schaut, so viele von euch haben so viele Belange. Die Entwicklungsländer haben ihre Anliegen, wir werden sie in der WTO aufs Tapet bringen. Die Gewerkschaften haben ihre Anliegen, wir werden alles bei der WTO zur Sprache bringen und eine sehr gute multilaterale Investment-Vereinbarung verhandeln, okay? Also, macht euch keine Sorgen. Was ihr wollt: Verpflichtungen, Verantwortungen, Rechte, alles wird berücksichtigt werden. Ihr könnt nach Hause gehen und euch ausruhen und braucht nicht mehr auf den Straßen zu protestieren.« Glaubt ihnen nicht, wenn sie das sagen! Das sind dieselben Leute, die den Verhaltenscodex bei den Konzernen zerstört haben. Die haben ihn aufgehoben und sogar das Zentrum zugemacht. Sie werden in der WTO oder der OECD *keinen* Vertrag aushandeln, der *unsere* Gesichtspunkte miteinbezieht. Der Vertrag, den die im Kopf haben, soll exakt den Verhaltenscodex zerstören, den wir uns vorstellen könnten, einen Vertrag, der den Konzernen Pflichten und Verantwortung auferlegen würde.

Was wir also tun müssen, ist, was ich bereits sagte, wenn das MAI plötzlich wieder auftaucht. Vielleicht unter einem anderen Namen. Und ich sage euch jetzt schon, sehr bald werden sie es nicht mehr länger MAI nennen, sondern sie werden sich einen neuen Namen ausdenken, um uns zu verwirren – also, wann immer es in der OECD oder in der WTO oder im IWF oder an irgendeinem anderen neuen Ort auftaucht, müssen wir es zusammenhämmern und vernichten!

Und dann müssen wir Werbung machen für unser eigenes Rahmenwerk, mit dem wir diese großen Konzerne, die die Welt kontrollieren und zerstören, regulieren wollen. Wir brauchen Bestimmungen für das Verhalten von transnationalen Konzernen, wir brauchen Regulierungen, um den freien Transfer von kurzfristigen Kapitalflüssen, rein und raus, zu verhindern, und wir brauchen neue Bestimmungen, um ihr Handelsgebaren zu regulieren. Wir müssen das unter einem neuen Rahmen machen, für den wir Werbung machen müssen. Aber man soll nicht die Illusion haben, daß wir das innerhalb der OECD oder der WTO oder dem IWF machen können. Das ist ein ganz wichtiger Punkt, über den wir uns klar sein müssen!

Zum Schluß geht mein Appell an alle in Deutschland. Ihr spielt hier in Deutschland eine ganz wichtige Rolle. Denn wenn Deutschland sich in dieser Angelegenheit bewegt, wird der Rest von Europa sicherlich folgen. Wenn der Rest von Europa sich bewegt, aber Deutschland nicht mitmacht, wird nichts in Europa passieren.

Also, dieser Kongreß sollte der Anfang einer großen Kampagne gegen das MAI sein, ein erster Schritt in Richtung einer noch breiteren Kampagne gegen die Art von Globalisierung, die wir in der WTO sehen, im IWF, in der OECD und überall sonst. Wenn ihr euch mit den Gegenkräften in den Entwicklungsländern vereinen könnt, dann können wir diese ökonomische Katastrophe, diesen Genozid, wie immer ihr es nennen wollt, verhindern. Denn das ist es, was wir in den nächsten 20 bis 40 Jahren haben werden, wenn dieser aktuelle Trend weitergeht und die Multis weiterhin diese Macht haben und die Regierungen zu ihren Handlangern machen. Andererseits reicht es nicht, einfach dazusitzen und sich zu beschweren oder nur zu analysieren. Wir müssen mit allem, was wir haben, gegen das MAI ankämpfen!

CARLA BOULBOULLÉ

Das MAI vor dem Hintergrund der Maastrichter und Amsterdamer Verträge[1]

»Erklärtes Ziel des MAI ist es, den mit GATT/WTO, NAFTA, Maastrichter und Amsterdamer Vertrag begonnenen Prozeß der Deregulierung, Privatisierung und Globalisierung der Weltwirtschaft zugunsten der transnationalen Konzerne (TNCs) zu vollenden.« So heißt es im Aufruf zum Kongreß »Das MAI, der Gipfel der Globalisierung«. Das Diktat, das die Verträge von Maastricht/Amsterdam – im Namen der Globalisierung – gegen alle europäischen Regierungen, nicht nur der EU-Länder, richten, umfaßt ein weitreichendes Programm der Zerschlagung der Arbeitnehmerrechte und der öffentlichen Dienste, der sogenannten Sparhaushalte zur sozialen Demontage, der Aushöhlung des Sozialstaats und der Umweltstandards. Die elementarsten Grundlagen der Demokratie und die nationale Souveränität der Völker (die z.B. unter dem Damoklesschwert der Konvergenzkriterien nicht mehr über ihre Haushalte entscheiden können) werden mit Füßen getreten, um die gesamte Menschheit der schrankenlosen Ausbeutung der Multis zur Befriedigung ihres Profithungers zu unterwerfen.

Es wurde die Frage der Souveränität aufgeworfen. In den genannten internationalen Verträgen geht es keineswegs darum, die heute im nationalen Rahmen existierenden sozialen und demokratischen Rechte in einer höheren, einer internationalistischen, sozialistischen Weltverfassung festzuschreiben. Nein, die nationale Souveränität soll zersetzt werden zugunsten der Konzerne und ihres schrankenlosen Waltens. Die staatlichen Institutionen sollen

1 Beitrag auf dem Kongreß in Bonn

dabei mehr und mehr die Rolle von reinen Repressionsorganen übernehmen. Das ist das Aus für den sozialen und demokratischen Bundesstaat und die kommunale Demokratie.

Der Kampf gegen das MAI kann in Europa nicht getrennt werden von der Forderung nach Aufhebung des Maastrichter Vertrages, dem Nein zum Amsterdamer Vertrag und der Einheitswährung »Euro«, so wie er in Amerika das Nein zum MAI von dem Kampf gegen NAFTA, FTAA etc. verlangt.

Zu Recht spricht Jeremy Corbyn, Abgeordneter der britischen Labour Party, davon: »Der Euro wie NAFTA sind Teile eines Puzzles. Der Rahmen ist der MAI-Vertrag.«

Einige Bemerkungen zu den Verträgen von Maastricht und Amsterdam

Tony Benn von der britischen Labour Party hat in seinem Grußwort an die Europakonferenz der ArbeitnehmerInnen und der Jugend (Berlin, 31. 1. 1998) den Zusammenhang von MAI und den Verträgen von Maastricht und Amsterdam sehr gut zusammengefaßt:

»Man kann nicht für den Sozialismus kämpfen ohne Kampf für die Demokratie, und die Demokratie wird unweigerlich zum Sozialismus führen. Eben um diesen Weg zu versperren, wurden Maastricht, NAFTA und APEC eingeführt. Man muß aber ebenfalls verstehen, daß diese Verträge Teile in einem Puzzle sind. Es fehlt noch der Klebstoff, der Rahmen für die Teile: Diese Rolle soll aber der MAI-Vertrag spielen, der in meinen Augen die furchtbarste Kampfmaschine gegen die Rechte und Errungenschaften darstellt. Beides hängt engstens zusammen.«

Ich erinnere an die Tatsache, daß die MAI-Initiative ursprünglich von der EU-Kommission ausging. Sie wollte ein MAI im Rahmen der WTO beraten, wurde jedoch von den Hegemonialansprüchen des US-Kapitals und seiner Regierung gestoppt, die dieses Abkommen in der OECD vorbereiten wollten – d. h. unter Ausschaltung der unterentwickelt gehaltenen Länder.

Zum besseren Verständnis möchte ich auf ein paar charakteristische Inhalte und Artikel der beiden Vertragswerke Maastricht/Amsterdam hinweisen, deren Zielsetzung die Deregulierung aller Arbeitnehmerrechte und die Auflösung der im jeweiligen nationalen Rahmen gesicherten demokratischen und föderalen Strukturen ist – was alles den Anforderungen des MAI entspricht.

Maastricht, das ist u.a. die rigorose Privatisierung, d. h. die Zerstörung öffentlicher Dienste und öffentlichen Eigentums und ihre Verschleuderung an das Privatkapital und seine Profitinteressen.

Art. 90 des Maastrichter Vertrages verlangt die Gleichstellung von privaten und den sich bisher im öffentlichen Besitz befindenden Betriebe. Er ist der zentrale Hebel für die Privatisierung und Ausgründungen im öffentlichen Dienst, die alle Bereiche der Infrastruktur erfassen: Strom, Gas, Wasser, öffentlicher Personennahverkehr, Stadtreinigung und Abfallentsorgung, Gesundheits- und Sozialwesen, Flughäfen, Post, Bahn und Telekom; aber auch von Hochschulen und Schulen, die mehr und mehr zur Eigenfinanzierung durch Sponsoren gedrängt werden. Damit wird über den Maastrichter Vertrag der Weg eingeschlagen zur generellen Öffnung des europäischen Marktes für die transnationalen Konzerne.

MAI, das heißt das Recht der Multis, in allen Sektoren tätig zu sein: Gesundheitswesen, Verkehr, Energie, Abfall, Schulen ...

Diese müssen bei der Anbietung ihrer Produkte nach kommerziellen Erwägungen handeln. Die Regierungen haben kein Recht mehr, Preise festzulegen, die die Multis benachteiligen. Das ist aber das Aus für bezahlbare Krankenhäuser, für öffentliche kostenlose Schulen für alle Kinder usw.

Maastricht ist schließlich auch eben jener »Stabilitätspakt«, der Bund, Länder und Kommunen zwingt, die »Konvergenzkriterien« zur Einführung der Einheitswährung zu erfüllen. Überall in Europa treiben die Regierungen ihre sogenannte »Spar«-Politik der sozialen Demontage unter diesem Diktat voran.

Mit dem Amsterdamer Vertrag soll diese Politik in noch verschärfter Form fortgesetzt werden:

– Im sogenannten »Beschäftigungskapitel« geht es um die Aushöhlung erkämpfter Arbeitnehmerschutzrechte, die Öffnung und Auflösung der Flächentarifverträge, »Einstiegslöhne« für Jugendliche ... D. h. übersetzt: Amsterdam soll dabei helfen, die Sozialsysteme und die Tarifverträge zu zerschlagen.

– Das sogenannte »Sozialkapitel« sieht die Festlegung von »Mindestvorschriften« vor, d. h. aber übersetzt, daß im Namen der »Wettbewerbsfähigkeit« die Mindestvorschriften zu einer allgemeinen Deregulierung und Nivellierung nach unten führen werden. Art. 118 schließlich soll die Gewerkschaften in den »sozialen Dialog« einbinden, d. h. sie sollen direkt zu Instrumenten der Umsetzung der EU-Politik in Europa werden.

Mit der zunehmenden rücksichtsloseren Unterwerfung von Milliarden Menschen unter eine hemmungslose Ausbeutung der Multis wird sich auch politische Verfolgung und Unterdrückung durch die Regierungen verschärfen – bis hin zum Krieg gegen die Völker, gegen die wachsende Zahl derer, die sich gegen Hunger und tödliches Elend erheben oder einem solchen Schicksal entfliehen wollen; wie gegen diejenigen, die die demokratischen Rechte und das Recht auf gewerkschaftliche und politische Organisation nutzen wollen für die Verteidigung ihrer Lebens- und Arbeitsbedingungen, oder gegen diejenigen, die z.B. für das Recht auf freie und unabhängige Gewerkschaften kämpfen – wie in China. Gegen sie richtet sich das »Schengener Abkommen« (siehe den entsprechenden Artikel im Amsterdamer Vertrag), mit dem der Schutz von Flüchtlingen und jedes nationale Asylrecht untergraben wird. Und in diesem Zusammenhang muß man auch die Aushöhlung des Asylrechts in Deutschland sehen.

Zum Europa der Regionen

Das im Maastricht-Vertrag fixierte »Europa der Regionen« heißt, daß eben diese Regionen untereinander in einen Standortwettbewerb gezerrt werden. Die Reduzierung des Länderfinanzausgleichs wie die Regionalisierung der Sozialsysteme sind die Konsequenz – oder besser »der Gründungsakt zu einer anderen Republik«. Das ist unvereinbar mit Art. 20 GG, wonach die Bundesrepublik ein »demokratischer und sozialer Bundesstaat« ist.

Daraus resultiert der politische Auftrag, daß in diesem sozialen Bundesstaat »Einheitlichkeit der Lebensverhältnisse« (Art. 106 (3)

GG) – unabhängig davon, in welchem Bundesland, in welcher Gemeinde Sie leben – gewahrt sein muß.

Diesem Anspruch trägt der Finanzausgleich der Länder (Art. 107 GG) Rechnung, der sicherstellen soll, »daß die unterschiedliche Finanzkraft der Länder angemessen ausgeglichen wird« – unter Berücksichtigung der Finanzkraft und des Finanzbedarfs der Gemeinden – sowie der Flächentarifvertrag (gleicher Lohn für gleiche Arbeit).

Es sind Sprecher des deutschen Kapitals, wie der BDI-Chef Henkel, die den Abschied vom Föderalismus wollen.

Es ist also kein Zufall, daß in der Phase der Umsetzung der Brüsseler Vorgaben für das »Europa der Regionen« – nicht nur in Deutschland, sondern überall in Europa (vgl. Italien, Frankreich, Großbritannien etc.) – die Verfassungen ausgehebelt werden sollen.

Die Politik der Zerstörung der Flächentarifverträge und des Länder-Finanzausgleichs, Pfeiler des »sozialen Bundesstaates«, sind Vorwegnahmen der »Standstill«- und »Roll-back«-Klauseln auf europäischer und jeweils nationaler Ebene der EU-Staaten, d. h. der Vorbereitung auf eine massive Deregulierung und auf eine Nivellierung nach unten.

In diese Reihe der Maßnahmen zur MAI-Vorbereitung gehört auch die Installierung der Einheitswährung »Euro« gegen den Willen und den Widerstand der Mehrheit der Völker der europäischen Länder. Dafür ist sie im ausdrücklichen Interesse der Multis und der stärksten imperialistischen Macht, der USA.

Der Euro ist kein Wirtschafts-, Finanz- oder Währungsinstrument. Es ist zuerst und vor allem ein Instrument zur allgemeinen Deregulierung. Die Bedingungen für seine Einführung ist die Umsetzung des Maastricht/Amsterdam-Vertrags und seiner Konvergenzkriterien.

Es ist erklärtes politisches Ziel der Clinton-Regierung und seiner Klientel – den mächtigsten Multis –, einen deregulierten europäischen Markt zu präsentieren – was voraussetzt, daß die hohen, in den Verfassungen und Gesetzen der Länder garantierten sozialen und umweltpolitischen Errungenschaften gebrochen werden müssen.

Norbert Walter, Chefökonom der deutschen Bundesbank, fordert ohne Scham, daß die letzten »sozialistischen Länder« (!), Deutschland, Frankreich und Italien, und ihre Errungenschaften, die Tarifvertrags- und Sozialsysteme, als überholte Relikte zu schleifen sind. Gleichzeitig treibt ihn die Sorge um, daß wegen des Widerstands die Regierungen nur halbherzig handeln und am Abgrund stehen – wie die Regierung Kohl.

Das MAI kennt keine Rechte der ArbeitnehmerInnen, die EU bereitet Europa darauf vor

Was bleibt für Arbeitnehmer? Es bleibt ihnen die Gewißheit der Arbeitslosigkeit über lange Lebensabschnitte.

Es wurde der Begriff der »Employability« kreiert, d. h. der »Beschäftigungsfähigkeit« oder besser »Marktfähigkeit« der Arbeitnehmer. »Employability« macht ernst damit, daß niemand mehr einen einkommenssichernden, tarifvertraglich geschützten und sozialversicherten Normalarbeitsplatz fürs Leben erwarten kann (s. auch FAZ, 2.3.1998).

Damit aber werden die Weichen für ein Zurück in die Zeiten gestellt, als die Arbeitnehmer noch weitgehend ohne den Schutz kollektiver Tarifverträge und die Kraft der unabhängigen Einheitsgewerkschaft ihre Arbeits- und Einkommensbedingungen gegenüber dem Kapital »aushandeln« mußten. Der sog. Arbeitsmarkt, reguliert durch die Arbeitsgesetze und Schutzvorschriften und insbesondere durch Tarifverträge, soll zu einem wirklichen deregulierten kapitalistischen Markt werden, der keine Arbeitsplätze mehr kennt, sondern nur »Beschäftigung« und »Nichtbeschäftigung«.

Es geht in Richtung Korporatismus

Ganz zentral ist die Einbindung der Gewerkschaften, um den Widerstand gegen diese Politik der Globalisierung zu brechen. Der

Europäische Gewerkschaftsbund (EGB) wirkt bereits als direktes Instrument der EU-Kommission.

Ein von EGB-Verantwortlichen mitverfaßtes Buch, »Die Sozialpakte in Europa«, stellt eine wahre Kriegserklärung gegen die in einem Jahrhundert erkämpften Arbeitererrungenschaften dar. Der Rahmen für gewerkschaftliches Handeln wird darin folgendermaßen definiert: »Alle europäischen Länder stehen heute unter den Zwängen des Wettbewerbs. Die Konvergenzkriterien für die europäische Wirtschafts- und Währungsunion sind ein quantitativer Zwang, der den Manövrierspielraum für die Löhne festlegt. Die Lohnzurückhaltung wird in dieser Situation zur Verpflichtung.« Die Gewerkschaften sollen über den »sozialen Dialog« eingebunden werden. Sie nennen es selbst Korporatismus – aus jüngerer Vergangenheit wissen wir, was das heißt. So kann man weiter in dem Buch lesen: »In den letzten Jahren wuchs wieder das Interesse an Abkommen zwischen Regierungen und den Sozialpartnern, die in den 70ern und Anfang der 80er Jahre ›korporatistische‹ oder ›neokorporatistische‹ Abkommen hießen und die heute allgemein umbenannt werden in ›Sozialpakte‹.«

Die Gewerkschaften und der MAI-Vertrag

Die Position der Gewerkschaften ist ein entscheidender Faktor für den Widerstand, der das MAI zum Scheitern bringen kann!

Über den TUAC (*Trade Union Advisory Committee* – Internationaler Gewerkschaftsbeirat) haben Gewerkschaftsvertreter als Beobachter an den MAI-Verhandlungen teilgenommen und sich der Geheimhaltungsverpflichtung unterworfen. So stellt IG-Metall-Chef Zwickel fest, daß die Gewerkschaften erst spät über den TUAC über die Inhalte des Vertrages informiert wurden. Diese Einbindung von Gewerkschaftsvertretern stößt auf den Widerstand aus den Organisationen. So mußte die Forderung nach Veröffentlichung des MAI aufgrund des in den Gewerkschaften wachsenden Widerstands von der Gewerkschaftsführung aufgenommen werden.

Die Konflikte innerhalb des IBFG, des *Internationalen Bundes*

Freier Gewerkschaften (und des TUAC) sind bestimmt von den unterschiedlichsten Positionen der nordamerikanischen Gewerkschaften einerseits (*Canadian Labour Congress* und AFL-CIO), die eine Debatte zum MAI führen und bestimmt sind von den Erfahrungen mit der NAFTA (Zerstörung von Produktion, Privatisierung, Zerstörung des Gesundheitswesens und eigenständiger Kultur ...), und andererseits dem EGB. Seine Aufgabe ist die Integration der nationalen Gewerkschaften in die Umsetzung der Politik der Verträge von Maastricht und Amsterdam – und damit letztlich in die Wegbereitung des MAI-Vertrags. So soll die allgemeine Akzeptierung des MAI-Vertrages zur Position der europäischen Gewerkschaften ermöglicht werden, versteckt hinter der Forderung nach Verankerung von Sozialklauseln.

So verlangt der DGB

a) die für die Regierung verbindliche Aufnahme der ILO-Übereinkommen, während diese selbst gerade ihrer Verbindlichkeit durch die Ratifizierung in den einzelnen Ländern beraubt werden sollen;

b) die Verankerung der OECD-Leitsätze für die Multis, die aber lediglich empfehlenden Charakter, beruhend auf dem Grundsatz der Freiwilligkeit, haben;

c) keine Behinderung der Beibehaltung oder Weiterentwicklung nationaler Arbeits-, Sozial- und Umweltstandards. Dem aber steht das Prinzip des »Standstill« und »Roll back« entgegen.

Doch gerade in den DGB-Gewerkschaften wächst der Widerstand auch gegen diese Politik, was sich in Beschlüssen von DGB-Gliederungen niedergeschlagen hat.

Die Intention des MAI-Abkommens, das hier von den OECD-Ländern unter Federführung der Clinton-Regierung auf den Weg gebracht wird, ist es, alle Investitionshemmnisse, die dem Profithunger der Multis im Wege stehen, auszumerzen – dazu gehören eben die Arbeits-, Sozial- und Umweltstandards.

Es kann kein sozialverträglich gestaltetes, umweltfreundliches MAI-Abkommen geben, das wäre ein absoluter Widerspruch in sich.

Unsere Forderung kann also nur sein: Nein zum MAI!

Maria Mies

Was bedeutet das MAI für Deutschland?

Tony Clarke war der erste, der eine umfassende Analyse des MAI gemacht und auf seine Gefahren für Kanada hingewiesen hat. Etwas Ähnliches wurde bisher für Deutschland nicht geleistet. Die deutschen Nichtregierungsorganisationen und die Medien, die etwas vom MAI wußten, hielten sich brav an die Geheimhaltungsanordnung der OECD. Bis Juni 1998 gab es außerdem keine autorisierte deutsche Übersetzung des Vertragsentwurfs. Auch ich kann keine systematische Analyse der Gefahren des MAI für unser Land vorlegen. Ich habe aber einige Schlüsse aus dem mir vorliegenden Material gezogen. Grundlage dieser Analyse ist die englische Version des Vertragstextes vom 24. April 1998.

Wer auf die offiziellen Auskünfte des Wirtschaftsministeriums und der OECD angewiesen war, auf die sich im übrigen die deutsche Presse weitgehend beschränkt, wußte entweder nichts über das MAI oder hielt dieses Abkommen für etwas ganz Harmloses, eben nur für ein weiteres Abkommen, durch das ausländische Investitionen geschützt werden sollten.

Die Notwendigkeit eines Multilateralen Investitionsabkommens wird mit dem enormen Anstieg der ausländischen Direktinvestitionen (ADI) begründet. Der weltweite Bestand an ADIs habe sich im Zeitraum von 1982 bis 1994 vervierfacht. Die jährlichen globalen Zuströme an ausländischen Direktinvestitionen haben 1996 einen Rekordwert von 350 Milliarden US-Dollar erreicht. Ein Multilaterales Abkommen hätte gegenüber dem »Flickenteppich« von unterschiedlichen bilateralen Abkommen zwischen einzelnen Ländern den Vorteil, daß einheitliche Rechtsregeln für alle Akteure geschaffen, daß der engen Verflechtung von Handel und Investitionen Rechnung getragen und daß Abschlüsse von Investitionsabkommen beschleunigt würden. Dies ist die Begründung von Dr. Joachim Karl, Regierungsdirektor im Bundesministerium für Wirtschaft (J. Karl 1998, S. 432). Diese Argumentation erscheint zunächst plausibel.

Erst nachdem ich die kritischen Stellungnahmen aus den USA, Kanada und Malaysia gelesen hatte, wurde mir klar, daß das MAI ungeheure Gefahren für alle Beteiligten, auch für Deutschland, birgt.

Die größte Gefahr ist, wie Tony Clarke ausführte, die systematische Zerstörung dessen, was wir unter Demokratie verstehen, und die Abdankung der Politik gegenüber der Wirtschaft, genauer: gegenüber den Großkonzernen. Dabei geht die Politik davon aus, daß Auslandsinvestitionen notwendig seien, um Wachstum und damit Arbeitsplätze zu schaffen. Deutschland habe bei den Verhandlungen bei der OECD immer einen klaren Kurs der Liberalisierung und Deregulierung gehalten, so das Wirtschaftsministerium (in einem Brief an mich vom 26.2.1998).

Das Credo, daß Liberalisierung, Deregulierung und Globalisierung des »Frei-Handels«, und als nächstes nun auch der »freien« Investitionen, gut für die Wirtschaft – und damit gut für die Bürger – seien, müssen die Leute glauben. Die Politiker halten es nicht mehr für nötig, die Bürger überhaupt über die Verhandlungen zu informieren, durch die ihre Rechte den Multis ausgeliefert werden. Herr Dr. Zimmer, Vorsitzender der Abteilung für Auslandsinvestitionen im Bundeswirtschaftsministerium, sagte noch im Juni 1997: »Es ist legitim, den normalen Bürger nicht über die Rahmenbedingungen zu informieren, unter denen ein Konzern im Ausland investiert.« (Zimmer, zit. in: *Soziale Politik und Demokratie,* Nr. 47, 1997) Dennoch wird immer deutlicher, daß zwischen solch kapitalistischen Glaubenssätzen und der Realökonomie, die die Menschen am eigenen Leibe erfahren, eine riesige Kluft gähnt: Die Gewinne deutscher Großkonzerne z.B. sind in den vergangenen Jahren gestiegen wie nie zuvor. So betrug 1995 das registrierte Geldvermögen der privaten Haushalte ca. 4650 Milliarden DM. Von diesem Vermögen waren knapp 50% in der Hand von 10% der Reichsten, während sich die untere Hälfte der Bevölkerung 8,5% dieses Geldvermögens teilen mußte (Klauss 1997, S. 5ff.). Hintergrund hierfür sind Eigenkapital-Renditen von bis zu 15% (vgl. Schmid 1998, S. 4f.), die nicht zuletzt auf die rasant gestiegenen Direktinvestitionen im Ausland zurückzuführen sind. 1987 betrug der Bestand deutscher Direktinvestitionen im Ausland 141 Milliarden DM. 1995 waren sie schon auf 329,7 Milliarden DM gestiegen (vgl. Schmid; Mayer 1996, S. 10). Dennoch wurde die Arbeitslosigkeit nicht beseitigt, sie stieg vielmehr ebenfalls. Dazu trugen nicht zuletzt gerade die transnationalen Konzerne bei. So feuerten die 100 größten Konzerne zwischen 1993 und 1995 4% ihrer weltweiten Belegschaft, während ihr Auslandsumsatz in diesem Zeitraum um 26% stieg (vgl. UNCTAD 1997, S. 28ff.).

Wieso also erwartet Bundeswirtschaftsminister Rexrodt, daß durch mehr Auslandsinvestitionen das Wachstum angekurbelt und dadurch mehr Arbeitsplätze geschaffen würden? Wieso sollen ausgerechnet ausländische Investoren in Deutschland dieses Wunder bewirken, wenn deutsche Konzerne, die im Geld schwimmen, es nicht vollbringen?

Im folgenden werde ich versuchen, einige Glaubenssätze des neoliberalen Credos vom Segen der Globalisierung, Deregulierung und Privatisierung, wie sie durch das MAI zu einer neuen globalen Verfassung erhoben werden sollen, zu Fall zu bringen. Zeit und Raum erlauben nicht, alle Klauseln des MAI kritisch in Hinblick auf ihre Folgen für Deutschland unter die Lupe zu nehmen. Ich werde mich auf die Folgen für Arbeit und soziale Sicherheit, für Frauen, für die Umwelt, den Föderalismus, für Kultur und Bildung sowie die Befriedigung der Grundbedürfnisse beschränken.

Folgen für Arbeit und soziale Sicherheit

Neben der Aufweichung von Umweltstandards befürchten die Kritiker des MAI, daß das verborgene Ziel dieses Abkommens die Absenkung von Arbeits- und Sozialstandards ist, die die Arbeiterbewegung durch zähe Kämpfe in zwei Jahrhunderten errungen hat. Diese Sorge ist für Deutschland besonders berechtigt, denn hier haben starke Gewerkschaften hohe Sozialstandards durchgesetzt. Unternehmer und Regierung klagen seit Jahren, daß die hohen Lohnnebenkosten den Standort Deutschland zu teuer gemacht hätten, und daß der Sozialstaat zu viel koste. Dies habe zu einer Abwanderung deutscher Industrien ins Ausland und zu steigender Arbeitslosigkeit geführt. Es ist das eindeutige Ziel der Industrie und der politischen Vertreter ihrer Interessen, die Kosten für Arbeit und soziale Sicherheit zu senken.

Das MAI ist ein ausgezeichnetes Instrument dafür, dieses Ziel zu erreichen. In Deutschland selbst würde es schwierig sein, die Sozial- und Arbeitsrechte gegen den Widerstand von Gewerkschaften und Oppositionsparteien so weit abzusenken, wie es die Unternehmer wünschen. Jedoch über das MAI und den Schutz von Auslandsinvestitionen – die ja auch bei den Gewerkschaften und den Oppositionsparteien als erwünscht gelten – kann der Widerstand gegen den Abbau dieser hart erkämpften Rechte gebrochen werden. Denn erstens kann dann die »Schuld« für das Absenken der Sozialstandards nicht der Regierung in die ›Schuhe geschoben‹ werden. Diese ist dann nur noch das ausführende Organ eines internationalen Vertrages (den niemand so genau kennt, aber alle für notwendig halten). Zweitens werden die Freiheiten und Privilegien, die durch das MAI den ausländischen Investoren gewährt werden, aus Wettbewerbsgründen natürlich schließlich auch den inländischen Investoren gewährt werden müssen. Das ist jedenfalls die Logik des »freien Marktes«, des »level playing field«. Wenn einmal Parlamente und Regierungen durch internationale Verträge wie die EU-Verträge, wie GATT/WTO, wie NAFTA gegenüber dem ausländischen Kapital entmachtet sind, dann werden sie es auch gegenüber dem inländischen sein. Drittens wird keine Partei, auch keine oppositionelle, das MAI innerhalb von 20 Jahren abschaffen können. Denn fünf Jahre lang darf keine Vertragspartei es kündigen, und danach gelten die MAI-Bestimmungen für Auslandsinvestoren noch weitere 15 Jahre.

In Deutschland könnte diese Strategie besser aufgehen als anderswo. Denn die Gewerkschaften, vor allem der DGB, haben bisher nichts unternommen, um ihre Mitglieder adäquat über das MAI zu informieren und zum Widerstand aufzurufen. Ganz im Gegensatz zu Ländern wie Österreich, Kanada oder sogar den USA, wo Gewerkschaften sich aktiv an der Anti-MAI-Kampagne beteiligt haben. Über den TUAC, das *Trade Union Advisory Com-*

mittee, den Internationalen Gewerkschaftsbeirat, der seit 1995 als Beobachter mit am Verhandlungstisch saß, mußte die DGB-Spitze über das MAI informiert gewesen sein. Außerdem hatten kritische Gewerkschafter den DGB seit Juni 1997 über die Gefahren dieses Abkommens für Arbeits-, Sozial- und Umweltrechte informiert (vgl. *Soziale Politik und Demokratie*, Nr. 47, 1997, S. 25f.). Doch der DGB rührte sich nicht. Erst kurz vor der geplanten Unterzeichnung des MAI am 27. April 1998 veröffentlichte er eine Stellungnahme.

Die Position des DGB ist mehr oder weniger identisch mit der des TUAC. D.h. das MAI als Ganzes wird nicht abgelehnt. TUAC und DGB verlangen lediglich eine juristisch verbindliche Festschreibung von Sozial- und Kernarbeitsstandards in den MAI-Text, als da sind: das Verbot von Kinderarbeit, von Zwangsarbeit und Diskriminierung am Arbeitsplatz sowie – im Positiven – Koalitionsfreiheit und Tarifhoheit. Sie hoffen, so endlich eine international legalisierte Handhabe gegen Sozialdumping zu haben. Aus dieser Sicht heraus erklärte Jürgen Eckl von der Internationalen Abteilung des DGB, die Nicht-Unterzeichnung des MAI sei eine »vertane Chance« (*FREITAG*, 24. 4. 1998).

Da ist der Generalsekretär der Internationalen Föderation der Chemie-Energie-Minen- und Allgemeinen Arbeiter (ICEM), Vic Thorpe, ganz anderer Meinung. In einem Brief vom 13. März 1998 an den Generalsekretär des TUAC, John Evans, schreibt er:

> »Ich betrachte das MAI als den bisher gefährlichsten und aggressivsten Baustein in der Wand der globalen Herrschaft der Konzerne; wenn diese Verzögerung (durch die vorläufige Nicht-Unterzeichnung – M.M.) bedeutet, daß dieses Abkommen irgendwie ins Wanken geraten ist, dann denke ich, daß die internationale Arbeiterbewegung alle Anstrengungen unternehmen müßte, um ihm den Todesstoß zu versetzen, und zwar schnell, bevor es wieder zu Atem kommt.
>
> Ich sehe NICHT, wie die Einführung von Sozial- und Umweltklauseln das Ding retten könnte. Im besten Falle werden sie einige seiner Effekte abmildern, wahrscheinlicher ist m. E., daß der Kompro-

> miß, der irgendwie in den Diskussionen errungen werden wird, sich gegen die Gewerkschaften richtet, indem er sicherstellen wird, daß Arbeitsnormen auf niedrigem Niveau festgeschrieben werden. Diese werden dann als Maxima und nicht als Minima angesehen, deren Überschreitung mit Exkommunikation bestraft werden wird.« (Übersetzung M.M.)

Wer jedoch die letzte Version des Vertragstextes genau studiert, wird sich durch unverbindliche Lippenbekenntnisse an verschiedenen Stellen zum »Nicht-Absenken von Standards« nicht täuschen lassen. Diese Lippenbekenntnisse kommen im Text an drei Stellen vor: a) in der Präambel, b) in einem Artikel über »Keine Absenkung der Standards« (Arbeit und Umwelt), und c) im Anhang, wo Bezug genommen wird auf die »OECD-Leitsätze für Multinationale Unternehmen« von 1976.

Wie schon erwähnt, hat die Präambel-Sprache in internationalen Verträgen keine rechtliche Verbindlichkeit. Der Artikel über »Keine Absenkung der Standards« besagt, daß Regierungen ihre Arbeits- und Umweltgesetze nicht absenken sollen, um Auslandsinvestoren anzulocken. Der Text lautet: »Entsprechend sollte eine Partei diese ›Standards‹, ›Maßnahmen‹ nicht als Ermutigung zur Errichtung, zum Erwerb, zur Erweiterung oder zum Erhalt einer Kapitalanlage (Investition – M.M.) aufgeben oder aufheben« (vgl. MAI-Arbeitsübersetzung, 24. April 1998, S. 38). Es heißt »sollte«, nicht »darf nicht«!

Eine ähnlich unverbindliche Sprache (»sollte«) findet sich auch in den OECD-Leitsätzen für Multinationale Unternehmen. Diese Leitsätze beruhen auf dem Grundsatz der Freiwilligkeit. Ihre Beachtung ist rechtlich nicht erzwingbar. Vor allen Dingen, wer weiß, welche Politik die großen deutschen und europäischen Lobby-Verbände der Industrie seit 1989, der BDI, der DIHT und nicht zuletzt der *European Round Table of Industrialists* (ERT) in bezug auf Arbeits- und Sozialrechte verfolgen, kann nicht die Hoffnung hegen, das MAI könnte ein Abkommen zum Schutze von Arbeitern, der sozialen Sicherheit, der Umwelt und der Menschenrechte werden.

Der ERT, in dem alle Chefs der großen europäischen Konzerne

sitzen, u.a. die Generaldirektoren von *Daimler-Benz*, *Bertelsmann*, *Bayer*, *Siemens*, hat schon seit 1986 in seinen Berichten über die zukünftige europäische Beschäftigungspolitik eine Deregulierung bestehender Arbeits- und Sozialgesetze und eine Flexibilisierung – das ist das Schlüsselwort – der Arbeit gefordert. In dem ERT-Bericht »Europa im Umbruch« heißt es: »Die europäische Industrie braucht innerhalb Europas einen freien Wettbewerb, um mit der übrigen Welt erfolgreich konkurrieren zu können. Hierzu muß sie relativ flexibel sein und sich an verändernde Marktbedingungen rasch anpassen können.« (vgl. A SEED 1994, S. 24)

Der ERT will das Niveau der erreichten sozialen Sicherheit in Europa von weiterem ausreichendem Wachstum abhängig machen. Gesetze über Arbeitsplatzsicherung, Arbeitszeiten, Mindestlöhne und ähnliche Regulierungen stehen nach Auffassung des ERT dem Wirtschaftswachstum im Wege. Die Regierungen werden aufgefordert, solche Gesetze zu deregulieren (vgl. a.a.O., S. 21).

Für das internationale Kapital gibt es jedoch noch ein einfacheres Mittel, die Arbeits- und Sozialstandards abzusenken, als die bloß juristische Auflösung noch bestehender Rechtsnormen. Das geschieht durch die Angleichung des klassischen männlichen »Normalarbeitsverhältnisses« an »weibliche«, »hausfrauisierte«, »flexibilisierte« Arbeitsverhältnisse (vgl. v. Werlhof in diesem Band). Wer die Konsequenzen des MAI für die Arbeitswelt verstehen will, muß daher fragen, was es für Frauen bringt.

Folgen für die Frauen

Wenn frau das Original des Verhandlungstextes des MAI liest, mag sie sich zuerst wundern, daß der sonst bei internationalen Verlautbarungen heute rituell hinzugefügte Begriff »gender« im MAI ganz fehlt. Also: Frauen kommen nicht vor, wenigstens sprachlich nicht.

Sie kommen aber nicht nur nicht vor, sie werden, wenn das MAI-Abkommen von den OECD-Regierungen unterzeichnet ist, die mageren Fortschritte, die sie in den vergangenen Jahren in bezug auf Frauenförderung und Frauengleichstellung erreicht haben, sowohl auf bundesdeutscher wie auf EU-Ebene vergessen können. Denn die meisten dieser »Fortschritte« beruhen lediglich auf frommen Absichtserklärungen, die keine gesetzlich bindende Kraft haben. Das wird besonders deutlich, wenn wir uns den Amsterdamer Vertrag in bezug auf Frauenrechte ansehen.

Manche Frauen hatten gehofft, daß der Amsterdamer Vertrag der EU die Frauenchancen erhöhen würde. Dort steht z.B. in Artikel 6a des EVG:

> »Unbeschadet der sonstigen Bestimmungen dieses Vertrages kann der Rat im Rahmen der durch den Vertrag gegebenen Zuständigkeiten der Gemeinschaft auf Vorschlag der Kommission und nach Anhörung des Europäischen Parlaments einstimmig geeignete Vorkehrungen treffen, um Diskriminierungen aus Gründen des Geschlechts, der Rasse, der ethnischen Zugehörigkeit, der Religion oder des Glaubens, einer Behinderung, des Alters oder der sexuellen Ausrichtung zu bekämpfen.«

In Artikel 2 heißt es, es sei Aufgabe der Gemeinschaft, die Gleichstellung von Männern und Frauen zu fördern.

Artikel 119 behandelt den Grundsatz des gleichen Entgelts für Männer und Frauen bei gleicher oder gleichwertiger Arbeit.

> »Gleichheit des Arbeitsentgelts ohne Diskriminierung aufgrund des Geschlechts bedeutet
> a) daß das Entgelt für eine gleiche, nach Akkord bezahlte Arbeit aufgrund der gleichen Maßeinheit festgesetzt wird,
> b) daß für eine nach Zeit bezahlte Arbeit das Entgelt bei gleichem Arbeitsplatz gleich ist.«

Der Amsterdamer Vertrag erlaubt in bezug auf die »effektive Gewährleistung der vollen Gleichstellung von Männern und Frauen im Arbeitsbereich« sogar für das unterrepräsentierte Geschlecht, »zum Ausgleich von Benachteiligungen in der beruflichen Laufbahn spezifische Vergünstigungen beizubehalten oder zu beschließen«. Dies klingt wie ein echter Fortschritt. Allerdings, wie alle anderen Artikel zur Frauenförderung ist auch dieser Artikel vom guten Willen der Regierungen abhängig.

Was bedeuten nun diese Absichtserklärungen, Kann-Bestimmungen und die dickfellige Resistenz, die Frauen in »Normalarbeitsverhältnisse« zu überführen, unter MAI-Verhältnissen? Die »Roll-back«- und »Standstill«-Klauseln besagen, daß Gesetze und Regelungen, die nicht MAI-konform sind, d. h. der Freiheit der Investoren im Wege stehen, abgebaut werden müssen. Ferner dürfen keine neuen Gesetze und Regelungen erlassen werden, die nicht dem MAI entsprechen. Für die Frauen in den Unterzeichnerländern bedeutet das konkret, daß die miserable Lage, in der sie sich bereits befinden, eher verschlechtert wird. Auf keinen Fall können sie darauf hoffen, daß die Gleichstellungspolitik sich unter MAI-Verhältnissen fortentwickeln würde. Da gäbe es erst mal einen »Standstill«, eine Einfrierung auf dem Status quo. Denn Gleichstellung könnte ja als Investitionshemmnis oder gar als »Enteignung« gelten.

Beispiel: Nehmen wir an, die Bundesregierung würde nach Artikel 119 des Amsterdamer Vertrages tatsächlich über ihren patriarchalischen Schatten springen und ein Gesetz erlassen, die Gleichstellung von Männern und Frauen dadurch herzustellen, daß Frauen »spezifische Vergünstigungen« im Beruf gewährt würden, oder etwa in der Form, daß bisher ungeschützte Beschäftigungsverhältnisse ebenfalls sozial versichert würden. Nach dem MAI dürfte ausländischen Investoren eine solche Leistungsanforderung nicht auferlegt werden. Außerdem könnte ein ausländischer Investor, der vor dieser Gesetzesinitiative in Deutschland investiert hat, den deutschen Staat wegen »indirekter Enteignung« verklagen, denn durch dieses Gesetz würden seine zukünftigen Profite erheblich geschmälert (wie bei der *US-Ethyl Corporation* gegen den kanadischen Staat).

Das MAI betont, daß die »Kernarbeitsrechte« nicht abgesenkt werden dürften, um ausländische Investoren anzulocken. Wenn wir nun die Frauenarbeitsverhältnisse weltweit, aber auch in der EU ansehen, dann müssen wir feststellen, daß der weitaus größte Teil dieser Arbeitsverhältnisse sowieso nicht durch die von der ILO definierten »Kernarbeitsrechte« geschützt sind. Deshalb heißen sie ja »ungeschützte« Arbeitsverhältnisse. Sie umfassen Heimarbeit, Zeitarbeit, Teilzeitarbeit, 620 DM-Jobs, Arbeit auf Abruf, Saisonarbeit, Gelegenheitsarbeit usw. Die Konzerne werden das

Verbot der Absenkung von »Kernarbeitsstandards« einfach dadurch umgehen, daß sie auf solche »atypischen Beschäftigungsverhältnisse« ausweichen. Und zwar nicht nur für Frauen, sondern demnächst auch für Männer. Wir haben diesen Prozeß schon vor Jahren »Hausfrauisierung von Arbeit« genannt (v. Werlhof, Mies, Bennholdt-Thomsen 1983). Auf jeden Fall können sich Frauen unter dem MAI-Regime endgültig die Illusion abschminken, daß ihre Gleichstellungsforderungen irgendwann einmal doch erfüllt würden, wenn sie nur versuchten, sich dem Mainstream anzupassen.

Die Intention des MAI – als bisher letztem Versuch, die neoliberale Plünderung des Planeten und die Ausbeutung weltweit zu legalisieren – ist es eben nicht, eine Angleichung von unten nach oben durchzusetzen. Es ist genau umgekehrt: Die bisher »privilegierten« Teile der europäischen und nordamerikanischen – männlichen – Arbeiter werden gezwungen werden, hausfrauisierte, d. h. ungeschützte Arbeitsverhältnisse zu akzeptieren. Intendiert ist eine Egalisierung nach unten.

MAI-QUILADORAS überall?

Wer nach einem Modell für zukünftige MAI-mäßige »Beschäftigungs«-Verhältnisse (von »Arbeits«-Verhältnissen wird nicht mehr geredet) sucht, kann sie in den sogenannten Freien Produktionszonen (FPZs) und Exportproduktionszonen (EPZs) in Asien oder in den Maquiladoras in Mexiko und Zentralamerika finden. Überall in der Dritten Welt, wo Staaten versuchen, durch schnelle Industrialisierung das westliche Wirtschaftsmodell nachzuahmen, sind solche EPZs oder Maquiladoras entstanden. Sie sind das Geheimnis des raschen Wirtschaftswachstums solcher Länder wie Südkorea, Hongkong, Taiwan, später Thailand, Indonesien, heute sogar Bangladesch, China und Vietnam.

Worin besteht das Geheimnis dieses raschen Wachstums? In den FPZs oder Maquiladoras sind 80 bis 90% der Arbeitskräfte junge Frauen zwischen 15 und 25 Jahren. Sie werden entlassen, wenn sie heiraten, denn die Konzerne wollen nicht für den Mutterschaftsschutz zahlen. Die Firmen, die in diesen FPZs oder Maquiladoras arbeiten, brauchen keine Steuern, keine Ausfuhr- und Einfuhrzölle zahlen, können ihre Profite vollständig exportieren, brauchen dem Gastland ihre Technologie nicht zu transferieren und sind nicht gehalten, die Entwicklung dieses Landes zu fördern. Die Konzerne haben also quasi alle Rechte, und die Regierungen der Gastländer sorgen dafür, daß sie die billigsten, gefügsamsten, am leichtesten auszubeutenden Arbeitskräfte bekommen, die am wenigsten über Arbeitsrechte, Gewerkschaften, Arbeitsschutz usw. wissen. Gewerkschaften sind verboten. In El Salvador gibt der Staat Zertifikate über »Gutes Verhalten« aus, was bedeutet, daß die Arbeiterin keinen Kontakt zu Gewerkschaftskreisen hatte. Es gibt keine Regelung über Minimallöhne. In der Regel betragen die Löhne dieser jungen Produktionsarbeiterinnen einen Bruchteil des Lohnes einer Arbeiterin oder eines Arbeiters in den USA oder in Europa (in Vietnam z.B. erhält eine Arbeiterin bei Keylinge Toys 35 US-Dollar im Monat); sie haben keinerlei Arbeitsschutz, können nach Belieben gefeuert werden, sind schutzlos den sexuellen Belästigungen, sogar den physischen Mißhandlungen durch die Manager ausgesetzt. Um über die Runden zu kommen, sind sie gezwungen, Überstunden zu machen, so daß ein Arbeitstag bis zu 18 Stunden beträgt.

In diesen FPZs werden vor allem Kleider, Textilien, Elektronik und Spielzeug für den europäischen, japanischen und nordamerikanischen Markt hergestellt. Die Staaten sind gierig, ausländische Investoren anzulocken. Wie Zuhälter bieten sie ihre jungen Frauen dem internationalen Kapital an und ändern ihre Arbeitsschutzgesetze so, daß den ausländischen Konzernen keinerlei Hindernisse bei der Ausbeutung dieser Frauen im Wege stehen. Das *Committee of Asian Women* (CAW) berichtet in seinem Newsletter vom Januar 1998, daß die südkoreanische Regierung das Arbeitsrecht so verändert habe, daß die Unternehmer nach Belieben Massenentlassungen durchführen, statt Vollzeitarbeit Teilzeitarbeit und Gelegenheitsarbeit einführen, um ihre Firmen zu »verschlanken«.

Diese FPZs, EPZs, Maquiladoras sind das Modell, nach dem die MAI-Befürworter die Arbeitsverhältnisse auch in den reichen Ländern dieser Erde gestalten wollen. Manche mögen denken,

In Sri Lanka hat der Manager der deutschen Firma *Sky Sport Lanka (Pvt) Ltd.*, einer Firma, die Gleitfallschirme, Drachen und dergleichen in der Katunayake Free Trade Zone herstellt, ein Herr Kurrle, die Näherin Frau M.G. Karunawathi mit einem verpackten Fallschirm so geschlagen, daß sie zum Arzt gehen und zwei Tage fehlen mußte. Frau Karunawathi hatte sich vorher, zusammen mit anderen Arbeiterinnen, geweigert, am Poya-Tag – einem öffentlichen Feiertag – zu arbeiten. Ihr Lohn beträgt, mit Überstunden, 66 US-Dollar im Monat. CAW bittet, Protestbriefe an den Manager zu schicken. Seine Adresse ist:

Herrn Ulrich Kurrle, Managing Director Sky Sport Lanka (Pvt) Ltd,

Ring Road, Phase II, Investment Promotion Zone Katunayake, Sri Lanka

Fax: 941–25439

In Deutschland:

Panoramaweg 14, Hopfen am See, 87629 Füssen

Das *Committee of Asian Women* (CAW) bittet, Protestbriefe an die Präsidentin von Sri Lanka zu schicken sowie die deutschen Gewerkschaften zu benachrichtigen.

Aus Vietnam wird berichtet, daß Frauen, die in einer Tochterfirma von McDonald's, der Firma Keylinge Toys (Vietnam) arbeiten und Spielzeug herstellen, das in McDonald's-Restaurants an die Kunden verschenkt wird, ebenfalls willkürlich entlassen und körperlich mißhandelt werden (Quelle: *Committee of Asian Women*, Januar 1998).

daß es solche Verhältnisse in einem »zivilisierten« Land wie Deutschland nie geben könnte. Sie vergessen dabei erstens, daß solche brutalen Verhältnisse der tatsächliche Untergrund unserer »Zivilgesellschaft« sind, und zweitens, daß die Vorbereitungen zu solchen Maquiladoras – hier nennt man sie neutral »Sonderwirtschaftszonen« – bereits in vollem Gange sind. Denn in diesen »Sonderwirtschaftszonen« sind die Kernarbeitsrechte durch die Regierungen sowieso schon außer Kraft gesetzt, um Auslandsinvestitionen anzulocken. Und mit jungen unerfahrenen Frauen ist das ja zu machen. Die gelten sowieso nicht als richtige Arbeiterinnen. Minister Rexrodt hat schon vor einigen Jahren gesagt, es sei notwendig, in Deutschland Billiglohnsektoren zu errichten, denn sonst ginge das deutsche Kapital in Billiglohnländer. Und Frauen seien ja ausgezeichnet dafür qualifiziert, solche Arbeit zu tun, denn sie könnten ja Familienarbeit und Erwerbsarbeit flexibel kombinieren (Bennholdt-Thomsen, Mies 1997).

Natürlich werden die Verhältnisse in deutschen MAI-QUILADORAS – so möchte ich sie nennen – nicht gleich so unmenschlich sein wie in China, Vietnam, Bangladesch oder Sri Lanka. Diese neu zu errichtenden »Sonderwirtschaftszonen« werden natürlich (zunächst) die Kernarbeitsrechte respektieren. Sie werden auch schönere Namen haben, wie das bereits jetzt in dem von der Vestischen Gruppe der IHK (Münster) geförderten Projekt »New Park« im Emscher-Lippe-Kreis geschieht, einem deindustrialisierten Gebiet, in dem besonders ausländische Investoren angeworben werden sollen, um neue Betriebe anzusiedeln. In einem 300 ha großen Gelände soll nach dem Geschäftsführer der IHK, Karl Friedrich Schulte-Uebbing, »eine Art Sonderwirtschaftszone« entstehen (WAZ, Herten 11. 10. 1997). Zu den Rahmenbedingungen dieser Sonderwirtschaftszone gehören u.a.

- »der exkommunale Status von New Park (Befreiung von Gewerbe- und Grundsteuern sowie niedrige Gebühren für Ver- und Entsorgungsleistungen);
- neue Wege der Tarifgestaltung (Tarifverbund), durch einen für New Park geltenden Tarifvertrag;
- flexible Arbeitszeitgestaltung;
- variable Lohnformen« (New Park: Baustein der Zukunft. Hg. IHK, Münster 1997).

Kurz und knapp, liebe Frauen, mit »nachholender« Entwicklung, Gleichstellung, Antidiskriminierung und dergleichen schönen Dingen, wie sie unsere Verfassungen fordern, wird es unter dem Regime des MAI nichts werden. Wenn wir diese Zukunftsperspektive nicht akzeptieren wollen, müssen wir uns jetzt gegen die Globalisierung und das MAI wehren.

Man mag nun fragen, ob solche Schilderungen eines MAI für Deutschland nicht doch etwas übertrieben sind. So schlimm wie in Vietnam, Mexiko oder China werde es hier doch nicht werden. Warum eigentlich nicht?

Warum akzeptieren wir es denn, daß auch deutsche Unternehmer unter solchen schon bestehenden MAI-Verhältnissen volle Investitionsfreiheit im Süden genießen, um uns hier mit billigen Waren zu versorgen?

Auf jeden Fall wird die Existenz solcher »Sonderwirtschaftszonen« Druck auf die noch »geschützten Normalarbeitsverhältnisse« ausüben, Druck nach unten. Diese Situation ist in Polen bereits Realität. In Polen gibt es schon 15 solcher Sonderwirtschaftszonen, die ausländischen Investoren Steuerbegünstigungen gewähren und darum »in hohem Maße einen unlauteren Wettbewerb für Regionen ohne solche steuerbegünstigten Gebiete darstellen«. Der polnische Finanzminister Leszek Balcerowicz hat darum angekündigt, daß Polen keine weiteren Sonderwirtschaftszonen mehr zulassen werde. 30 Investoren stehen schon vor der Tür, um in solchen MAI-Quiladoras zu investieren (*Süddeutsche Zeitung*, 25. 5. 1998).

Folgen für die Umwelt

Umweltorganisationen, Gewerkschafter, Bürger, Verbraucher- und Frauenorganisationen stellen kritische Fragen in bezug auf die Sicherung von Arbeits- und Umweltstandards im MAI. Sie fürchten zu Recht, daß nicht nur lang erkämpfte Arbeitsrechte durch das MAI ausgehebelt werden, sondern ebenfalls schwer erkämpfte nationale und lokale Umweltschutzbestimmungen. Denn beide stehen der vollen Investitionsfreiheit im Wege. Die

OECD versichert jedoch inzwischen, daß »Kernarbeitsstandards« und »Umweltstandards« durch das MAI nicht abgesenkt würden. Es wurde bereits darauf hingewiesen, daß Verweise in Präambeln keinen rechtlich verbindlichen Charakter haben. Es gibt kein eindeutiges Verbot, diese Arbeits- und Umweltstandards nicht zu verletzen. Ein solches Verbot stünde auch im Widerspruch zum Geist des MAI, das für Auslandsinvestoren den völlig freien, von keiner nationalen oder lokalen Regierung behinderten Zugang zu allen Ressourcen, zu allen Investitionsterritorien, zu allem beweglichen, materiellen und immateriellen Eigentum, einschließlich dem intellektuellen, fordert. Für die Umwelt bedeuten vor allem die »Standstill«- und »Roll-back«-Klauseln, daß alle Umweltgesetze und Regelungen auf Bundes-, Landes- und Gemeindeebenen daraufhin überprüft werden müssen, ob sie mit dem MAI-Regime übereinstimmen. Wenn nicht, müssen sie angepaßt oder aufgehoben werden.

MAI-konform ist aber das, was die Interessen und die Freiheit der Investoren schützt. Auslandsinvestoren ist dann z.B. nicht mehr verboten, in bestimmten ökologisch empfindlichen oder geschützten Gebieten umweltschädliche Produktionsstätten zu errichten, z.B. in einem Wasserschutzgebiet. Sie sind auch nicht mehr an Umweltauflagen bezüglich der Verwendung gesundheitsschädlicher und umwelttoxischer Substanzen gebunden und nicht mehr für die Schäden verantwortlich, die sie verursachen. Damit ist das Verursacherprinzip in Frage gestellt.

Folgendes Beispiel illustriert, was nach MAI auch in Deutschland möglich sein könnte: Vor einigen Jahren wollte ein holländischer Investor in Dahlem in der Eifel (Nordrhein-Westfalen) ein Freizeitzentrum »Center-Park« mit Spaßbad errichten. Die Gemeinde war dafür, die zuständige Landesbehörde hatte nichts dagegen. Erst als eine Bürgerinitiative – vom BUND unterstützt – protestierte, wurde dieses Projekt gestoppt, weil es in einem Wasserschutzgebiet entstehen sollte. Die Center-Park-Gegner konnten sich auf ein Landesgesetz berufen, das das Bauen in Wasserschutzgebieten verbietet. Die Gemeinde hatte dieses Gesetz ignoriert, weil sie Geld brauchte, und das Land war von sich aus nicht eingeschritten, weil es den Tourismus in der strukturschwachen Eifel fördern wollte. Aber es mußte den Center-Park verbieten, nachdem die Bürgerinitiative sich auf die bestehenden Gesetze berufen hatte.

Könnte eine solche Bürgerinitiative nach Verabschiedung des MAI noch erfolgreich sein? Hätte ein Land wie NRW noch die Möglichkeit, Umweltgesetze zu erhalten oder neu zu verabschieden, die den Interessen von Auslandsinvestoren im Wege stünden?

Die Versicherung in der Präambel des MAI-Textes, daß Investoren sich an die Rio-Erklärung von 1992 und die Agenda 21 halten müßten, einschließlich des Prinzips, daß der Verursacher zahlen muß, hat keinen gesetzlich bindenden Charakter. Worauf also könnten sich nach dem MAI Umweltschützer noch berufen?

Ein weiteres Beispiel: In Schönfeld (Rheinland-Pfalz) tauchte vor einiger Zeit eine Golfplatzbetreiberfirma auf, die an der Bundesstraße 51 einen Golfplatz anlegen wollte. Die Verbandsgemeinde Jünkerath ist, wie alle Gemeinden, verschuldet und war bereit, 70 Morgen Gemeindeland für einen Spottpreis (1,80 DM/qm) zur Verfügung zu stellen. Es gab keine öffentliche Diskussion zu dem Projekt. Der Vorsitzende des Kreisbauernverbandes befürwortete es. Er versuchte, die Bauern, die noch Land auf dem geplanten Golfplatzgelände besaßen, zu überreden, ihr Land so schnell wie möglich zu verkaufen, denn jetzt bekämen sie noch »gutes, viereckiges Geld« dafür. Doch eine Bäuerin, deren Land auch auf diesem Gelände lag, sah nicht ein, daß Land, das zur Erzeugung von Nahrung bestimmt ist und genutzt wird, irgendwelchen unbekannten Investoren für Luxusinvestitionen zur Verfügung gestellt werden sollte. Sie mobilisierte auch andere und erhob Einspruch bei der Landwirtschaftskammer in Trier. Die Landwirtschaftskammer muß zustimmen, wenn Ackerland aus dem Flächennutzungsplan herausgenommen und zu anderen, nicht landwirtschaftlichen Zwecken verwandt werden soll. Die Bäuerin bekam Recht bei der Landwirtschaftskammer.

Würde sie nach dem MAI auch noch Recht bekommen, insbesondere, wenn ein ausländischer Golfplatzbetreiber auftauchen würde? Müßten die Landwirtschaftskammern nicht ihre Bestimmung, daß Acker- und Weideland vor allem für landwirtschaftliche Zwecke genutzt werden müsse, ändern und MAI-konform machen, um ausländischen und inländischen Investoren gleichen Zutritt zu der Ressource Land zu ermöglichen? Gleichgültig, für welche Investitionen? Das Land oder auch die Gemeinde könnten auch nicht verlangen, daß ein Teil des Gewinns im Dorf bliebe, daß lokale Arbeitskräfte eingestellt, lokale Betriebe und Dienstleistungen in Anspruch genommen würden. Die Investoren könnten in Zukunft mit dem Land machen, was sie wollen.

Was an den obigen Beispielen deutlich wird, ließe sich für viele deutsche Gemeinden und Städte verallgemeinern:

1. Die meisten sind verschuldet und durch die Sparpolitik von weiteren Einnahmen abgeschnitten. Sie sind bereit, inländischen und ausländischen Investoren Gemeindebesitz (Land, Wälder, Straßen, Plätze, Gebäude usw.) zu verkaufen, meist ohne eine vorherige Information und Befragung der Bevölkerung, ob sie diese Privatisierung will. Zynisch wird dies als »Verkauf des Tafelsilbers« bezeichnet.
2. Die höheren Länderbehörden, die derselben neoliberalen Philosophie der Privatisierung des öffentlichen Raumes zustimmen, erheben von sich aus offensichtlich keinen Einspruch, auch wenn Ländergesetze und Verordnungen, z.B. zum Umweltschutz, verletzt werden. Sie verfolgen eine Politik der industrieorientierten »Dezentralisierung«. Wenn eine Gemeinde z.B. solche Investitionen haben will, mischen sie sich nicht ein. Wenn niemand klagt, wird dies als Zustimmung ausgelegt.

Nach einer Analyse des BUND-Landesverbandes NRW sind in Deutschland bereits seit längerem rechtliche und politische Verhältnisse geschaffen worden, die faktisch das MAI schon vorweggenommen haben. In einem entsprechenden Leitantrag vom 23. 3. 1998 heißt es: »Heute erkennt die vorherrschende Politik- und Rechtsauffassung, wie sie ihren Niederschlag gefunden hat in der Praxis der Behörden und Politiker sowie in Fachgesetzen und Rechtsprechung, die Pflicht des Staates, durch Risikovorsorge unsere Lebensgrundlagen nachhaltig zu sichern, nicht an. Vielmehr wird von einem Rechtsanspruch auf Durchführung von Vorhaben unter Hinnahme der Risiken und sogar künftiger Schäden für Mensch und Umwelt ausgegangen. Die Schutzpflicht des Staates wird nur noch auf die Abwehr nachweislich unmittelbar drohender Schadensereignisse (Gefahrenabwehr) reduziert ... Die vorherrschende Rechtsauffassung mißbraucht das Stillschweigen der Menschen, indem dieses als Zustimmung zum Vorrang wirtschaftlicher Interessen vor der Sicherung der natürlichen Lebensgrundlagen gewertet wird.«

In der MAI-Präambel wird auf die Rio-Erklärung von 1992 Bezug genommen. Abgesehen davon, daß, wie gesagt, Präambel-Erklärungen nur kosmetischen Wert haben, lohnt es zu fragen, inwieweit die Bundesregierung bisher die Rio-Erklärung zum Schutz der Umwelt ernst genommen hat. Fünf Jahre nach der UNCED-Konferenz in Rio (*United Nations Conference on Environment and Development*) wurde überprüft, was von den guten Vorsätzen der Agenda 21 umgesetzt wurde. Das Fazit für die Bundesregierung ist absolut beschämend.

Die Umsetzung der Klimakonvention, die notwendige Minderung des CO_2-Ausstoßes um 25% bis zum Jahre 2000, wurde verschoben. Die Einführung einer CO_2-Energiesteuer wurde von einer EU-weiten Lösung abhängig gemacht. Der Verkehrsbereich – der größte Verursacher von CO_2-Emissionen – wurde ganz aus dem nationalen Klimaschutzprogramm ausgeklammert, um die Autoindustrie nicht zu beeinträchtigen. Bisherige Maßnahmen wie z.B. zur Wärmenutzungsverordnung wurden in Selbstverpflichtungserklärungen der deutschen Industrie verwandelt. Programme zur Förderung alternativer Energieerzeugung wurden nicht weiter verfolgt.

In bezug auf den Internationalen Waldschutz folgt die Bundesregierung der Politik anderer Industrieländer, die den Tropenwaldländern die Hauptschuld für die Zerstörung der Wälder zuschieben. Sie sieht aber kaum Handlungsbedarf in bezug auf eine Umstellung der nationalen Waldwirtschaft nach ökologischen Kriterien. In der Bundesregierung stehen die ökonomischen Nutzungsinteressen des »Faktors Holz« über dem Schutzinteresse für den Wald als vielfältigem Lebenssystem. Auch hier hat sich die Bundesregierung weitgehend zum ausführenden Organ von Industrieinteressen gemacht und die Agenda 21 weitgehend ignoriert.

Ähnlich ist es bisher der Biodiversitätskonvention ergangen. Die Bundesregierung hat sie zwar 1993 ratifiziert, ihre Umsetzung jedoch kaum betrieben. Wiederum sind ihr die Nutzungs- und Verwertungsinteressen der Agrarindustrie, vor allem aber der Chemie-, Gen- und Biotechnologie, wichtiger als der Schutz der biologischen Vielfalt. In ihrem Bemühen, den Vorsprung von US-Firmen im Bereich von Gen- und Biotechnologie aufzuholen, tritt die Bundesregierung als »Bremser« bei den Verhandlungen über ein »völkerrechtlich bindendes Protokoll über den sicheren Umgang mit gentechnisch manipulierten Organismen« ein (Biosafety-Protokoll, vgl. Forum Umwelt und Entwicklung, Bonn 1997, S. 16). Sie ist vor allem daran interessiert, daß Biotechnologie-Konzerne wie Hoechst, Bayer, BASF und andere »Wachstumsbranchen« freien Zugang zu den genetischen Ressourcen, vor allem der Tropenländer, haben. Denn dort ist die biologische Vielfalt noch vorhanden, die die industrielle Monokultur in Deutschland und Europa schon längst zerstört hat.

Nach Einschätzung des Forums für Umwelt und Entwicklung hat die Bundesregierung bisher herzlich wenig getan, um die Umweltbeschlüsse der UNCED-Konferenz in bindendes nationales Recht umzusetzen. Jüngstes Beispiel für den tatsächlichen Umgang mit der Rio-Erklärung ist die Diskussion um die Ökosteuer. Alle Parteien des Bundestages sehen inzwischen in der Ökosteuer ein Mittel, durch die Verteuerung von Energie positive Umwelteffekte zu erzielen. Abgesehen davon, ob eine solche Strategie erfolgversprechend im Sinne ihrer Erfinder wäre oder nicht (vgl. Sarkar 1998), zeigt uns die derzeitige Diskussion in Deutschland, wer das eigentliche Sagen in bezug auf die Durchsetzung der Agenda 21 hat. In einem Interview mit Jürgen Trittin von den Grünen sagte der Präsident des Bundes der Deutschen Industrie (BDI), H.-O. Henkel, daß der BDI strikt gegen eine Ökosteuer sei. Sie würde die deutsche Industrie ins Ausland treiben, weil sie die Produktion in Deutschland verteuern und weitere Arbeitsplätze vernichten würde. Die Argumente Trittins, daß durch eine solche Steuer neue Arbeitsplätze im Umweltbereich geschaffen werden könnten, wies er zurück (*Frankfurter Rundschau*, 30. 6. 1998). Nach der Ratifizierung des MAI könnten ausländische Konzerne eine solche Ökosteuer als Zugangshindernis für ihre Investitionswünsche ansehen und auf Abwicklung (»Roll back«) eines solches Gesetzes drängen. Ausländische Konzerne, die vor der Einführung einer solchen Steuer in Deutschland investiert haben, könnten den Staat, wie im Falle *Ethyl Corporation* versus Kanada, wegen »indirekter Enteignung« verklagen. Außerdem würde ein solches Gesetz eine durch das MAI verbotene Leistungsanforderung darstellen.

Der einzige Bereich, in dem in Deutschland, wenn auch spät

und zögerlich, etwas von der Agenda 21 umgesetzt wurde, ist die »Lokale Agenda 21«. In einem besonderen Kapitel der Agenda 21 werden Kommunen, Bürger und Bürgerinnen aufgefordert, eine »Lokale Agenda 21« zu erstellen, in der alle Umweltprobleme auf lokaler Ebene zwischen Vertretern der Verwaltung, der Wirtschaft und der Bürger diskutiert werden sollen. In Deutschland ging die Initiative für diesen Prozeß meist von lokalen Bürgerinitiativen, Kirchen, Frauengruppen, Umwelt- und Dritte-Welt-Gruppen aus. Solche Lokale-Agenda-Gruppen, darunter sehr viele Frauen, haben sich mit Engagement für eine zukunftsfähige Gestaltung ihrer sozialen, wirtschaftlichen und ökologischen Umwelt eingesetzt. Einige dieser Gruppen, wie z.B. die Frauen-Agenda in Münster, haben dabei Erstaunliches geleistet (Schwarze Witwe, Münster 1998).

Doch während Menschen auf der lokalen Ebene versuchen, bessere, humanere, umweltfreundlichere Verhältnisse zu schaffen, werden von Wirtschaft und Politik auf der nationalen und globalen Ebene Rahmenbedingungen geschaffen, die in eine diametral entgegengesetzte Richtung zielen. Das wird besonders deutlich beim MAI.

Auch auf der Ebene der Gesetzgebung ist schon jetzt ein Zurückdrängen umweltfreundlicher Regelungen zu beobachten. So kann das MAI in Deutschland bereits auf den schon 1994/95 erlassenen Deregulierungsgesetzen (Schlichter und Ludewig-Kommission) aufbauen. Denn nach diesen Gesetzen haben Investoren einen Anspruch auf die Durchführung ihrer Vorhaben. Risiken in bezug auf die Umwelt und auf zukünftige negative Folgen müßten als zweitrangig hingenommen werden. Von vorneherein wird behauptet, Investitionen lägen im vorrangigen öffentlichen Interesse. Traute Kirsch führt als Beispiel das Urteil des Oberlandesgerichts Münster im Fall Garzweiler an, in dem die Klage der betroffenen Kommunen wegen Verletzung ihrer Planungshoheit zurückgewiesen wurde. Diese Planungshoheit sei ohne Zweifel verletzt worden, aber »das sei aus dem übergeordneten Interesse der Energieversorgung heraus hinzunehmen« (Kirsch 1998).

Die »Lokale Agenda 21« ist daher eine Augenwischerei und ein Bluff, wenn diejenigen, die sich auf der kommunalen und regionalen Ebene für den Erhalt ihrer Lebensgrundlagen engagieren, nichts davon erfahren, wer denn eigentlich die Globale Agenda festsetzt, die letztlich alle ihre Bemühungen zunichte machen wird. Darum wäre es sinnvoll, wenn alle Gruppen, die sich mit der »Lokalen Agenda 21« befassen, sich gleichzeitig mit dem MAI auseinandersetzen würden.

Folgen für den Föderalismus

In Deutschland ist die Regierung außerdem bereit, die föderale Struktur und damit die Autonomie von Ländern und Gemeinden – eine besondere Errungenschaft der deutschen Geschichte – zur Disposition zu stellen. Normalerweise gelten internationale Verträge für Nationalregierungen, nicht für subnationale Gebietskörperschaften. Die WTO z.B. kann höchstens Bonn unter Druck setzen, wenn Nordrhein-Westfalen ein Gesetz macht, das den WTO-Regeln nicht entspricht. Sie kann aber dieses Land nicht zur Einhaltung dieser Regeln zwingen. Das MAI gibt sich damit jedoch nicht zufrieden. Es gibt nationalen Regierungen Instrumente an die Hand, Länder und Gemeinden zur MAI-Konformität zu zwingen. Das bedeutet für Deutschland schlicht und ergreifend, daß alles, was bis heute noch Gemeinde- oder Ländersache ist und der Ländergesetzgebung unterliegt, nach der MAI-Ratifizierung MAI-konform gemacht werden muß.

Gemeinderechte

Nach dem Wortlaut des Vertragstextes müßte das MAI auch in voller Schärfe auf der Gemeindeebene durchgesetzt werden. Die Gemeinden besitzen noch altverbriefte Rechte, die ihre Autonomie und Autorität in verschiedenen Bereichen sichern, z.B. haben Gemeinden eigene Maßnahmen zum Schutz von Umwelt, Kleinbetrieben, Minderheiten, Frauen usw. erlassen. Heute sind sie jedoch fast überall verschuldet, und die Gemeindevertreter sind oft bereit, Gemeindeeigentum (Allmende) zu privatisieren und Investoren anzubieten. Das MAI bestimmt im Falle einer Auslandsinvestition, daß dem ausländischen Investor keinerlei Auflagen in bezug auf Gewinntransfer, Einstellung lokaler Arbeitskräfte, Einkauf lokaler Vorprodukte, Rohmaterialien, Dauer der Investition und Umweltauflagen gemacht werden dürften. Er hätte demnach Vorteile gegenüber inländischen Investoren, für die solche Leistungsanforderungen (noch) gelten.

Ich habe das Bundeswirtschaftsministerium gefragt, warum die USA-Regierung Ausnahmen vom MAI für ihre Bundesstaaten und Kommunen angemeldet habe, die deutsche Regierung aber nicht. Deutschland sei doch auch eine Föderation. Darauf bekam ich zur Antwort, die Bundesregierung und die EU seien gegen solche Ausnahmen, und außerdem ginge das nicht nach unserer Verfassung. D. h. für Deutschland wird das MAI, wenn es einmal unterzeichnet und ratifiziert ist, in voller Schärfe für alle Länder und Gemeinden gelten, ohne daß diese später noch Vorbehalte gegen diese Reglementierung anmelden könnten. Denn die Anmeldung solcher länderspezifischer Ausnahmen muß zu einem bestimmten Zeitpunkt erfolgt sein. Da die BRD die Rechte der Gemeinden nicht als Ausnahme vor dem Zugriff des MAI geschützt hat, ist die Gemeindeautonomie, über ihre eigene Wirtschaft und Umwelt zu bestimmen, zur Disposition gestellt.

So fragte z.B. ein besorgter Bürger aus Brandenburg, ob die »Traufhöhe« (die Zahl der Stockwerke), die von den Stadträten festgelegt wird, nach dem MAI von einem ausländischen Investor angefochten werden könnte, weil dieser statt 5 z.B. 10 oder 20 Stockwerke bauen wollte. Nach der Ratifizierung des MAI hätte in Deutschland keine Gemeinde mehr das Recht, eine eigene Beschränkung der Traufhöhe aufrechtzuerhalten.

Ein weiteres Beispiel dafür, was Gemeinderechte nach dem MAI noch wert sein werden, ist das Anfang Mai 1998 ergangene Urteil des Bundesverfassungsgerichts zur Klage von McDonald's gegen die Stadt Kassel im Fall der Verpackungsabgabe, die die Stadt von McDonald's verlangte. Das Verfassungsgericht gab McDonald's Recht. Eine solche Verpackungsabgabe sei verfassungswidrig, weil sie ein unzulässiger Eingriff in die Berufsfreiheit von McDonald's & Co sei. Die Verfassungsrichter begründen ihr Urteil mit dem im Kreislaufwirtschafts- und Abfallgesetz enthaltenen Kooperationsprinzip. Dies besagt, daß wünschenswerte ökologische Maßnahmen, wie z.B. Müllvermeidung, von den Unternehmen nicht erzwungen werden können (vgl. BUND Aktuell NRW, Juni 1998). Dieses Urteil und die Gesetze, auf die sich die Richter berufen, entsprechen vollkommen dem MAI in Sachen Umwelt. Anstatt klarer Ge- und Verbote gibt es Sebstverpflichtungserklärungen, Betonung hehrer Prinzipien, Kann-Bestimmungen und Kooperationserklärungen.

Wie der Fall McDonald's versus Kassel jedoch auch zeigt, ziehen die Gemeinden, die ihre Umwelt schützen wollen, auch vor dem Bundesverfassungsgericht den Kürzeren und müssen gegebenenfalls Schadensersatz zahlen.

Nach Inkrafttreten des MAI müßten sich solche Urteile in Deutschland häufen, denn die »Roll-back«- und »Standstill«-Klauseln verlangen von der Bundesregierung, den Ländern und Gemeinden, daß alle Gesetze, Bestimmungen und Verordnungen MAI-konform gemacht werden müssen. Es ist zweifelhaft, ob die Landtage, der Deutsche Städtetag und die Gemeinden in Deutschland überhaupt über das MAI informiert wurden.

Bis heute hat die Bundesregierung jedenfalls keinerlei Anstalten gemacht, die konkreten Folgen des MAI für die Länder und Gemeinden zu erforschen. Sie begnügt sich mit der Versicherung, nichts würde sich ändern.

Folgen für Bildung und Kultur

Sehen wir uns an, was das MAI im Bereich Bildung und Kultur bedeuten könnte. Nicht nur müßten nach der Regel für »Inländerbehandlung« ausländische Investoren freien Zugang zu diesen Bereichen haben, sondern auch in den Genuß sämtlicher Förderungsmittel, Steuervergünstigungen, Investitionsanreize kommen, die die Länder inländischen Investoren gewähren. Außerdem wären Landesgesetze, z.B. zum Schutz der Jugend, zur Pflege lokaler Kultur und Tradition, zur Filmförderung, zur Förderung lokaler Schriftsteller nur dann MAI-konform, wenn diese Vergünstigungen auch ausländischen Investoren gewährt würden. Die Hollywood-Filmindustrie würde auch in Deutschland und

Frankreich die nationale Filmindustrie wegkonkurrieren, die Inhalte von Film und Fernsehen bestimmen und darüber hinaus auch jede Form regionaler Kulturentwicklung zerstören können.

Bildung und Erziehung sind in Deutschland Ländersache. Das MAI nennt sie »Staatsmonopole«. Es fordert zwar nicht ausdrücklich, daß diese privatisiert werden, es bestimmt aber, daß sie »ausschließlich nach kommerziellen Kriterien handeln müssen«, und verlangt, daß sie im Falle einer (erwünschten) Privatisierung ausländischen wie inländischen Investoren zu gleichen Bedingungen angeboten werden. Was würde das z.B. für die Universitäten heißen? Wenn Universitäten Privatbesitz würden, die wie jeder andere kapitalistische Betrieb nur nach Prinzipien der Kosten/Nutzen-Erwägung und der Profitmaximierung funktionieren, dann
1. wären hohe Studiengebühren die zwingende Folge;
2. hätten Kinder armer Eltern, die diese Studiengebühren nicht zahlen könnten, keine Aussicht auf ein Studium an solchen Universitäten und müßten mit staatlichen Massenuniversitäten – sofern es sie dann noch gibt – vorlieb nehmen, die wohl kaum mit den privaten Eliteuniversitäten konkurrieren könnten;
3. wäre es mit der Freiheit der Lehre und Forschung zu Ende, denn gelehrt und geforscht würde, was der neoliberalen Wirtschaft nutzen würde;
4. wären die Universitäten nicht mehr Orte, wo kritische Gedanken erlaubt wären. Die Rekrutierung der Professoren und die Gestaltung der Lehrpläne würden der Gewinnmaximierung und der Konkurrenz folgen;
5. die derzeitige Diskussion um das Hochschulrahmengesetz und um Studiengebühren zeigt, daß das, was Tony Clarke »Marktföderalismus« nennt, auch bei uns zunimmt. Dabei heißt »Marktföderalismus«, daß der Föderalismus von den Konzernen nur dann noch gefördert wird, wenn er ihren Interessen dient und ihnen einen leichteren Zugang zu bestimmten Bereichen sichert. Anstatt eines Bundesgesetzes, das Studiengebühren aus grundsätzlichen Gleichheitserwägungen verbietet, bedeutet der Kompromiß, daß einzelne Länder nach den Wahlen 1998 Studiengebühren einführen können. Nach der Verabschiedung des MAI hätte der Bund keine Möglichkeit mehr, ein Hochschulrahmengesetz zu erlassen, das nicht an den Investitionsinteressen transnationaler Konzerne

orientiert wäre. Einzelne Länder könnten ihre Hochschulpolitik insgesamt als »Bildungsindustrie« sofort den Konzernen aushändigen. Wie ein solcher Ausverkauf von Universitäten und Schulen aussehen könnte, illustrieren folgende Beispiele aus den USA und Kanada:

In den USA wurde eine neue Bildungsindustrie gegründet: die »New American Schools Development Corporation«. Ihr Ziel ist es, Unternehmen zu mobilisieren, Industriegelder in profitorientierte Grundschulen zu investieren. Dieses Programm wurde von transnationalen Konzernen wie AT & T, Ford, Eastman, Kodak, Pfizer, General Electric und Heinz gefördert (Clarke/Barlow 1997, S. 56).

Kürzungen im Bildungsbereich, vor allem dem der öffentlichen Hochschulen, haben Colleges und Universitäten dazu gebracht, »Partnerschaftsverträge« mit Konzernen abzuschließen. In Kanada gibt es bereits 20.000 solcher Partnerschaften mit Businessschools und Konzernen. Auch Schulen bilden Partnerschaften mit Konzernen wie Coca-Cola, Burger King, McDonald's, Pepsi Cola und Pizza Hut, die in Cafeterias in Schulen Mittagessen servieren. Im Gegenzug dürfen diese Konzerne in den Schulen Werbung für ihre Produkte machen. In Universitäten werden bestimmte Kurse, die von einem dieser Konzerne gesponsert werden, sogar nach diesem Konzern benannt.

Ein Industriesponsor der Fakultät für Management der Universität von Toronto hat vor einiger Zeit das Recht verlangt, im Austausch für seine Geldspende das Curriculum vorzuschreiben (John McMurthy 1998, S. 42-44).

Ähnliche Entwicklungen sind auch in Europa und Deutschland möglich. Der ERT betreibt schon seit 1989 eine ähnliche industrieorientierte Bildungspolitik. In seinem Bericht »Bildung und europäische Wettbewerbsfähigkeit« wird nicht nur das europäische Bildungssystem kritisiert, weil es die jungen Menschen nicht genügend auf die Erfordernisse des Arbeitsmarkts vorbereite, sondern dort wird auch vorgeschlagen, daß die Industrie stärker in die Leitungs- und Verwaltungsapparate von Schulen, Universitäten und anderen Bildungseinrichtungen eingebunden werden müßte. Der ERT schlägt sogar »industrielle Inspektoren« vor, die die Kurse und Curricula nach ihrer Industrietauglichkeit überprüfen sollen. Bildung wird ausdrücklich als Funktion des Arbeitsmarkts und als Entwicklung von »Human-Ressourcen« für die Industrie definiert (A SEED 1994, S. 17, 19).

Das MAI wird diesen Ausverkauf einer unabhängigen Bildungspolitik an die Industrie auf jeden Fall fördern.

Auch im Bereich der Kultur allgemein regt sich Widerstand gegen das MAI. Gerade in Kanada und Frankreich entzündete er sich an der Frage des freien Zugangs von Auslandsinvestoren zur Kultur: der Produktion von Filmen, Zeitungen, Zeitschriften, Magazinen, Videos und Büchern sowie im Urheber- und Verlagsrecht. Das MAI ermöglicht nämlich vor allem die Trennung von Autor und Produkt, wie im amerikanischen Recht. Über das Produkt als Ware hat der Autor dann keine Kontrolle mehr. Intellektuelles Eigentum ist ganz explizit im MAI als Investitionsterritorium ausgewiesen, das für alle Investoren geöffnet werden muß.

In Deutschland ist von einer solchen Rebellion gegen die Übernahme des Medien- und Kulturmarktes durch Riesen-Weltmonopolisten wie Ted Turner (CNN) oder Murdoch bisher kaum etwas zu spüren. Zwar protestiert die Gewerkschaft IG Medien gegen das MAI, aber die McDonaldisierung und die Schaffung einer Micky-Maus-Monokultur wird im allgemeinen nicht als Verlust empfunden. Sie gilt als fortschrittlich. Das MAI ermöglicht nicht nur die Übernahme des ganzen Kultur- und Bildungsbereichs durch globale Monopolgesellschaften, die bestimmen, welche Bildung, Information, Literatur, Kultur den Konsumenten verpaßt wird, sondern das MAI bedroht auch Millionen von Arbeitsplätzen in diesem Bereich, denn keine ausländische Kultur- oder Bildungsindustrie ist verpflichtet, einheimisches Personal einzustellen.

Als besonders bedrohlich ist die im MAI vorgesehene Regelung über das Intellektuelle Eigentum, die IPRs (Intellectual Property Rights). Die Klausel geht noch über die im GATT festgelegte hinaus. Sie ermöglicht z.B., daß traditionelles Wissen eines Volkes privatisiert, patentiert und monopolisiert wird. Beispiele sind bisher aus Indien über die Patentierung des Wissens um den Neem-Baum oder neuerdings um den Basmati-Reis bekannt. Sie zeigen, wie wichtig der ungehinderte Zugang zu traditionellem Wissen für die

Konzerne, besonders in der Biotechnologie, ist. In Indien gibt es eine breite Widerstandsbewegung gegen diese Piraterie am geistigen kommunalen Eigentum des Volkes.

Folgen für die Befriedigung der Grundbedürfnisse: Land, Wasser, Gesundheit, Nahrung

Das MAI kann auch benutzt werden, um transnationalen Agrarkonzernen freien Zugang zum Land und zur Kontrolle der Nahrungsproduktion zu geben. Das würde bedeuten, daß der Abbau der Politik der nationalen Selbstversorgung, die schon im GATT in bezug auf den Agrarhandel festgelegt wurde, nun auch für Investitionen in die Nahrungsproduktion gelten würde. Jede Art von nationaler oder subnationaler Politik, die örtlichen Bauern zu schützen, jede länderspezifische Subvention zur Förderung bestimmter strukturschwacher Regionen könnte als Verletzung der Klausel der Inländerbehandlung oder des Verbots von Leistungsanforderungen ausgelegt werden. Transnationale Agrobusiness-Konzerne wie Monsanto, Nestlé, Cargill, Coca-Cola, Pepsi Cola könnten länderspezifische Regelungen anfechten, daß der Besitz von Ackerflächen einheimischen Bürgern vorbehalten bleiben müßte. Es wären also nicht nur international operierende Golfplatz-Betreiber, die Ackerland für ihren Luxussport beanspruchen dürften, sondern die Kontrolle darüber, wer Zugang zum Land hätte, bliebe nicht mehr in der Hand der nationalen Regierung, der Länder oder der Gemeinden.

Mexiko ist ein Beispiel dafür, welche Folgen MAI-ähnliche Verträge, in diesem Fall die nordamerikanische Freihandelszone NAFTA seit 1994, für die Landnutzung haben. So mußte Mexiko, um Mitglied der NAFTA zu werden, Artikel 27 seiner Verfassung ändern, der den Mexikanern den Zugang zum Land zu Zwecken der Selbstversorgung gesichert hat. Immerhin stammte dieser Artikel noch aus der Zeit der mexikanischen Revolution vom Anfang des Jahrhunderts. Die Verfassungsänderung erlaubt nun US-amerikanischen und kanadischen Investoren, große Landflächen aufzukaufen. Innerhalb von vier Jahren NAFTA hat dies zu einer massiven Vertreibung von Bauern von ihrem Land zugunsten von Agrobusiness-Firmen geführt, die bereits riesige Plantagen für die Exportproduktion angelegt haben. Die »Inländerbehandlung« im MAI wird nicht nur für die Entwicklungsländer, sondern für alle Unterzeichnerländer eine ähnliche Wirkung haben.

Nach dem MAI ist es auch möglich, daß ausländische Konzerne in die Wasserversorgung von Gemeinden und Regionen investieren. Bisher ist in Deutschland die Wasserversorgung in der Hand von Gemeinden. Doch Gemeinde- und Stadträte könnten unter dem Druck ihrer Schulden und der herrschenden Privatisierungspolitik die öffentliche Wasserversorgung an private Investoren verkaufen. Dies ist z.B. unter Margaret Thatcher in Großbritannien geschehen. In diesem Fall müßte ausländischen Firmen Zugang zu diesem Bereich gegeben werden. Eine Gemeinde dürfte an einen ausländischen Investor dann keine Leistungsanforderungen stellen, die sie einem inländischen sehr wohl auferlegen könnte. Der ausländische Investor könnte z.B. nicht nur seinen Gewinn ins Ausland transferieren und bräuchte auch keine Rücksicht auf lokale Zulieferfirmen zu nehmen, er könnte auch jederzeit seine Firma schließen, wenn irgendwo anders ein lukrativeres Angebot lockt. Außerdem könnte er das Wasser auch anderen als den Anrainern verkaufen.

Am Beispiel Wasser wird besonders deutlich, wie gefährlich das MAI für die Sicherung der wesentlichen Grundbedürfnisse der Bevölkerung werden kann.

Dies gilt ebenfalls für Auslandsinvestitionen in den Sektoren Gesundheit und Nahrung. Das Gesundheitssystem in Deutschland ist teils in öffentlicher Hand, teils in der Hand von »nichtprofitorientierten« privaten Organisationen wie Kirchen und Verbänden, die nach dem Subsidiaritätsprinzip vom Staat gefördert werden. Das MAI verlangt nicht nur, daß öffentliche Unternehmen nach kapitalistischen Prinzipien geführt werden, sondern auch, daß ausländische Investoren freien Zugang zu allen bisherigen nichtprofitorientierten Sektoren haben müssen. Konkret heißt das, daß ausländische Investoren z.B. in Krankenhäuser, Altersheime, Sozialeinrichtungen investieren dürfen, die zur Zeit noch in kirchlicher Hand sind. Sie würden diese Einrichtungen nach marktwirtschaftlichen Prinzipien führen, und weder die Kirche noch eine Gemeinde, noch der Staat dürften von ihnen irgendwelche ethischen, sozialen oder kommunalen Leistungen verlangen.

Wie dieser Prozeß ablaufen kann, hat Tony Clarke für Kanada und die USA beschrieben. Zuerst strich der Staat seine öffentlichen Zuwendungen für den sozialen Bereich erheblich. Dann erfolgte die Privatisierung, und dann investierten große Versicherungsunternehmen und private, profitorientierte Krankenhausketten und transnationale Pharma-Konzerne in diese lukrativen »Gesundheitsindustrien«. Eine kanadische »Gesundheitsfirma«, MDS, hat sich 1996 in einem Joint-venture mit der Krankenhauskette Columbia/HCA und dem Pharma-Riesen Bristol-Meyers Squibb zusammengeschlossen (Clarke 1997, S. 109).

Das MAI würde es möglich machen, daß auch in Deutschland solche transnationalen »Gesundheitskonzerne« die Gesundheitseinrichtungen der Länder, Gemeinden, Kirchen und anderer Organisationen übernähmen und nach Gewinnmaximen führten. Jede Form von kommunaler oder nichtprofitorientierter Gesundheitsfürsorge würde gefährdet. Selbst lokale Selbsthilfegruppen stünden unter Konkurrenzdruck solcher Gesundheitsindustrien.

Mehr noch als die Gesundheit gerät durch das MAI die Befriedigung des Grundbedürfnisses nach Nahrung und Nahrungssicherheit unter die totale Kontrolle transnationaler Konzerne. Dieser Prozeß ist allerdings schon vor dem MAI durch die EU-Verträge und GATT/WTO weit vorangeschritten. Die Globalisierung des Agrarhandels führt bereits jetzt dazu, daß Nahrungssicherheit nicht in quantitativer und erst recht nicht in qualitativer Hinsicht für alle gesichert ist. Die Beispiele des Rinderwahns, der Schweinepest und anderer aus Profitinteressen stammender Katastrophen zeigen, wie schnell die Nahrungssicherheit auch in den reichen Ländern gefährdet werden kann und die Bürger gezwungen werden können, lebensgefährlich vergiftete Nahrung zu sich zu nehmen.

Das MAI begnügt sich aber nicht mit der Liberalisierung und Globalisierung des Agrarhandels. Es will vielmehr die Kontrolle über die Nahrungsproduktion in die Hand von privaten Konzernen legen. Sie sollen frei in diesem Sektor investieren und handeln dürfen, ungehindert durch lästige nationale Vorschriften und Beschränkungen.

Das wird bei der Durchsetzung internationaler Qualitätsstandards für die Erzeugung von Nahrung deutlich. Die Erzeuger werden schon jetzt gezwungen, ihre Produktion diesen internationalen Standards anzupassen. Diese sind im Codex Alimentarius niedergelegt, der von den großen Agro- und Nahrungskonzernen kontrolliert wird. Wenn z.B. der Codex Alimentarius bestimmt, daß Gen-Nahrung sicher ist, dann hat nach GATT und MAI kein Land, aber auch der Bund nicht mehr das Recht, andere Qualitätsanforderungen an Agrar- und Nahrungskonzerne zu stellen, wie dies in Österreich z.B. immer noch versucht wird, weil das als Diskriminierung oder verbotene Leistungsanforderung ausgelegt werden könnte.

Umgekehrt müssen sich alle Bauern den Qualitätsstandards der Multis anpassen. Dadurch wurden zielgerichtet schon die meisten Kleinbauern innerhalb der EG liquidiert. Polen, das den Eintritt in die EU sucht, unterwirft z.B. zur Zeit die eigenen Milchbauern derselben Reglementierung. Inzwischen gibt es nur noch wenige große transnationale Agro- und Nahrungskonzerne, von denen die Nahrungssicherheit auch der Industrieländer abhängt. Es ist leicht einzusehen, was mit einer Politik der Nahrungssicherheit geschieht, wenn das Recht, Land zu besitzen, Nahrung zu produzieren, zu manipulieren und zu vermarkten, in der Hand transnationaler Konzerne liegt, die nach MAI explizit auf niemanden Rücksicht nehmen müssen und dadurch auch für die Folgen ihres Tuns von niemandem zur Verantwortung gezogen werden können, weil sie sich jeder lokalen Kontrolle entziehen können.

Am deutlichsten ist die Gefahr für die Nahrungssicherheit, die von der Biotechnologie, insbesondere von der Gentechnologie, ausgeht. Die BRD, insbesondere das Land NRW, propagieren die Gentechnologie auch im Nahrungssektor als neue Wachstumsmaschine. Auch ohne MAI hätten sie wohl kaum etwas dagegen, wenn Monsanto seinen gentechnisch manipulierten Mais oder seine Sojabohnen in Deutschland anbauen würde. So würden sie nämlich das Problem umgehen, daß Greenpeace Schiffe mit Gensoja stoppen könnte. Auch das Problem der Etikettierung von

Gen-Nahrungsmitteln wäre nach MAI leicht zu umgehen, denn das wäre dann eine Leistungsanforderung an Investoren, die nach MAI verboten ist. Es könnten zwar 90 bis 100% der Bevölkerung sagen, daß sie gegen Gen-Nahrung sind, aber das hätte keine Bedeutung mehr. Die Konzerne würden bestimmen, was wir essen, weil es inzwischen keine Alternative mehr gäbe. Denn die Kleinbauernbetriebe sind in Deutschland fast verschwunden, und auch der ökologische Landbau geriete weiter unter den Druck der Konkurrenz aus Billiglohnländern. Das MAI würde aber darüber hinaus der Regierung die Hände binden, den Konzernen zu verbieten, gentechnisch manipulierte Nahrung herzustellen. Die Bevölkerung ist jetzt schon faktisch, dann wäre sie aber auch legal zu Zwangskonsumenten degradiert. Von Nahrungssicherheit in qualitativer und quantitativer Hinsicht, eindeutig einem Menschenrecht, wäre nach MAI dann jedenfalls keine Rede mehr.

Was ist neu am MAI?

Bei Diskussionen über die Folgen des MAI haben wir in letzter Zeit, besonders in Deutschland, des öfteren gehört: »Was regt ihr euch denn so auf? Das haben wir ja alles schon längst!« Leider stimmt dieser Einwand zum Teil.

Aber das MAI macht das, was schon lange an der globalisierten, liberalen Wirtschaftspolitik- und Praxis skandalös ist, sichtbar und bringt es auf den Punkt.

Als die EU-Verträge von Maastricht und Amsterdam (1991 und 1997) und der GATT-Vertrag abgeschlossen und in die WTO (Welthandelsorganisation) überführt wurden (1995), war die Bevölkerung kaum über den Inhalt und die Konsequenzen dieser Verträge informiert und regte sich daher nicht auf. Globaler Freihandel wurde ihr von der Regierung und der Wirtschaft als einzig gute, notwendige und alternativlose Wirtschaftspolitik verkauft. Das Schweigen der Öffentlichkeit galt als Zustimmung. Heute gehen die Herrschenden in Wirtschaft und Politik mit dem MAI-Vertrag ähnlich vor. Er bringe nichts Neues, es gäbe keinen Grund zur Panik. Auch viele derjenigen, die diesen Beteuerungen nicht mehr glauben, sagen resigniert: »Das ist ja alles längst schon da! Was ist neu am MAI?«

Was das MAI gegenüber der schon bestehenden Investitionspolitik in bezug auf Umwelt-, Arbeits- und Menschenrechtsfragen Neues bringt, ist die legale, quasi endgültige globale Festschreibung der Freiheiten und Privilegien des Kapitals, das nun durch keinerlei Pflichten gegenüber nationalen Regierungen und lokalen Gemeinschaften mehr gebunden ist. Auch neu ist die Tatsache, daß es gewählte Regierungen sind, die ohne Diskussion nichtgewählten transnationalen Konzernen große Teile der nationalen und subnationalen Souveränität ausliefern. Die Politik wird nun auch offiziell und legal zur Handlangerin wirtschaftlicher Interessen. Vor allem ist neu, daß es nach Verabschiedung des MAI gleichgültig ist, welche Regierung durch demokratische Wahlen an die Macht kommt.

Claudia von Werlhof

MAInopoly: Aus Spiel wird Ernst

Drei Thesen zur Politischen Ökonomie der »Globalisierung«

Zu den Schwierigkeiten der Analyse

Nachdem das MAI als Vertragsentwurf an die Öffentlichkeit gelangte, ist es nicht nur kritisiert, sondern auch verteidigt worden. So bemerkte der österreichische Bundeskanzler Viktor Klima in seiner Antwort auf einen Offenen Brief, der Aufklärung über das MAI verlangte: »Ich habe großes Verständnis für die Sorge, die offenbar ... Ihrer Unterschriftenaktion zugrunde liegt. Auch ich bin der Auffassung, daß es nicht das Ziel demokratischer Staaten sein kann, Systeme zu schaffen, die ausschließlich an der Profitmaximierung einiger weniger Konzerne orientiert sind. Es bleibt die Aufgabe der Regierung, den sozialen Zusammenhang zu sichern und soziale Gerechtigkeit durchzusetzen, gerade in einer Welt, die von zunehmender Globalisierung gekennzeichnet ist. Im Gegensatz zu Ihnen bin ich allerdings der Ansicht, daß dazu ein aktives Handeln auf internationaler Ebene notwendig ist. Multilaterale Abkommen wie das MAI oder die Abkommen im Rahmen der WTO haben genau die gegenteilige Wirkung als jene, die Sie vermuten. Solche Abkommen sind kein Freibrief für Multinationale Konzerne, sondern setzen für alle verbindliche Mindeststandards fest. Damit wird verhindert, daß Staaten, die um international mobiles Kapital konkurrieren, Arbeits-, Sozial- und Umweltstandards immer weiter nach unten anpassen ...« Und: »Das Motiv für die Aufnahme von Verhandlungen zur Erarbeitung des MAI liegt in der Bedeutung der grenzüberschreitenden Investitionen für die Weltwirtschaft ... Im Gegensatz zu reinen Handelsbeziehungen haben Direktinvestitionen den Vorteil, daß sie in den jeweiligen Ansiedlungsländern Arbeitsplätze schaffen ... und zu einem beträchtlichen Technologietransfer ... (beitragen). Es war somit nur folgerichtig, daß im Jahre 1995 der OECD-Ministerrat ... beschloß, Verhandlungen mit dem Ziel aufzunehmen, zu einem multilateralen Investitionsabkommen zu gelangen, das einen breiten Rahmen für internationale Investitionen schaffen würde in Verbindung mit anspruchsvollen Standards für die Liberalisierung der Investitionsregelungen und des Investitionsschutzes sowie mit effektiven Streitbeilegungsverfahren.« (Klima 1998, S. 2, 4f.) Wer das liest, noch dazu aus der Feder eines Bundeskanzlers, und sonst nichts weiß, fühlt sich beruhigt und geht vertrauensvoll seiner Wege. Er ahnt nicht, daß alles umgekehrt zu dem ist, wie es hier scheint.

Denn das MAI ist kein Wirtschaftsabkommen, sondern ein politisches Abkommen. Es regelt nicht die Investitionstätigkeit, sondern die allgemeinen Voraussetzungen dafür, daß diese Tätigkeit gerade de-reguliert werden kann:

- Das MAI bietet Freiheit, Sicherheit und Schutz nicht für alle Wirtschaftsteilnehmer, sondern letztlich nur für die »Global Players« auf dem »globalen Spielfeld«. Dadurch sind alle anderen nur deren Spielmaterial. Ihre Freiheit gilt als Unordnung, ihre Sicherheit als Luxus und ihr Schutz als »Protektionismus«.
- Beim MAI geht es weder um die Schaffung von Arbeitsplätzen noch um »hohe Standards« in Arbeits-, Sozial- und Umweltfragen, sondern um das Gegenteil, nämlich hohe Standards bei der Befreiung von entsprechenden Auflagen. Das MAI will lediglich hohe Standards bei der Profitmaximierung ermöglichen.
- Das MAI ist nicht nur eine logische Folge der »Globalisierung«, sondern zeigt auch deren Grenzen auf. Eben weil der Globus seine Grenzen hat, legt das MAI im Prinzip global fest, wer sich innerhalb der Grenzen des Globus an den vorhandenen »Ressourcen« bedienen darf und wer nicht (mehr). Dadurch wird festgelegt, daß von nun an für ca. 99% der Weltbevölkerung gerade nicht gilt, was für 1% derselben, die Global Players, gelten soll. Der liberale Schein, daß das, was für die Großen gilt, im Prinzip auch für die Kleinen gelte, ist damit vorbei.

- Das MAI bringt es an den Tag: Es ist die politische Verfassung für eine Welt, die für die nächsten 20 Jahre lediglich als Einsatz im Monopoly einer Handvoll Spieler gesehen wird. Das MAI macht diese Tendenz der »Globalisierung« zum Gesetz, und zwar zu nichts Geringerem als einem Ermächtigungsgesetz für die Konzerne (Werlhof 1998). Daher ist es ein großer Unterschied, ob das MAI unterzeichnet wird oder nicht, selbst wenn auch sonst die Tendenz in dieselbe Richtung geht. Im MAI legalisieren die Konzerne ihre Macht, die Welt neu unter sich aufzuteilen, wie dies früher die Kolonialmächte taten. Deshalb erscheinen die Konzerne im MAI im Rang von neuen Nationalstaaten, die noch über den alten Nationalstaaten stehen. Der neue Staat des »Zentrums« im Weltsystem (I. Wallerstein 1979) wären nach dem MAI die Konzerne, und der alte Staat sinkt zum »semi-peripheren« oder »peripheren« Staat herab.
- Das MAI schafft dabei ein Recht, wo vorher keines oder sogar Unrecht war: Es legalisiert jede »Investitions«-Tätigkeit, auch wenn sie in größter Plünderung, Ausbeutung und Zerstörung besteht, und zwar im Prinzip überall auf der Welt. Es kriminalisiert damit jeden Widerstand dagegen, ja, im Prinzip sogar die bloße Behinderung oder Infragestellung entsprechender Praktiken. In einem Wort: Mit dem MAI wird alles, was bislang als positiv galt, nämlich Recht, Freiheit, Gleichheit, Sicherheit, Schutz, Verfügung über Geld und Macht, zum ausschließlichen Privileg von ganz Wenigen, das dazu noch auf dem Rücken aller anderen durchgesetzt wird bzw. werden soll. Dann gelten die Menschenrechte nur noch für die Konzerne. Dies geschieht auf eine Weise, in der die Freiheit der Konzerne zur Unfreiheit aller anderen wird, ihre Sicherheit zur Unsicherheit für alle anderen, ihr Schutz zum Preisgegebensein aller anderen, ihre Macht zur Ohnmacht aller anderen. Es zeigt sich damit auch hier die »erstaunliche Aktualität der ökonomischen Theorie von Karl Marx« (R. Hoffmann 1998), der schon zu seiner Zeit die Menschenrechte, so wie sie in der Französischen Revolution definiert wurden, als bürgerliche Rechte auf Privateigentum und die Freiheit des Umgangs damit (Karl Marx 1966) erkannte.

Gerade indem es Gesetz werden soll, kippt das MAI daher alle Verhältnisse in ein und dieselbe Richtung um. Es macht aus allem bisher Unentschiedenen, Zweideutigen und Ambivalenten (z.B. dem Recht auf Widerstand) nun Eindeutiges, Entschiedenes und Unzweifelhaftes: Die Entwicklung verläuft nicht mehr oszillierend um eine Tendenz herum, sondern nur geradeaus. Damit zeigt das MAI auf, was immer schon der Fall sein sollte, aber noch nicht so ganz möglich war, und macht unmißverständlich klar, daß es nie wirklich um etwas anderes gegangen ist als um Macht und Reichtum für wenige. Der Unterschied ist nur, daß dieses latente Interesse unter heutigen Bedingungen im Gegensatz zu früher auch als allgemein durchsetzbar angesehen wird. Dies ist der Fall, weil inzwischen eine Monopolstruktur des globalen Kapitals entstanden ist.

Das MAI bedeutet die Festschreibung der endgültigen Umkehrung von all dem, was uns sonst als angebliches Ziel von Wirtschaft und Politik vorgegaukelt worden ist, nämlich Demokratie, Wohlstand, Freiheit, Selbstverwirklichung, Menschenrechte und Zukunft für alle. Dies ist allerdings keineswegs als plötzliche Verschwörung einiger Wahnsinniger zu verstehen, die der Welt ihren Willen aufzwingen wollen, sondern nur aus der Logik der geschichtlichen Entwicklung selbst, mit deren »normaler« Fortsetzung wir es hier zu tun haben.

Genau hierin liegt die Schwierigkeit der Analyse des MAI: Es ist alles umgekehrt zu dem, wie es propagiert wird und wie wir es zu erwarten gelernt haben. Das heißt nur, daß wir das Falsche gelernt haben. Die meisten Bürger, insbesondere in den Industrieländern, haben ein »falsches«, ideologisches Bewußtsein von ihrer eigenen Geschichte und deren Gegenwart sowie ihrer Entwicklungstendenzen, so daß sie vom MAI völlig überrascht werden. Sie glauben einfach nicht, was sie da hören und lesen, sie schütteln den Kopf und reiben sich die Augen, sie, die im Zentrum des Fortschritts und der Zivilisation, der Demokratie und Freiheit, der Menschenrechte und des Wohlstands leben, sie, die sich für so wichtig, unübersehbar und zu Ansprüchen berechtigt gehalten haben. Ohne Erklärung oder gar Entschuldigung macht das MAI damit einfach Schluß. Wir selbst sind es daher, die nach einer Erklärung dafür suchen müssen, warum die Welt hinter unserem Rücken ganz anders geworden ist – oder immer schon war –, als wir sie uns vorgestellt haben. Die Ent-Täuschung beginnt.

Die Politische Ökonomie der »Globalisierung«

Der historische Hintergrund: die »Fortsetzung« der »ursprünglichen Akkumulation« im Weltmaßstab

Das MAI formuliert im Grunde nichts anderes als eine neue Politische Ökonomie, wie sie die Hauptakteure der Weltwirtschaft unter Bedingungen monopolartiger Verhältnisse und einer neuen industriellen Revolution benötigen. Es haben sich nämlich in den Jahrzehnten seit dem Zweiten Weltkrieg und vor allem seit den 70er Jahren neue durchschnittliche Bedingungen der Produktion und der Politik, die für das Kapital am günstigsten sind, herausgebildet, und diese sollen nun weltweit als Norm bzw. Standard durchgesetzt werden. Dazu gehören bestimmte Arten der Verwendung und »Zusammensetzung« der Arbeitskraft, der Bodens und des Kapitals sowie die Orientierung an einem bestimmten, und zwar historisch gesehen heute sehr hohen, Profitniveau, das sich am durchschnittlichen bzw. durchschnittlich erwarteten Spekulationsgewinn ausrichtet. Damit dies möglich ist, braucht es eine entsprechende weltpolitische Verfaßtheit, die die »notwendigen« Voraussetzungen für die Entfaltung dieser Phase der Weltwirtschaft schafft, einschließlich entsprechender Sanktionen, also Gewaltanwendungsmöglichkeiten in »abweichenden« Situationen. Es erübrigt sich beinahe, darauf hinzuweisen, daß das MAI daher von den Regierungen der Nationalstaaten geschaffen wird. Schließlich sind sie es, die seit der Entstehung der heutigen Weltwirtschaft damit befaßt sind, diese zu ermöglichen. Nationalstaat und internationale Arbeitsteilung gehören eben von Anfang an zusammen, so daß nicht erst heute, sondern schon immer der Nationalstaat letztlich nur aus internationaler kolonialer Perspektive erklärt werden kann und nicht aus sich selbst heraus (I. Wallerstein; Mies, Shiva 1995). So ist es auch heute: Die Analyseeinheit, die uns Auskunft gibt über unsere heutige Situation, ist nicht der Nationalstaat, sondern immer schon das »Weltsystem«.

Da sich die weltwirtschaftlichen Verhältnisse inzwischen geändert haben, soll, ja, muß also die nationalstaatliche Verfaßtheit den neuen Entwicklungen angepaßt werden. Das ist es, was das MAI formuliert.

Soweit zur politischen Seite der Politischen Ökonomie. Nun zu ihrer ökonomischen Seite.

Betrachtet man es historisch, dann sind Veränderungen in der weltweiten Politischen Ökonomie also nichts Neues. Die Ökonomie der Neuzeit, der Kapitalismus, beginnt ja bereits als weltweiter Prozeß, nämlich als Kolonisierung durch Europa und innerhalb Europas (»äußere« und »innere« Kolonisierung). Dieser Prozeß wurde von Karl Marx als Prozeß der »Trennung der Produzenten von ihren Produktionsmitteln« bzw. als Prozeß einer sog. »ursprünglichen« oder »primitiven« Akkumulation bezeichnet. Diese wurde als historische Voraussetzung für den ihr nachfolgenden Prozeß der »eigentlichen« Kapitalakkumulation gesehen. Rosa Luxemburg wandte diese Analyse auf die ganze Welt an. Denn nicht nur in Europa, sondern auch in den Kolonien wurden die Bauern und Handwerker, also die damaligen Produzenten, von ihren Möglichkeiten, Mitteln und Traditionen der Produktion »getrennt« und mußten sie, sofern sie bei diesem Prozeß nicht zerstört wurden, an die neuen Herren, die Kolonialherren bzw. (Grund-)Eigentümer, abtreten.

Die feministische Forschung hat dann auch diese Analyse noch erweitert und die Frauen miteinbezogen, die ja in Europa durch die Hexenverfolgung und außerhalb Europas durch die Kolonisierung gleichfalls von ihren Arbeits- und Produktionsmitteln, ihrer Kultur, ihren Kenntnissen und Fertigkeiten, der Verfügung über ihre Arbeitskraft, ja, der über ihren Leib selbst noch »getrennt« wurden. D. h. auch sie verloren die Kontrolle über ihre unmittelbaren Lebensbedingungen. Da dieser Prozeß bis heute andauert und in jeder neuen Generation von neuem durchgesetzt werden »muß«, soll er wirksam sein, haben wir den Begriff der weltweit »fortgesetzten« ursprünglichen Akkumulation geprägt. Diese Erweiterung des Begriffs bedeutet, daß damit erkannt werden kann, inwiefern die Politische Ökonomie der Moderne bis heute auf der fortgesetzten weltweiten Entmachtung und Enteignung der Produzenten und insbesondere auch der Produzentinnen aufgebaut ist. Sie sind daher nicht nur »historisch«, also quasi nur einmal durch die »ursprüngliche Akkumulation«, beraubt worden, sondern werden es immer wieder. Der Akkumulationsprozeß des Kapitals ist also weiterhin von einer ursprünglichen Akkumulation abhängig, die daher nicht mehr nur als vorgängige, sondern immer und gleichzeitig als notwendige begriffen werden muß. Ursprüngliche Akkumulation ist damit der Akkumulation nicht nur chronologisch, sondern auch logisch immanent.

Man kann sich den Akkumulationsprozeß daher wie einen Eisberg vorstellen (auch Bennholdt-Thomsen, Mies 1997). Bei Eisbergen sind 20% des Berges sichtbar, 80% befinden sich unter der Wasseroberfläche. Das Bild verdeutlicht, daß die uns beigebrachte Sicht lediglich die 20% des Berges wahrnimmt, die über die Oberfläche hinausragen. Auf das Problem der Akkumulation bezogen, heißt dies, daß wir die Tatsache einer fortgesetzten ursprünglichen Akkumulation nicht wahrnehmen. Sie bleibt für uns unsichtbar.

Seit Beginn von Prozessen ursprünglicher Akkumulation sind zum erstenmal in der Geschichte die unmittelbaren Produzenten nicht mehr grundsätzlich mit einer lokalen und regionalen gegenseitigen Selbstversorgung, der sogenannten »Subsistenzproduktion«, befaßt, sondern werden als Rohstoff(-Produzenten) des gesamten Kapitalverwertungs- und Akkumulationsprozesses eingesetzt. Dies geschieht nicht gleich und überall, aber der Tendenz nach und im Prinzip. Erst so ist die Politische Ökonomie des »Trikont«, der drei Kontinente, entstanden. In diesem Trikont brachte Afrika die Masse derjenigen Arbeitskräfte hervor, die dann als Sklaven, als »Rohstoff« Arbeitskraft den Rohstoff Kolonialwaren in Amerika produzierten, insbesondere in Gestalt von Agrar- und Bergwerksprodukten, die ihrerseits das Material für die europäische Industrialisierung auf der Basis proletarischer Lohnarbeit abgab. Zur letzteren gehörte wiederum die meist vergessene »innere« Kolonie der »Hausfrauen« (vgl. Bennholdt-Thomsen/Mies/Werlhof 1983), die – gewissermaßen nach afrikanischem Modell – gratis für den Nachwuchs an Arbeitskräften und die Reproduktion derselben während ihres Lebens zu sorgen hatten.

Nachdem also die ursprüngliche Akkumulation viele Menschen ihrer Kultur und insbesondere ihrer Produktionsmittel beraubt hatte, ging der Prozeß damit weiter, daß man sie anschließend auch von ihrer Arbeitskraft, ja, ihrem Leib zu »trennen«

versuchte: der Raub am Lohn der Arbeit, an der Eigenmächtigkeit, am sozialen Zusammenhang. Diejenigen, die nach der ersten Phase der ursprünglichen Akkumulation für ihre Arbeit wenigstens einen Lohn erhalten, machen sich meist nicht klar, daß dies auf der Basis der doppelt Enteigneten geschieht, derer, die am unteren Ende des Akkumulationsprozesses die volle Wucht der fortgesetzten ursprünglichen Akkumulation bis heute erleben. Deshalb haben die Gewerkschaften »prekär« Beschäftigte wie Ausländer und Frauen, von Hausfrauen ganz zu schweigen, nicht zu organisieren sich bemüht. Und aus demselben Grund hat die linke Theorie nur die Lohnarbeit als Akkumulationsbeitrag und als »wertschöpfend« angesehen und die linke Politik lediglich die »freien Lohnarbeiter«, die »Proletarier«, vor allem die in den Zentren, im Auge gehabt. Ihre – falsche – Devise war: Alles andere gehört der Vergangenheit, der historischen Phase der ursprünglichen Akkumulation an und wird demnächst verschwunden sein, weil der Fortschritt in der Universalisierung, also der allgemeinen Ausbreitung des freien Lohnarbeitsverhältnisses über die ganze Welt, bestehen würde. Deshalb redet man heute immer noch von »Barbarei« (J. Ziegler 1998), wo es bloß um unsere Zivilisation geht: So hat sie immer schon funktioniert, nur wollte man meist nicht wissen, was es mit der besonderen Ausbeutung von Frauen, Bauern und Kolonien auf sich hatte. Man war eben mit der Akkumulation und nicht mit ihren Wurzeln beschäftigt, nämlich mit dem Aufstieg im oder in den oberen 20%-Teil der Akkumulationspyramide.

Die «Hausfrauisierung« der Frauen im Anschluß an die Hexenverfolgung zeigt dabei schließlich zum erstenmal, wie die »internationalen« Verhältnisse auch »national« wiederkehren, sich also im Mikrobereich der beginnenden Weltwirtschaft dasselbe abspielt wie im Makrobereich. Genau diese »Entgeographisierung« der Verhältnisse ist es, die das allgemeine Merkmal heutiger »Globalisierung« ist. Globalisierung heißt im Vergleich zum Trikont demnach, daß der Trikont verschwindet, aber nicht, um angeblich »zivilisierten« Verhältnissen Platz zu machen. Im Gegenteil, er verschwindet nur geographisch, nicht aber als Prinzip. Das Prinzip Trikont feiert statt dessen sogar seine allgemeine »Globalisierung«. Trikont kann seitdem überall sein und bleibt nicht an

Kontinente gebunden. Globalisierung bedeutet daher auch nicht Universalisierung von Lohnarbeit und Abschaffung von Sklaverei und unentlohnter Arbeit – wie der Hausarbeit –, sondern, ganz im Gegenteil, weltweite Ausbreitung gerade von Sklaverei und Gratisarbeit bzw. die »Hausfrauisierung« auch von Männerarbeit überall auf der Welt.

Es ist also das Koloniale, das wächst, die Methode der ursprünglichen Akkumulation, Raub und Gewalt, breitet sich aus, der Unterwasseranteil der Akkumulationspyramide wird größer, die Mechanismen der Akkumulation insgesamt undurchsichtiger. Äußere Kolonien werden zu inneren und innere zu äußeren. Das »Go West« der Kolonisierung kehrt nach seiner Weltreise über den Süden und Osten dahin zurück, von wo es ausgegangen ist: nach Europa. Globalisierung heißt: das Ende des Globus erreicht haben. Mehr als global gibt es nicht. So wird es in Europa immer mehr Sklaven geben, und umgekehrt ist die Hausfrau nach wie vor der größte Exportschlager der Neuzeit, nämlich jene Idealarbeitskraft des Kapitals, die rund um die Uhr mit Haut und Haar umsonst und auch noch mit »Frucht« tätig ist (Bennholdt-Thomsen 1984). Denn hausfrauisiert sind auch die Arbeitskräfte in den neuen »Weltmarktfabriken«, die seit der »neuen internationalen Arbeitsteilung« (Fröbel/Heinrichs/Kreye 1977) entstanden, nachdem es möglich war, aufgrund der neuen Technologien Teile der industriellen Produktion aus den alten Industrieländern in die »Entwicklungsländer« auszulagern. Die Hausfrauisierung der öffentlichen Frauenarbeit hat infolgedessen längst auf die Männerarbeit übergegriffen. Der einzige Grund: Senkung der Arbeitskosten, Erhöhung des Profits.

Die neue Politische Ökonomie, die das MAI ankündigt, fußt also immer noch auf denselben Grundlagen, die zur Kolonialzeit gelegt wurden, nur daß dies kaum diskutiert und reflektiert wird. Der prinzipiell und nicht nur anfänglich gewalttätige Charakter unserer Weltwirtschaft tritt mit der neuen Ausbreitung fortgesetzter Prozesse ursprünglicher Akkumulation auch in den Zentren neu und vermehrt hervor. Schließlich haben sich die unmittelbaren Produzenten in der Geschichte niemals freiwillig von ihrer Kultur, ihren Produktionsmitteln, ihrer Arbeitskraft, geschweige denn der Verfügung über ihren eigenen Leib »getrennt«. Karl

Marx nannte diese Gewalt, die unmittelbar, politisch und direkt die Methode der ursprünglichen Akkumulation ist, ihr »Geheimnis«. Dieses Geheimnis ist auch das der globalisierten Wirtschaft von heute. Nicht zufällig entstand das MAI im Keller eines Gebäudes in Paris und sollte unbedingt geheimgehalten werden.

1. These:
Zur MAI-»Ökonomie« oder:
Wo die (Un-)Freiheit grenzenlos ist

Der »Investor« und die »Investition« als einziger Maßstab zivilen Handelns

Im Mittelpunkt der Vorstellung von »Ökonomie« stehen im MAI der »Investor« und die »Investition«. Alles dreht sich um deren praktisch grenzenlose Freiheit, ihren möglichst absoluten Schutz und ihre möglichst 100%ige Sicherheit: »safer investment« sozusagen. Da ahnt man noch nichts Böses, wenn man noch nicht weiß, was alles als Investition gilt und inwiefern die Investitionstätigkeit einen geradezu absoluten und einzigen Maßstab für das gesamte gesellschaftliche Leben abgeben soll. Das MAI definiert Investition als »jede Art von Vermögenswert, der in direktem oder indirektem Eigentum oder unter direkter oder indirekter Kontrolle eines Investors steht«. Eine solche Investition muß weder unbedingt Arbeitsplätze schaffen noch überhaupt etwas damit zu tun haben. Es geht auch nicht um nützliche Tätigkeiten für die Bedürfnisse der Bevölkerung, die Schonung von Ressourcen oder all das, was der normale Mensch sich vielleicht immer noch unter einer Investition vorstellen mag, zumal ständig suggeriert wird, daß es bei Investitionen um eben dies gehen soll. Statt dessen ist im MAI Investition alles, aber auch alles, was ein »Investor« tut, ob er nun tatsächlich durch seine Investition Arbeitsplätze schafft, ob er das Gegenteil tut, einfach nur sein Eigentum und seine Verfügung über Ressourcen mehrt, ob er spekuliert, mit Drogen, Waffen und Frauen handelt, »Geld wäscht«, bestehende Märkte durchdringt bzw. monopolisiert, neue Märkte schafft, die er beherrscht, oder die lokalen Bodenschätze plündert, sich Grund und Boden verschafft, um neue Agroindustrien aufzubauen (wie es die Firma Pioneer für den Gen-Mais-Anbau in Österreich gerne möchte), oder ob er das örtliche »geistige Eigentum« für sich patentiert, die sog. TRIPS, die *Trade Related Intellectual Property Rights*. Der Investor soll überallhin Zutritt erhalten und bleibt keineswegs in sogenannten »virtuellen« Sphären. Gerade das Land scheint ihn besonders zu interessieren, z.B. Naturschutzgebiete für die Elektrizitätswirtschaft oder den Tourismus. Oder es interessiert ihn ein neuer Latifundismus, wie ihn die Mexikaner nach vier Jahren MAI-ähnlichem NAFTA zur Zeit erleben, indem ihnen noch die letzte Errungenschaft aus der Revolution von Anfang des Jahrhunderts, nämlich der in der Verfassung bisher gesicherte bäuerliche Grundbesitz, als letzte ökonomische Basis abhanden kommt. Bei dieser sogenannten Investition geht es also überhaupt nicht um eine Investition im engeren oder besten Sinne des Begriffs, sondern um die Aneignung vorhandener Möglichkeiten der Profitmaximierung. Dem entspricht auch, daß nach vier Jahren NAFTA z.B. die Kanadier die Erfahrung gemacht haben, daß die Investitionen vor allem darin bestanden haben, andere Unternehmen aufzukaufen, aus dem Markt zu drängen und Belegschaften »aus Kostengründen« zu entlassen (T. Clarke 1997). Ja, das Versprechen der NAFTA-Befürworter, 200.000 Arbeitsplätze in den USA zu schaffen, hat sich nicht nur nicht verwirklicht. Statt dessen gingen in den USA allein 400.000 Arbeitsplätze verloren (I. Wallach/R. Naiman 1998).

Dies bedeutet Verschiedenes. Einmal findet dabei zwar ein Wettbewerb statt, aber kein »freier«, jedenfalls keiner, der mit dem Begriff der »vollständigen Konkurrenz« aus der Volkswirtschaftslehre zu vergleichen wäre. Im Gegenteil, der angeblich »freie Markt« entpuppt sich als ein unfreier, von sozialer Marktwirtschaft ganz zu schweigen. Die Marktstruktur erweist sich als Machtstruktur: Es herrschen Monopole, Oligopole, Kartelle. »Megaunternehmen« höhlen die Wettbewerbsordnung aus (C. Noé 1998). Ja, die nationalen Kartellbehörden finden »immer größere Unternehmenszusammenschlüsse unbedenklich ... weil die anderen das auch tun« (ebenda). »Wir laufen Gefahr, uns dem

Reglement einer immer kleiner werdenden Zahl privater Machtzentren und ihrer weltweit agierenden Manager, die sich selbstbewußt ›Global Player‹ nennen, auszuliefern« (W. Kartte, ehem. Kartellamtspräsident, zit. ebenda). Solche »Beutegemeinschaften« (C. Noé) werden heute kaum mehr kritisiert, obwohl selbst Adam Smith, der liberale Begründer der modernen Volkswirtschaftslehre, ausdrücklich vor Monopolbildung warnte: Ein freier Handel sei nur möglich, wenn die Unternehmen sich in lokalem Besitz befänden und in den Gemeinden verwurzelt wären. Gerade das ist aber immer weniger der Fall, ja, der Investor, wie das MAI ihn im Auge hat, ist eher vergleichbar mit dem »abwesenden Landlord«, wie das in der Agrarwissenschaft genannt wird, und die Investition ähnelt eher der anonym verwalteten und wie ein Fremdkörper am Ort errichteten kolonialen »Enklave«, deren Eigentümer nicht greifbar und womöglich sogar mitsamt dem »Betrieb« über Nacht wieder verschwunden ist, wie es die »Flexibilität« des Kapitals unter heutigen technologischen Bedingungen möglich macht. Jedenfalls wird ein solcher Eigentümer von Schäden am Ort nicht selbst betroffen, und er fühlt sich – der Erfahrung nach (vgl. Seveso in Italien und Bhopal in Indien) – im Zweifel auch nicht dafür verantwortlich.

Nicht zufällig bietet sich aber gerade die Geschichte des Agrarsektors zum Vergleich mit dem MAI-Investor an: treten doch die Prinzipien der fortgesetzten ursprünglichen Akkumulation hier immer schon am deutlichsten hervor, ein Phänomen, das nach wie vor als »Feudalismus« im Agrarsektor bzw. als »Traditionalismus« der Dritten Welt verkannt wird, während es sich in der Realität um die profitabelsten Verfahren modernen Wirtschaftens handelt.

Die sogenannte »Investition« führt also bereits jetzt, und würde es in Zukunft unter dem MAI noch viel mehr tun, zu einem lokalen, weltweiten Unternehmersterben und bedroht, paradoxerweise, das »freie Unternehmertum« überhaupt. Das verstehen diejenigen nicht, die als Unternehmer vom MAI einen Schutz in ihrer Eigenschaft als Investoren erwarten. Schließlich kann sich jeder als Investor bezeichnen, egal, wie groß bzw. wie klein seine Investition sein mag. Jedoch, warum sollte der internationale Konzern kleineren Investoren ihre Gewinne lassen? Es geht ja gerade darum, daß der Investor sich als (juristische) Person oder Institution versteht, die sich durch ein einziges Interesse auszeichnet, nämlich das, möglichst schnelle und hohe Profite zu machen und damit in vollem Umfang – Steuern versucht er, zunehmend erfolgreich, zu vermeiden – zu tun und zu lassen, was er will. So wird er die Gewinne z.B. eher exportieren als im Entstehungslande zu lassen, falls ihm dies nützt (R. Engels u. a. 1998). Gerade diese »Deregulierung« und »Entbürokratisierung« der Investortätigkeit gilt – wie sich der österreichische Wirtschaftsminister Farnleitner ausdrückte – als besonders positiv am MAI. Das MAInopoly garantiert die Narrenfreiheit des Investors, und zwar letztlich nur des großen. »Die Versuchung für Unternehmen« ist daher um so größer, »so gigantisch zu werden, daß sie als Herzogtümer für strategische Marktabsprachen daherkommen. Gelingen diese Absprachen ... dann findet Wettbewerb nur auf dem Rücken der unzähligen national und regional begrenzt agierenden und kreditsuchenden, mittelständisch genannten Produzenten und Dienstleister statt, diktiert von den Kurfürsten und Herzögen.« (C. Noé, a. a. O., ergänzt sei: den kapitalistischen). So kontrollieren zur Zeit die 500 größten Konzerne in der Welt allein 80% aller Investitionen weltweit.

Die Freiheit solcher Konzerne kann lediglich als Freibrief für Willkür verstanden werden. Dennoch wird der Tätigkeit des Investors die allerhöchste gesellschaftliche und nicht nur ökonomische Priorität zuerkannt. »Die Gewinne der Investoren sind der höchste menschliche Wert, dem alles andere untergeordnet werden muß.« (der Präsident von United Technologies, Gray, nach Aussage von N. Chomsky 1993, S. 18) Der Schutz dieser Spezies gilt daher nicht als Protektionismus, wie er für alle anderen Marktteilnehmer als unzeitgemäß verhöhnt wird, sondern als Freihandel (ebenda). »Investitionsschutz« meint im MAI also keineswegs den Schutz von Arbeit, Umwelt und Natur oder eventuellen Menschenrechten und Lebensinteressen von Bevölkerungen (B. Mark-Ungericht 1998), sondern allein den Schutz der Investor-Monokultur. Der angebliche Vorschlag Österreichs, im MAI auch Sozial- und Umweltstandards zu berücksichtigen, soll nach Minister Farnleitner ein bloßes »Hohngelächter« bei den übrigen Delegierten ausgelöst haben. Der Schutz anderer als der Investoren gilt nämlich als Beschränkung der Freiheit des Investors. Frei von Schutz sind dagegen das Wasser, die Wälder, die überall auf der Welt der Profitinteressen wegen in Flammen stehen (K. Natorp 1998), der Boden, die Tier- und Pflanzenwelt, die Menschen, ihre Gesundheit, ihre Lebensinteressen und ihre Arbeitskraft.

Die heutige Not der Kapitalverwertung, die vor allem auch aus dem riesigen Anwachsen von nicht mehr »produktiv« gedecktem Finanz- und Spekulationskapital sowie überdimensionalen Profiterwartungen stammt, ist offenbar so groß, daß gerade in dem Moment, wo die »Grenzen des Wachstums« auf dem Planeten und seine Übernutzung und Verwüstung als Ökologiefrage und die Frage nach einem »vorsorgenden«, »nachhaltigen« oder gar »subsistenz-orientierten« Wirtschaften aufgetreten sind (V. Bennholdt-Thomsen/M. Mies 1997), genau der radikal umgekehrte Weg als allgemeines Modell, ja, als Welt-Verfassung durchgesetzt werden soll. Der Wettlauf um die verbliebenen Ressourcen des Globus, die Globalisierung, ist in ihre vorläufig letzte, rabiate Phase getreten. Und dabei sollen alle mitmachen, sei es als Täter, sei es als Opfer oder beides. Denn Opfer, und zwar auch Menschenopfer, werden durchaus verlangt. Diese Tendenz war schon den Sparpaketen zu entnehmen, die uns auf eine Verfassung à la MAI vorbereiten, wie dies in den Ländern des Südens schon seit über 20 Jahren durch die Politik der Weltbank und des Internationalen Währungsfonds, den dem MAI vorlaufenden Weltorganisationen des Konzernkapitals, mit ihren »Strukturanpassungsprogrammen«, den SAPs, der Fall ist. Diese Politik ist es, mit der Bereiche der Akkumulation auf die Ebene »ursprünglicher« Akkumulation herabgedrückt werden, um die Kosten zu senken.

Es kann davon ausgegangen werden, daß es mit Inkrafttreten des MAI immer weniger Investoren auf der Welt geben wird, weil es die transnationalen Konzerne sind, die das MAI wollen, um Investitionsmöglichkeiten und Weltmärkte unter sich aufzuteilen.

Dennoch wird der lächerliche Zwang für alle, auch Investor sein zu wollen, nirgendwo nachlassen, weil sich an dieser Norm alles zu orientieren hat, so daß das rücksichtslose, verantwortungslose und menschlich erbärmliche, aufs bloße Geldmachen reduzierte Investorverhalten sich vermehrt selbst bei denen breitmachen wird, die weit entfernt von jeder nennenswerten Investitionsmöglichkeit sind. Ich nenne das den »Tscherno-MAI-Effekt«, nämlich die unsichtbare, aber überall präsente Vergiftung allen Denkens, Fühlens und Handelns mit dem Motiv der schnellen Profitmacherei, die die allgemeine Verwüstung des Denkens durch das Geld (K. Polanyi) weit in den Schatten stellt.

Das Groteske am Investor- und Investitionskomplex im MAI ist nämlich auch, daß selbst Arbeitslose sich noch als (potentielle) Investoren verstehen sollen, z.B. als »neue Selbständige« oder flexible, für alle Entwicklungen aufgeschlossene und »lebenslang lernende« Menschen, die angeblich keinen gesteigerten Wert mehr auf »Lappalien« wie Sicherheit – ganz im Gegensatz zu den großen Investoren – legen und irgendwie »flexibel« und sportlich mit der Verunsicherung im Wirtschaftsleben und im Leben allgemein umzugehen gelernt haben (sollen) (R. Sennett 1998). Bei Frauen wird in diesem Zusammenhang sogar vom neuen Arbeitsmodell der »Lebensunternehmerin« gesprochen (Ch. Lutz 1997), einer Frau, die sozusagen mit sich selbst auch ohne weitere Mittel irgendwie unternehmerisch und »investiv« umgeht und damit womöglich das Kunststück der lohnlosen Lebenserhaltung fertigbringt, eben wie eine »öffentliche« Hausfrau.

Dieses Lob des Opfers auf freiwilliger Basis ist nicht nur eine Verhöhnung der von Investitionstätigkeit negativ Betroffenen, sondern erklärt sich ganz »rational« aus der Tatsache, daß Investor und Investition heute gerade nicht an der Schaffung von Arbeitsplätzen interessiert sind. Die Ankündigung der Firma Moulinex in Frankreich, 2600 Beschäftigte zu entlassen, hat den Aktienkurs um mehr als 20% in die Höhe schnellen lassen (S. Halimi 1996). Die großen Investitionen in Form von Fusionen werden ja vor allem aus diesem Grunde überhaupt unternommen. Multinationale Konzerne beschäftigen weltweit sowieso nur zwei bis drei Prozent der Erwerbsbevölkerung weltweit (R. Engels u. a. 1998, S. 30). Und Walther Schütz hat ausgerechnet, daß bei Kosten für einen Industriearbeitsplatz von über 1 Mio. US-Dollar alle Investitionen der Welt nach Österreich fließen müßten, um lediglich in diesem einen Land die Arbeitslosigkeit beseitigen zu können (W. Schütz 1998).

Was der ausländische Investor noch an Arbeitskräften braucht, kann er nach dem MAI als sog. »Schlüsselpersonal« selbst mitbringen, und niemand kann von ihm die Beschäftigung einheimischer Arbeitskräfte verlangen, schon gar nicht nach Kriterien der bisher ortsüblichen und gewerkschaftlich errungenen Arbeitsbedingungen.

Wo die Investition mit der Beschäftigung größerer Mengen von Arbeitskräften überhaupt zu tun hat, da allerdings gehen die Konzerne in die Billiglohnländer des Südens und immer mehr auch Osteuropas, und sie steigern ihren Erwartungsdruck gegenüber den alten Industrieländern, ihre Arbeitsbedingungen nach und nach denen im Süden bzw. Osten anzunähern. Immerhin betrug der Stundenlohn in Deutschland 1994 durchschnittlich noch 25 Dollar, in Indien, China und Indonesien dagegen 0,50 Dollar (P. Woodall 1994). Die berühmten »komparativen Kostenvorteile«, um die es in der Weltwirtschaft seit David Ricardo angeblich geht, sind heute jedenfalls v.a. reduziert auf die Lohnkostenvorteile. »Arbeit« wird dann »als Frauenarbeit gesehen« (*Committee for Asian Women* 1995), d. h. der Investor macht sich die »Hausfrauisierung« der Arbeitskraft zunutze. Auf diese Weise dehnt sich seit 25 Jahren das Fabrikmodell der freien Produktionszonen, Sonderproduktionszonen, Freihandelszonen oder »Maquiladoras«, wie sie in Mexiko heißen, überall auf der Welt aus. Hier werden insbesondere junge Mädchen und Frauen beschäftigt, die für ein paar Jahre und für ein paar Dollar am Tag, ohne gewerkschaftlich organisiert sein zu dürfen, mit täglichen Überstunden und ohne nennenswerte Pausen in kasernenartig organisierten Produktionsstätten wie Zwangsarbeiterinnen ausgebeutet werden und dort inzwischen unsere Textilien, Computer-Chips, optischen und elektronischen Geräte herstellen. Dennoch werden sie bis heute im Zusammenhang mit der »Globalisierung« kaum erwähnt: Sie gehören eben zum Untergrund der »ursprünglichen« Akkumulation. Dabei wird genau hier die durch Automation tendenziell sinkende Profitrate wieder aufgefangen.

Das bedeutet, daß »hausfrauisierte« und sklavenähnliche Arbeitsbedingungen überall auf der Welt verbreitet werden, anstatt zu verschwinden, und nun auch dem »weißen Mann« zugemutet werden, der damit als proletarischer Held der Weltgeschichte von seinem Thron gestoßen, seiner historischen Errungenschaften beraubt, auf eine privilegierte Minderheit zurückgeschrumpft und ansonsten mit Frauen, Schwarzen und »Lumpenproletariern« gleichgestellt wird – anstatt daß umgekehrt Frauen und Sklaven in Position und Errungenschaften auf die Stellung des »weißen Mannes« angehoben würden. So herum erfolgt die Gleichstellung: Die Männer werden de-emanzipiert und nach unten auf das Niveau von Frauen und Kolonisierten herabgedrückt.

Globalisierung bedeutet eben nicht die Erfüllung der von unserer Blindheit genährten Illusionen auf allgemeinen Fortschritt und eine ebensolche »Entwicklung«, sondern umgekehrt die rapide und brutale Beseitigung aller sozialen Errungenschaften seit dem Beginn der industriellen Revolution. Schon gibt es in Europa 18 Millionen Arbeitslose und 1,5 Millionen Kinderarbeiter und in England eine Senkung des Standes der Arbeitsbedingungen und der Lohnhöhen bzw. Lohnunterschiede auf den von 1886 (S. Halimi, a. a. O.). Wegen unserer irrigen und pharisäerhaften Annahmen über die Geschichte unserer Wirtschaftsweise fällt es der gesamten Gewerkschafts- und Arbeiterbewegung, aber auch sehr vielen Frauen, Bauern und Menschen im Süden besonders schwer, diese Tendenzen zu verstehen. Denn sie sind noch am Mythos der »nachholenden Entwicklung« – am Aufstieg aus den Bereichen »ursprünglicher« Akkumulation in die der »eigentlichen« Akkumulation – orientiert.

Im Ergebnis bedeutet dies, daß die sog. Investition, wie sie das MAI vorsieht, darin besteht, daß sie prinzipiell auch ohne freie Lohnarbeit in nennenswertem Umfange vonstatten gehen soll. Es ist statt dessen die »Drittweltisierung«, Kolonisierung und Hausfrauisierung der Arbeitsverhältnisse, die den meisten bevorsteht, sollen doch nach Schätzungen von Konzern-Managern in nächster Zeit bis zu 80% der bisherigen Lohnarbeitsplätze überflüssig werden (Bruhn 1998; NZZ 7. 4. 1998). Das bedeutet anschließend bestenfalls eine Wiederanstellung auf Sklavenniveau, wie es auch das sog. »Jobwunder« in den USA zu zeigen beginnt.

Dieser koloniale Umgang mit der Arbeitskraft breitet sich in dem Moment aus, wo er auch technisch möglich ist, nämlich aufgrund der sog. dritten industriellen Revolution. Die neuen Technologien auf der Basis des Computers schaffen sowohl die Möglichkeit, Arbeitskräfte in großen Mengen einzusparen, wie auch die, ungelernte Billigst-Arbeitskräfte gerade im High-Tech-Bereich zu verwenden. Die neue Maschinerie braucht die freie Lohnarbeit kaum mehr, schafft neue Formen »unfreier« Arbeit und insbesondere den Zusammenhang von »high-tech« und »low-wage«. Die Sklaverei, die Heimarbeit und die Hausarbeit kehren im High-Tech-Gewand wieder. Statt der »reellen« Subsumtion der Arbeitskraft unter das Kapital, nämlich als freie Lohnarbeit, tritt jetzt eine »marginale« Subsumtion der Arbeitskraft, die nur noch am Rande, manchmal oder kaum mehr entlohnt wird (V. Bennholdt-Thomsen 1979) und in dem Sinne »unfrei« ist, daß sie nicht (mehr) als »freie« Vertragspartnerin dem Kapital gegenübersteht.

Eine angemessene Reaktion der Linken, der Gewerkschaften und der Politik auf diese Situation steht nach wie vor aus. Es scheint auch selbstverständlich zu sein, daß keine Art von Kritik an den neuen Technologien von dieser Seite auch nur erwogen wird. Diese würde als bloßer »Maschinensturm« abgetan. Die Technik- und Fortschrittsbegeisterung scheint also anzuhalten, obwohl sie inzwischen auch in den alten Industrieländern zum Gegenteil ihrer erwarteten Wirkungen führt. So ist z.B. das sog. »Ende der Arbeit« letztlich vor allem als »Ende des Lohns« zu verstehen.

Nach all dem nimmt es nicht mehr Wunder, was mit »Meistbegünstigung«, »Nicht-Diskriminierung« und »Gleichbehandlung« von Investoren und Investitionen im MAI gemeint ist. Nichts darf Investor und Investition im Wege liegen, gleich, welches das Vorhaben sei, und es muß sichergestellt werden, daß Ungleiche, nämlich Konzerne und kleinere Investoren, weltweit überall »gleichgestellt« werden, und zwar zu den global günstigsten Bedingungen, was nichts anderes bedeutet als eine systematische positive Diskriminierung der Großen und die Verdoppelung von deren Wettbewerbs- und Machtvorteil. Auf diese Weise werden die genannten Effekte noch verstärkt, weil dabei die neue arbeitssparende, arbeitsversklavende und die Konkurrenz vernichtende Investortätigkeit besonders gestützt wird. Dieselbe Wirkung wird auch dadurch erreicht, daß die Förderung oder Subventionierung bestimmter Branchen, Unternehmen oder Regionen nach dem MAI nicht mehr möglich sein wird, weil die Gleichbehandlungs- und Nicht-Diskriminierungsklausel bedeuten, daß auch jeder beliebige andere Investor Anspruch auf die entsprechende Förderung hätte. Da dafür die Mittel natürlich nicht vorhanden sind, werden sie einfach wegfallen und damit die Überlebenschance der zuvor Geförderten.

In einer solchen Politischen Ökonomie des Monopolkapitals, das mit dem MAI nur noch Rechte, aber weder Pflichten noch irgendeine Verantwortung mehr hätte, kann daher von der angeblich in der »Marktwirtschaft« bestmöglichen Versorgung der Menschen und Haushalte sicherlich nicht mehr die Rede sein. Das »fordistische« Modell der Entlohnung der Arbeiter, die sich auch selbst einen Ford leisten können sollen (J. Hirsch; R. Roth), ist in einer globalisierten Wirtschaft nicht mehr nötig, denn die Märkte sind, global gesehen, allemal groß genug, um jede Produktion zu absorbieren (H.-P. Martin/H. Schumann 1996). Die Gewerkschaftsstrategie der »Umverteilung« wird daher insgesamt keine großen Erfolgsaussichten haben, abgesehen davon, daß sie die Bedingungen der Produktion selbst, also die sog. Investition, unhinterfragt läßt und damit Plünderung und Ausbeutung billigend in Kauf zu nehmen bereit ist.

Der Begriff der fortgesetzten ursprünglichen Akkumulation ermöglicht es, zu verstehen, warum und in welcher Weise heutige »Investition« so anders aussieht, als die Menschen in Europa sich das vorgestellt haben.

2. These: Zur »MAI-Politik« oder: die Welt als Kolonie der Konzerne

Die sog. »Enteignung« als allgemeiner Maßstab politischen Handelns

Dient die MAI-Ökonomie der Bereicherung der »Investoren«, so geht dies nur, wenn diesem Prozeß eine entsprechende Politik zuarbeitet, die auch einer fortgesetzten »ursprünglichen Akkumulation« entspricht. Wenn ursprüngliche Akkumulation bedeutet, die Voraussetzungen für die »eigentliche« Akkumulation dadurch zu schaffen, daß alle jeweils relevanten Produktionsmittel in den Händen derjenigen konzentriert werden, die auf dieser Basis erst in der Lage sind zu akkumulieren, dann ist gerade heute klar, warum dieser Prozeß keinen historischen Abschluß gefunden hat, wie Marx noch geglaubt hatte. Im Gegenteil, gerade unter dem MAI wird Politik eindeutig so definiert, daß sie eine umfassende »ursprüngliche« Akkumulation unter heutigen Bedingungen erneut und weltweit durchführt. Es handelt sich also darum, eine Politik der massiven Umverteilung von unten nach oben und in allen Bereichen wirtschaftlichen Handelns durchzusetzen, und zwar mit allen – auch gewaltsamen – Mitteln. Wir können diesen politischen Prozeß, der auch zu den Voraussetzungen der sog. Globalisierung allgemein gehört, insbesondere unter dem MAI-Regime erwarten:

- Trennung der kleinen, mittleren und auch größeren Unternehmen bzw. Investoren von ihrem Kapital: Anstieg der Firmenzusammenbrüche, »unfreies« Unternehmertum (z.B. neue Formen des Subunternehmertums), kreditinduzierte »Vertrags«-Produktionen, neue Schein-Selbständige wie Heimarbeiter, »alternative« Unternehmensgründungen, allgemein die Entwicklung zur »Lumpenbourgeoisie« (A. G. Frank 1968; V. Bennholdt-Thomsen 1984; C. v. Werlhof 1985).
- Erneute Trennung der Bauern von ihrem Land: Neolatifundismus, Vertreibung der Bauern, Abschaffung von Agrarreformgesetzen – wie zur Zeit in Mexiko –; Zwangsdurchsetzung von Gen- und neuen Reproduktionstechnologien in Landwirtschaft, Tier- und Pflanzenzucht; Patentierung von Lebensformen; Raub »geistigen Eigentums« indigener Produzenten.
- Technologische Trennung der Frauen von ihrem Leib: Zwangsdurchsetzung von Gen- und Reproduktionstechnologien zur Menschenzucht, generell noch weiter verminderte Kontrolle der Frauen über ihren eigenen Körper und weiteres Experimentieren zur Brechung des weiblichen Gebär-»Monopols«.
- Trennung der LohnarbeiterInnen von ihrem Arbeitsplatz, ihrem Lohn und ihrer Arbeitskraft selbst: »lohnlose Warenproduktion«, allgemein prekäre Beschäftigungsverhältnisse wie Teilzeitarbeit, 620-DM-Jobs, »Flexibilisierung« von Arbeit; Arbeit, deren Entlohnung zum Leben nicht ausreicht; Ausbeutung

von Gratisarbeit nach dem Hausfrauen-Modell in Form der Ausbreitung »hausfrauisierter« Beschäftigungsverhältnisse; allgemein »Marginalisierung« von Arbeit(-skräften) bzw. »Lumpenproletarisierung« und die allgemeine Herabstufung der Menschen auf einen bloßen, und zwar lediglich potentiellen, »Rohstoff«, der je nach Bedarf verwertet und vernichtet werden kann (G. Anders).

- Trennung der öffentlichen Hände (Gemeinden, Länder, Zentralregierungen) von ihrem Besitz: »Privatisierung« zugunsten der privaten Monopole. Verkauf von Land, Gebäuden, öffentlichen Unternehmen, Gemeineigentum. Ausverkauf des »Tafelsilbers«.

Eine heutige »ursprüngliche« Akkumulation bedeutet also, allen derzeitigen Produzenten, die noch oder wieder im Besitz von Produktionsmitteln sind, diese wegzunehmen, um sie einigen wenigen Großen, den transnationalen Konzernen, als zusätzliche Akkumulationsquelle zur Verfügung zu stellen. Die Konzentration von Investitionsmöglichkeiten zu den gewünschten Bedingungen ist daher heute wie früher angewiesen auf das »Geheimnis« der ursprünglichen Akkumulation: die Gewalt. Ohne Gewalt, und zwar offene, politische, direkte Gewalt, ist die ursprüngliche Akkumulation nicht möglich, wie uns »Bauernlegen«, Hexenverfolgung, Judenverfolgung, Kriege, Kolonialpolitik und die alltägliche Gewalt gegen Frauen zeigen, die allesamt der »Trennung« der Menschen von ihrem Besitz, aber auch ihren Traditionen, Fähigkeiten, Zusammenhängen und Kenntnissen dienen. Diese Trennung bedeutet faktisch Enteignung. Um dies jedoch zu verschleiern, wird der Sachverhalt im MAI genau umgekehrt definiert: nämlich so, als ob die »Enteignung« der Investoren selbst zu befürchten sei.

Neben der »Investition« ist die »Enteignung« der zentrale Begriff des MAI. Der »Enteignungs«-Begriff im MAI ist ebensoweit gefaßt wie der der Investition und genauso umgekehrt formuliert wie dieser. So, wie die Investition im Prinzip keine für die Menschheit und die Erde nützliche Tätigkeit meint, so meint Enteignung auf den ersten Blick auch keinesfalls die beschriebene Enteignung der unmittelbaren Produzenten durch die Konzerne. Im Gegenteil, das MAI will die Investoren, umgekehrt, gerade vor angeblich drohender »Enteignung« schützen.

»Enteignung« ist dabei ein Sammelbegriff für Zustände, die zu vermeiden sind, weil sie als schädlich oder hinderlich für die Investitionstätigkeit gelten. Es handelt sich also keineswegs nur um Enteignungen im klassischen Sinne, nämlich um Nationalisierung, Vergesellschaftung, Verstaatlichung oder gar »sozialistische Enteignung«, von er ja heute im Ernst niemand mehr reden könnte. Der Enteignungsbegriff im MAI schließt sogar eine »indirekte« oder »schleichende« Enteignung ein, die bereits dann gegeben sein soll, wenn die bloßen Gewinnerwartungen nicht oder nur teilweise realisiert werden können, z.B. aufgrund der Gültigkeit bestehender Gesetze, Gewohnheitsrechte oder auch von Unruhen. Daher sieht das MAI vor, daß alle Gesetze und sonstigen Regelungen, die irgendwo und irgendwann der Investor-Freiheit im Wege sein könnten und daher nicht MAI-»konform« sind, rückwirkend und sukzessive abgeschafft werden müssen (»Roll-back«-Klausel). Selbstredend dürfen auch für die Vertragsdauer von 20 Jahren keine solchen neuen Gesetze und Regelungen eingeführt werden (»Standstill«-Klausel), wodurch eine nicht MAI-konforme Politik unmöglich gemacht werden soll. Und schließlich kann ein Investor, der sich aus anderen Gründen behindert fühlt, jederzeit den MAI-Streitbeilegungsmechanismus in Anspruch nehmen, um vor einem internationalen Schiedsgericht, das sich jeder demokratischen Kontrolle entzieht, seine Interessen durchzusetzen. Konkret: Der Investor kann jede Gemeinde, jedes Land, jede Regierung und jeden anderen Investor wegen »Enteignung« auf Schadenersatz verklagen, falls er vom Beklagten aus seiner Sicht an der Realisation seiner Investitionsfreiheit gehindert wird. Wie wir wissen, ist das MAI-Schiedsgericht so konstruiert, daß es auf jeden Fall auf seiten des klagenden Investors stehen wird, denn sonst könnte dieser ja auch die jeweiligen nationalen und örtlichen Gerichte beschäftigen. Außerdem gibt es die Präzedenzfälle in Kanada und Mexiko, in denen sogar zur Debatte steht, daß die Investorenrechte Vorrang vor möglichen gesundheitsschädlichen Wirkungen für die betroffenen Bevölkerungen haben. In der Tat ist soeben (Juli 98) der »Ethyl«-Fall entschieden worden: Die kanadische Regierung hat zugunsten des US-Konzerns *Ethyl Corporation* ein Gesetz zum Schutz der Gesundheit der Bevölkerung vor Umweltgiften aufgehoben, den Handel mit (giftigen) Treibstoffzusätzen in Kanada genehmigt und die Prozeßkosten übernommen. Dafür braucht sie dem Konzern nicht den »Schadenersatz« von 251 Mio. US-Dollar zu zahlen! (*Toronto Star*, 21.7.1998) Damit wird gesetzlich das Profitinteresse über Gesundheitsrisiken gestellt. Das kommt im Grunde nicht nur einer einseitigen Aufkündigung des allgemeinen »Gesellschaftsvertrages« seitens der Regierung gleich. Sondern es bedeutet auch, daß bei eventuell auftretenden Gesundheitsschäden der Konzern nicht haftbar gemacht werden darf bzw. kann.

Daraus ergeben sich völlig eindeutige Konsequenzen, was den Umgang mit dem Begriff der »Enteignung« angeht.

– Bei der »Enteignung« handelt es sich nicht um die drohende Gefahr der Enteignung eines Investors, sondern um einen Mechanismus zur Enteignung von Nichtinvestoren sowie kleinerer und mittlerer Investoren zugunsten von großen. Es ist der klassische Fall des Raubs im Sinne der ursprünglichen Akkumulation, nur daß er hier, mit dem MAI, zur legalen Prozedur, ja, zur Gesetzesnorm erhoben wird. Durch das MAI wird somit eine Tendenz bestätigt und legalisiert, die sich bisher auch »wildwüchsig« ausgebreitet hat, aber in der Rechtsprechung durchaus ambivalent behandelt worden ist. So wurde bisher der Raub an den Produktionsmitteln – bzw., wie oben geschildert, an der Gesundheit – anderer einerseits zwar legitimiert (z.B. in der Industrialisierungs- und Kolonialpolitik), galt aber andererseits durchaus immer noch als Verbrechen und kriminelle Tat. Aber daß der Raub mit dem MAI nun grundsätzlich entkriminalisiert, enttabuisiert und zum allgemeinen Gesetz des politischen Handelns erhoben werden soll, falls er zugunsten der Konzerne geschieht, ist wirklich atemberaubend. Das stellt alles klar und die Dinge »vom Kopf auf die Füße«: Kriminell sind jetzt nicht mehr die Räuber, sondern die Beraubten als die, die sich gegen ihre Beraubung wehren (könnten) – und dies systematisch. Denn wer sich wehrt, kann und wird daher auch verklagt werden. Wer also, z.B. in Österreich, immer noch gegen den Anbau von gentechnisch manipuliertem Mais sein sollte, wer immer noch den Bau von Atomkraftwerken verhindern will, wer immer noch die Wasserversorgung in öffentlichen Händen wissen will, und wer immer noch für die Beibehaltung, ja, Neuerrichtung von Naturschutzgebieten eintreten will, steht nach dem MAI nicht nur auf prinzipiell verlorenem Posten, sondern gerät womöglich sogar mit dem Gesetz in Konflikt. Ja, wer sich darum bemüht, daß seine Gesundheit, Ernährung, Wohnung und andere Lebensgrundlagen nicht eventuellen Investitionsinteressen geopfert werden (können), muß nach dem MAI nachgerade als potentieller Verbrecher gelten. D. h. alle, die beraubt werden (sollen), müssen von vornherein wie Kriminelle behandelt werden, weil sie sich ja letztlich werden wehren müssen, wenn es um ihre Lebensgrundlagen geht.

Es hat sich ja bereits vor dem MAI schon einiges in puncto Änderung der Rechtsprechung zu Ungunsten von Menschen- und Grundrechten getan. (G. Treusch-Dieter 1990; T. Kirsch 1998) Mit dem MAI werden diese Tendenzen nun systematisiert, und zwar »top down«, d. h. von oben nach unten in allen Bereichen, die früher oder später dafür in Frage kommen. Nichts wäre und ist von dieser systematisch neuen Interpretation ausgenommen. Und dabei handelt es sich keineswegs nur um Bereiche der Wirtschaft im engeren Sinne, sondern auch um alle der Kultur, des Geisteslebens, der Sozialorganisation und des öffentlichen Zusammenlebens. Der Zugriff auf sämtliche »Ressourcen«, die den Investoren interessant erscheinen könnten, und die systematische Öffnung des Zugangs zu diesen Ressourcen erinnern an bisherige »Durchdringungs«- und »Penetrations«-Prozesse »jungfräulichen« Landes wie der Jungfrauen ebenso: Es ist, als ob alles Land und alle Leute heute weltweit dem Großkapital zur allgemeinen Vergewaltigung preisgegeben würden. Die Kolonisierung, Peripherisierung, Drittweltisierung, Hausfrauisierung, Feminisierung, Prostituierung und Versklavung tendenziell aller Menschen, auch des »weißen Mannes« (der darauf übrigens »faschistisch« reagiert), sowie der globalen sozialen Verhältnisse stehen damit ins Haus. Wir sitzen demnächst fast alle im gleichen Boot, Männer wie Frauen, Schwarze wie Weiße, Arme wie weniger Arme. Alle werden mit dem MAI im Prinzip unterschiedslos für die Kapitalverwertung bzw. die Aufhebung von deren Beschränkung herangezogen, als ginge es darum, die berühmten »Schranken der Natur« aufzuheben, die das Kapital bisher immer noch an seiner grenzenlosen Verwertung gehindert haben.

– Das MAI gilt daher, von seinen Befürwortern aus gesehen, nicht bloß als »politischer« Vertrag, sondern geradezu als Erfüllung eines »Naturgesetzes«. Aus dieser Sicht ist das MAI ein längst »notwendiger Akt«, um eine reine, von allen Beschränkungen natürlicher und gesellschaftlicher Art völlig befreite Kapitalverwertung rund um den Globus möglich zu machen, eben das »level playing field«, das von allen Unebenheiten befreite »Spiel«- oder besser Schlacht-Feld. Wie nach einem allgemeinen Naturgesetz, das ebenso ewig wie unabänderlich ist, sollen Mann und Frau sich diesem Vertrag weltweit fraglos unterwerfen. Eine Alternative dazu kann überhaupt nicht gesehen werden, ja, würde aus diesem Blickwinkel naiv (E. Altvater/B. Mahnkopf) oder gar frevelhaft wirken. Daher ist es so wichtig, daß Kritiker des MAI immer wieder betonen: »Das MAI ist kein Naturgesetz«, ebenso wie die Globalisierung insgesamt nicht, sondern es »naturalisiert«, umgekehrt, die Welt in dem Sinne, daß sie wie die »Natur« in der Neuzeit behandelt werden kann: geplündert, beraubt, zerstört – und das alles nicht nur legitimiert, sondern mit dem MAI auch legalisiert. Das MAI macht uns alle zum »Rohstoff« und zur »Naturressource« seiner grenzenlosen Verfügung. Erst auf dieser »Natur«-Grundlage erscheint das MAI auch als ein »Naturgesetz« des Umgangs mit angeblich zu unterwerfender, zu beherrschender und in »Kultur« zu transformierender »Natur«. Damit definiert das MAI neu, was von nun an als Natur und was als Kultur zu gelten hat. Außer den Frauen, Bauern und Kolonisierten werden nun auch alle anderen aus der Kultur hinaus- und in die Natur hineindefiniert – bis auf eine winzige Minderheit, die die Errungenschaften der Kultur für sich allein beansprucht. Die anderen geraten sozusagen unter die Wasseroberfläche, auf der der Eisberg schwimmt. Damit sind wir auf den bisher gesellschaftlich noch kaum wirksam hinterfragten, für das Leben so katastrophalen patriarchalen Naturbegriff zurückgeworfen, der in Natur schon in vorkapitalistischen Zeiten vor allem das Material für einen männlichen Neuschöpfungsprozeß sieht (Werlhof 1997).
– Das MAI soll dafür sorgen, daß die »Drecksarbeit« von anderen erledigt wird, damit das Kapital Bedingungen vorfindet, die es ihm gestatten, in seiner höchsten, reinsten und »kultiviertesten«

Form weltweit in Erscheinung zu treten. Es wird davon ausgegangen, daß dies im Gegensatz zu früheren Zeiten nun endlich möglich ist, nachdem das Kapital, wie Karl Marx es so plastisch formulierte, »schmutz- und bluttriefend zur Welt gekommen« ist. Wie wir gesehen haben, will sich das Kapital zwar von diesem, an die »ursprüngliche Akkumulation« gemahnenden, Blut und Schmutz lösen, kann es aber nicht. »Virtuelles« Kapital mag es zwar z.B. in den stets wachsenden Spekulationsbereichen der Finanzmärkte geben, aber auf Dauer muß das Kapital von diesen »Höhen« immer wieder zurück auf den »schmutzigen« Boden der Erde, weil es nur dort die Bedingungen vorfindet, die es braucht, um überhaupt zu existieren, eben in Gestalt jener Natur, die es so unbedingt überwinden will und von der es genauso unbedingt abhängig bleibt. Diese Wiederkehr auf die Erde bzw. in diejenigen Bereiche der Akkumulationstätigkeit, die an diesen Grundlagen angesiedelt sind, nennen wir die der permanent »notwendigen« ursprünglichen Akkumulation. Immer wieder muß sich das Kapital mit den Grundbedingungen der Existenz auf Erden befassen, selbst wenn es sie keineswegs achtet, sondern nur für die eigene Profitmaximierung verwenden will. Das MAI regelt daher eben diesen Bereich der ungewollten, aber nicht umgehbaren »Niederungen« der Investor-Tätigkeit und trifft damit alle Menschen und Naturgrundlagen an ihrer Wurzel. Das MAI wäre daher allgegenwärtig gerade auf der Ebene der Grass-Roots, der Gemeinden, der Dörfer und Stadtteile, des letzten Gemeineigentums, der letzten Almende, der letzten Wiesen, Bäche, Wasserfälle, Wälder, Gebäude, Plätze, Seen und Berge. Gerade da, wo Menschen hingehen, wenn sie keinen Arbeitsplatz mehr finden, werden sie dann auf »Investoren« treffen, die ihnen ihre letzten Ressourcen auch daheim noch vor der Nase wegschnappen, um auch über diese zu verfügen. Ja, selbst bezahlen werden die Investoren dann dafür kaum mehr, wie sie es jetzt noch tun müssen, um sich z.B. die Zustimmung von Gemeinden zu erkaufen, weil dann das MAI für die Gesetz- und Rechtmäßigkeit der Investoren-Ansprüche sorgt. Zum Schleuderpreis werden sie sich dann die letzten Ressourcen aneignen, oder gar umsonst.

– Das MAI ist Grundlage einer neuen politischen Weltordnung, ja Weltverfassung, und damit auch für den neuen »National«-Staat, den MAI-Staat. Das MAI definiert die Rahmenbedingungen allen gesetzlichen und politischen Handelns für die nächsten 20 Jahre. Die Regierungen, gleich, auf welcher Ebene, sind daher mit dem MAI nicht einfach ihrer Souveränität entkleidet, wie es vielfach beklagt wird, sondern sie versuchen, wenn sie das MAI unterzeichnen, dem Volk seine Souveränität zu stehlen, es von seiner Souveränität zu »trennen«, was dem demokratischen Verfassungsgedanken nach selbstverständlich gar nicht möglich ist. Gleichzeitig büßen sie Souveränität ein, indem sie zulassen, daß Investoren nicht nur in den gleichen Rang wie Nationalstaaten geraten, sondern sogar eine größere Macht und einen höheren Rang haben als diese, indem sie dem Streitbeilegungsmechanismus zustimmen, bei dem sie verlieren können.

Drittens begeben sich die Regierungen auch ihrer eigenen ökonomischen Macht, indem sie zulassen, daß ihre öffentlichen Besitztümer »privatisiert«, also an private Investoren verkauft werden, und dies nicht nur tendenziell wie bisher, um die Staatskasse aufzufüllen, die systematisch und zunehmend schon jetzt den Konzernen zufließt. Mit dem MAI lassen sie sich sogar dazu zwingen, die Wettbewerbsordnung mit der Kartellgesetzgebung den privaten Monopolen zu opfern, indem das ordnungspolitische Problem der Monopole oder Oligopole nun nicht mehr bei den privaten, sondern nur noch im Bereich öffentlicher Monopole gesehen wird. So gelten im MAI als Monopole im negativen Sinne lediglich Staatsmonopole, nicht jedoch private.

Neben dieser freiwilligen Einschränkung ihrer ökonomischen und politischen Möglichkeiten, die eindeutig auf eine Ermächtigung der Konzerne hinausläuft, geschieht aber noch etwas anderes mit dem MAI-Staat. Denn das MAI schafft nicht einfach den Nationalstaat ab, sondern behält ihn formal bei nebst allen vorhandenen Institutionen, vorläufig jedenfalls, weshalb Parlamente und Parteien (noch) nicht in Panik geraten sind. Aber ihre Bedeutung und Funktion wird jetzt und im Laufe der Zeit geändert. Um eben diese Veränderungen geht es, nachdem das MAI unterzeichnet ist. Außerdem macht das MAI den Staat auch selbst zum Investor, als wäre er ein privater Konzern: Überall beginnt der Staat sich zu »ökonomisieren« und in allen Bereichen, ob es paßt oder nicht, marktwirtschaftliche Management- und Profitinteressen einzuführen – in Universität und Bildungsbereich, Gesundheitssystem und (Sozial-)Versicherungen. Mit dem MAI wird das am Ende auf alle sozialen Bereiche zutreffen, auf das Sterben, das Geborenwerden und Aufwachsen, als ob es wirklich möglich wäre, alles Leben, alles Lebendige in Waren zu verwandeln, und als ob dieser Versuch nicht das größte Verbrechen, sondern die größte Kulturtat wäre. (Hat man dann nur noch Kinder, um sie für Geld an Pornoringe auszuleihen?)

Als Investor wird der MAI-Staat Land und Leute verhökern und mit ihnen Geschäfte machen. So wird also nicht nur der Investor in den Rang eines Nationalstaats erhoben, sondern umgekehrt auch der Staat in den eines Investors. Der Unterschied ist nur, daß der Staat sich dabei eines Teils seiner Macht begibt, die er an die Konzerne ausliefert. So erheben sich die letzteren nicht nur ökonomisch, sondern auch politisch über den bisherigen Staat. Damit »ersetzen« Großkonzerne bisherige Nationalstaaten, und letztere sinken auf das Niveau des (semi-)»peripheren« Staats ab. Dann ist auf allen Ebenen (neu-)staatlichen Handelns eine irgendwie geartete Demokratie verschwunden.

Immer aber bleibt der Staat, auch wenn er selbst akkumuliert, daran gebunden, für die ursprüngliche Akkumulation der Investoren (und seine eigene) zu sorgen. In diesem Sinne wird er zum Zuhälter seiner eigenen Bevölkerung und weiterer »Ressourcen«, die er den Investoren zu den weltweit günstigsten Bedingungen anzubieten hat. Das nennt sich dann Standortkonkurrenz und Billiglohnland. »Armut ist das Kriterium, das den Standort sichert.« (A. Zumach 1996) Da auf dieser Ebene aber Zwang und Gewalt herrschen (müssen), wird der Staat dadurch immer mehr zum Polizeistaat, zum militarisierten Staat (vgl. den Tindemans-Report der EU 1966). Außerdem nimmt er immer mehr Züge des Staats in der »Dritten Welt« oder auch von Kolonialregimes an, also diktatorische Züge, die er braucht, um seine Bevölkerung gegenüber den Ansprüchen der Investoren – bzw. seinen eigenen – in Schach zu halten und gefügig zu machen.

Der Staat wird entsprechend dazu übergehen (müssen), die Bevölkerung so weit wie möglich dazu zu »erziehen« (S. Halimi, a. a. O.), die Interessen der Investoren sich selbst zu eigen zu machen und so zu internalisieren, daß z.B. Unruhen von vornherein nicht stattfinden, die den Staat in die Bedrängnis geraten lassen könnten, von einem Investor auf Schadenersatz verklagt zu werden. Falls aber diese Erziehung – hier hätten wir die Grundzüge eines neuen Bildungswesens im MAI-Staat – nicht genügt, hindert das MAI den Staat jedenfalls nicht daran, für Ruhe und Ordnung zu sorgen. Im Gegenteil, die Bereiche der »inneren Sicherheit« sind ausdrücklich vom MAI ausgenommen, und zwar als einzige. In Sachen Repression also wird der MAI-Staat mehr Macht haben bzw. sich »legitimiert« aneignen als der heutige Nationalstaat. Damit kommt die »Bananenrepublik« zu ihren Erfindern zurück, die sie einstmals geschaffen haben, um einen Teil ihrer ursprünglichen Akkumulation außen, in anderen Teilen der Welt, durchzuführen. Die Bananenrepublik wird also nun ins »Mutterland« zurückgeholt, weil auch dort inzwischen nicht mehr auf Prozesse ursprünglicher Akkumulation in allen Bereichen verzichtet werden kann.

Damit bedeutet die MAI-»Revolution«, daß der moderne Nationalstaat des Zentrums seiner eigenen Bevölkerung gegenüber zum Kolonialstaat wird, damit die ursprüngliche Akkumulation vermehrt im Inneren stattfinden kann. Neue innere Kolonien und die innere Kolonisierung stehen also mit dem MAI allen Staaten ins Haus, und zwar so, daß davon nicht mehr nur die Frauen und die Bauern, die immer und ewig von ursprünglicher Akkumulation Betroffenen, gemeint sind, sondern im Prinzip fast die gesamte Bevölkerung. Die »Monopolitik« des MAI-Staats wird daher sogar den NS-Staat noch übertreffen, der auch schon die innere Kolonisierung eines Landes und diejenige innerhalb Europas (die Juden im Inneren, die Kolonisierung des Ostens) vorangetrieben hatte. Nicht nur die »Osterweiterung« der EU kann in diesem Sinne als Neokolonialismus interpretiert werden. Das MAI würde solche Verhältnisse überall in Europa grundsätzlich zur Normalität werden lassen. Es ist daher ein Ermächtigungsgesetz, das in seinem Umfang und in seiner Systematik, seinem legalen Charakter und seiner ideologischen Legitimierung im Inneren wie Äußeren noch über das NS-Regime hinausgeht: eben zur globalen politischen Weltverfassung werden würde.

So sähe nach dem MAI wahrscheinlich die neue Politische Ökonomie unter globalen monopolkapitalistischen Verhältnissen aus. Das MAI zeigt, daß Kapitalismus und Demokratie nur dann und so lange zusammen auftreten, wie das Kolonialregime bzw. die ursprüngliche Akkumulation (noch) nicht überall und für alle durchgesetzt werden können oder sollen. Schließlich ist die neue Wirtschaftsweise des Kapitalismus seinerzeit ja nicht in bereits vollendeter Gestalt vom Himmel gefallen, sondern hat sich nach und nach durchgesetzt. Zu diesem Zweck hat sich das Kapital insbesondere der Unterstützung des »weißen Mannes« versichert, der entsprechend die weltweit privilegierte Stellung des freien Lohnarbeiters und des qua »Demokratie« an der Macht Partizipierenden erhielt.

Kolonialregime und Kapitalregime werden am Ende offensichtlich auch im Lande des weißen Mannes wieder eins. Das MAI beweist, daß man von einem Widerspruch zwischen »Investitionen« und Menschenrechten bzw. allgemeinen Lebensinteressen der Bevölkerung ausgeht. Auch eine jüngste Harvard-Studie beklagt einen »Rückschritt« in den internationalen Menschenrechten aufgrund des MAI (E. Drake u.a. 1998). Die von der NAFTA geschädigte mexikanische Zapatistenbewegung nennt diese Entwicklung einen »neuen Weltkrieg«. Es sei »ein Krieg gegen alle Völker, gegen die Menschen, die Kultur, die Geschichte. Es ist ein Krieg, der von einer Handvoll heimatloser und schamloser Finanzzentren angeführt wird, ein internationaler Krieg, das Geld gegen die Menschheit. Neoliberalismus wird heute diese Internationale des Terrors genannt. Die neue Internationale Wirtschaftsordnung hat bereits mehr Tod und Zerstörung bewirkt als die großen Weltkriege. Der Neoliberalismus (ist) ein Prozeß der erneuten Eroberung des Landes ... Es sind dieselben Eroberer wie vor 500 Jahren ... Du bist ein Hindernis, wird uns gesagt. Du bist nicht mehr nur entbehrlich, sondern du behinderst den Fortschritt.« (Marcos 1995) Inzwischen soll die Chase-Manhattan-Bank in den USA die mexikanische Regierung aufgefordert haben, die zapatistische Bewegung militärisch zu liquidieren, da sie zwar nicht den Staat, aber den Glauben der Investoren in die politische Stabilität Mexikos bedrohe (Perez 1998).

Mit dem MAI sind solche Entwicklungen für Europa genauso

aktuell wie überall sonst. Es nutzt daher gar nichts, das MAI durch Menschenrechtsabkommen (50 Jahre Menschenrechte!) oder Umweltabkommen wie das von Rio zu »ergänzen«, wie es MAI-Befürworter in zynischer Weise angeboten haben. Das MAI schließt die Menschenrechte – außer denen der Investoren vielleicht – einfach aus. Aber auch ohne MAI haben schon die Menschenrechte z.B. für Frauen weltweit nie wirklich Gültigkeit besessen, eben dann, wenn die Betroffenen zu denen gehören, die den fortgesetzten Prozessen ursprünglicher Akkumulation ununterbrochen ausgesetzt waren. Dasselbe gilt für einen großen Teil der Bevölkerung im Süden und zunehmend für diejenigen der ehemals sog. »zweiten«, sozialistischen, Welt. Dort, wo es »hausfrauisierte« Arbeitskräfte gibt, wie etwa in den sog. »Weltmarktfabriken«, kann inzwischen von einer totalen sozialen Desintegration, wenn nicht dem Zusammenbruch der Sozialordnung und einer allgemeinen »Dehumanisierung« (D. Korten) oder »Ramboisierung« (M. Mies) des menschlichen Zusammenlebens gesprochen werden. In der »Maquiladora«-Stadt Ciudad Juárez an der mexikanisch-US-amerikanischen Grenze, die inzwischen auf zwei Millionen Menschen angewachsen ist, wurden allein im letzten Jahr 287 Frauen ermordet (L. Gabriel 1998). Wo die Arbeit nichts wert ist, ist auch das Leben nichts wert. Auf der Basis der angeblichen Wertlosigkeit menschlicher Arbeit und menschlichen Lebens läßt sich keine Sozialordnung aufbauen oder erhalten. Eine »Gleichzeitigkeit von Modernität und sozialer Verantwortung«, wie sie der neue deutsche Kanzlerkandidat Schröder vertritt (vgl. Rede nach seiner Wahl zum Kandidaten Anfang März 1998), ist daher tendenziell und mit dem MAI schon gar unmöglich, und wer weiterhin so redet, ist entweder unerträglich naiv oder unerträglich zynisch.

Mit dem MAI wird das Monopoly der Global Players endgültig vom Spiel zum Ernst. Im MAInopoly sind wir alle die Ver-Spielten, das Spielmaterial einiger weniger, die in einem erbitterten Kampf untereinander liegen, in tödlicher Konkurrenz, bei der sie irgendeinen Einspruch von unserer Seite nicht gebrauchen können. Sie werden damit selbst Opfer ihrer »Naturgesetze«: Die Revolution frißt ihre eigenen Kinder. Da sie sich untereinander selbst bedroht fühlen und bedrohen, halten sie unsere Empörung für übertrieben, und die Bedrohung, der sie uns aussetzen, für zumutbar, wenn sie nicht gar »den Spieß umdrehen« und uns als die wahre Bedrohung ausmachen. Schließlich hat in noch keinem Konzern Demokratie geherrscht. Was also deren Verlust beklagen? Diesen Luxus erlauben sich noch nicht einmal die Reichsten der Reichen, ja gerade sie nicht. So wird die Welt geplündert, und noch nicht einmal die Plünderer sind froh dabei. Dennoch scheint ein Einhalten nicht möglich. Das ist das Ergebnis der sog. ökonomischen »Rationalität« und des »homo oeconomicus«: die komplette, nicht zu überbietende Irrationalität des gesamten Vorgangs.

Es ist deswegen keinesfalls eine Verschwörungstheorie, wenn das MAI als Griff der Konzerne nach der Weltherrschaft, als »corporate rule«, bezeichnet wird. Denn abgesehen davon, daß das MAI keine Theorie, sondern vor allem eine Praxis darstellen würde, ist es lediglich der »normalen« Weiterentwicklung eines Systems zuzuschreiben, das schon seit Hunderten von Jahren auf dem Weg ist, und zwar genau dahin, wo wir uns jetzt wiederfinden. Das MAI ist die Bestätigung dieser Entwicklung, der gegenwärtigen »Globalisierung«, und die vollkommen logische, systemimmanente Antwort darauf. Nur so ist es zu verstehen, daß auf einmal »die Demokratie als potentielle Gefahr für Markt und Wirtschaftswachstum« bezeichnet werden kann (A. Rapaczinski, zit. n. R. Hoffmann 1998).

Wenn man Investition als das liest, was sie im MAI sein soll, nämlich rück-sichts-lose – nicht zurückschauende – Plünderung und »Enteignung« als politische Gewalt gegenüber den zu Enteignenden und Enteigneten, dann haben wir die neue Politische Ökonomie des Globalen Kapitals vor Augen, einmal von ihrer »ökonomischen«, ein andermal von ihrer politischen Seite her gesehen. Wo die einen von allen Regeln befreit sind, werden alle anderen der totalen/totalitären Reglementierung unterworfen, damit das möglich wird. Freiheit auf der einen Seite erscheint nur noch in einer perfiden Kombination mit Zwang auf der anderen Seite. Wer daher immer noch von »Liberalismus« redet, ist entweder blind oder Menschenverächter. Schließlich ist die Freiheit auch für die, die sie genießen, der pure Hohn, denn sie bezieht sich nur auf eine einzige Tätigkeit: das Geldmachen. Es scheint der Gipfel patriarchalen Schöpfertums zu sein.

Mit dem Begriff der fortgesetzten ursprünglichen Akkumulation haben wir die Möglichkeit, auch die politischen Folgen des MAI und seine »Logik« im Zusammenhang mit der historischen Entwicklung des Kapitalismus und der »Notwendigkeit« fortdauernder politischer Gewalt zu erklären. Im fortgesetzten Prozeß einer Art »erweiterten« ursprünglichen Akkumulation wird der Staat neu geordnet, wobei die Gewaltenteilung tendenziell aufhört und die Gewalt in Zukunft weniger »vom Volke ausgeht«, als gegen dieses gerichtet sein wird – und zwar neuerdings auch in den bisherigen »Zentren«. Weiterhin aber wird der Staat vermitteln zwischen Bereichen ursprünglicher Akkumulation und denen »eigentlicher« Akkumulation, wobei er sich zunehmend auch an letzterer beteiligt. Die wirkliche politische Macht wird mit dem MAI auch legal an die Konzerne abgegeben. Die »besten Stücke« von Macht und Geld konzentrieren sich dort. Dadurch wird ein neuer »Korporatismus« entstehen, eine neue Zusammenarbeit zwischen Staat und Kapital, wie sie in besonderem Maße moderne Diktaturen kennzeichnet (Boulboullé/Schuster).

Viele Politiker sind so von ihrer angeblichen Macht überzeugt, daß sie sich, wie der Präsident der Deutschen Bundesbank, Tietmeyer, beim Weltwirtschaftsforum in Davos sagte, immer noch nicht darüber im klaren seien, wie sehr sie bereits heute unter Kontrolle der Finanzmärkte stünden und sogar von diesen beherrscht würden (zit. bei R. Hoffmann 1998).

3. These: Die MAI-»Philosophie« oder: Wo nur noch der Glaube hilft

Die Erhebung des Fortschritts zur Religion – im Moment seines Verfalls

Die »Mono-Pol-itik« des MAI könnte als Versuch bezeichnet werden, den Kapitalismus noch einmal zu retten, und zwar das, was an ihm positiv sein soll, nämlich die Verfügung über sog. Ressourcen, Fortschritt, Wachstum, Geld. Ob und für wie lange dies für wie viele Menschen möglich sein wird, wird die allernächste Zukunft zeigen – 20 Jahre MAI werden eine Entscheidung bringen. Sicher ist bisher nur, daß dieser Rettungsversuch insgesamt nur wenigen und immer weniger Menschen zugute kommen, während für die allermeisten Lebewesen auf diesem Planeten das Gegenteil der Fall sein wird. Es ist daher nicht überraschend, daß das MAI seine eigene Legitimation hervorbringt wie jedes andere Herrschaftssystem auch. Die ideologische Rechtfertigung des MAI als »Philosophie« (M. Schekulin) zu bezeichnen, ist dennoch überraschend. Denn Philo-Sophia bedeutet eigentlich »Freund der Weisheits-Göttin«, und davon hat das MAI wahrlich nichts zu bieten. Im Gegenteil, mit dem MAI halsen sich alle, die es unterzeichnen, so viele Probleme auf, wie sie zur Zeit überhaupt nur aufgehäuft werden können. Die Probleme, die die neuzeitliche Weltwirtschaft verursacht hat, werden mit dem MAI erst einmal potenziert und ihre Lösung aufgeschoben. Das MAI ist die Politik des »Durchstartens« angesichts der Gefahren der Landung. Irgendwann muß aber einmal gelandet werden. Eine ausdrückliche Entscheidung gegen das MAI könnte signalisieren, daß die Bruchlandung dem Absturz vorgezogen wird. Eine solche Weisheit liegt dem MAI völlig fern. Denn es folgt der Not – nicht der der Menschen, sondern der der Kapitalverwertung. Und diese ist unter den heutigen Bedingungen größer denn je, obwohl oder gerade weil die Konzentration des Kapitals so ungeheure Ausmaße angenommen hat, daß sich selbst große und gute Investitionsmöglichkeiten nicht mehr »lohnen«, wenn die Gewinne daraus »unterdurchschnittlich« bleiben. Daher erscheint das Kapital vor allem in seiner Gestalt als »Finanzkapital«, also als Geld. Geld ist im Kapitalismus aber nur dann von »Wert«, wenn es weiteres Geld »heckt«, wie Karl Marx sagt, also gewinnbringend verwendet wird. Ist dies nicht der Fall, ist es schnell wertlos. Je größer und konzentrierter also das Finanzkapital, desto größer auf Dauer auch seine Gefährdung – durch sich selbst (H. Ch. Binswanger). Es sind also gerade die Konzerne, allen voran die Banken und Experten der sogenannten »Märkte«, der Finanzmärkte, die das am besten wissen. Dieses Geld-System ist derart anfällig, daß die bloßen Erwartungen ausreichen, um es in ebenso ungeahnte Höhen wie Tiefen zu stürzen – ehe überhaupt noch etwas Konkretes geschehen ist (vgl. die

Finanzkrise in Asien und den Börsen»crash« in den USA am 31. 8. 98). Die »Finanzpsychologie« ist ein Fach, in dem es – wie an der Börse – um Instinkte, Witterungen, Vorahnungen, Erfahrungen und Intuitionen geht, also all jenes, was in der ökonomischen »Rationalität« und beim »homo oeconomicus« angeblich nicht gefragt ist. Hier geht es nicht um Wissen, sondern um Glauben. In dem Moment, wo der Glaube fehlt, indem z.B. die Gewinnerwartungen sinken und ein gewisser Pessimismus Einkehr hält, kann es bereits zu einer Krise kommen. Womöglich ist der kurzfristige Glaube überhaupt das entscheidende Merkmal der heutigen Situation, weil man beim besten Willen nicht längerfristig an eine Wirtschaft glauben kann, von der man weiß, daß sie die Welt plündert und die Menschen der Verelendung preisgibt. Ein solches Wirtschaftssystem ist nicht von Dauer. Gegen dieses Wissen muß also der Glaube mobilisiert werden: Je krasser der Gegensatz zwischen den wirklichen Wirkungen des Wirtschaftens und seinen angeblichen Segnungen wird, desto mehr muß von den vorübergehenden Nutznießern dieser Situation betont, ja, gepredigt werden, wie dennoch oder gerade auf diesem Wege des Opfers das Ziel erreicht werde, nämlich Fortschritt, Entwicklung, Arbeitsplätze, Geld, ja, Leben für alle. Investitionen seien »lebensnotwendig«, sagen Befürworter des MAI (M. Schekulin 1998). Solche Formulierungen deuten auf den umfassenden, ja die Natur einschließenden Charakter, den die neoliberale Ideologie inzwischen annehmen soll.

Typisch für diese Haltung ist 1998 die Aussage des Nestlé-Präsidenten und Vorsitzenden der Internationalen Handelskammer (ICC, *International Chamber of Commerce*), Helmut Maucher: »Tatsächlich kann man ja keinem normalen Menschen mehr erklären, daß jeden Tag die Aktienkurse steigen und gleichzeitig mehr Leute auf die Straße gesetzt werden. Nur, wahr bleibt auch: Wettbewerbsfähigkeit ist am Ende die sicherste Methode, Arbeitsplätze zu schaffen – auch wenn der Weg dahin manchmal rauh ist.« Das Glaubensbekenntnis lautet also: ohne Wettbewerb keine Investition, ohne Investition keine Arbeitsplätze – obwohl die hier behaupteten Zusammenhänge nicht stimmen (K.G. Zinn; A. Jung; Martin Schumann). Dieses Wissen nützt aber nichts, weil der Glaube besteht, daß es keine Alternative zur »Investition«

gibt. Das ist allerdings auch im Interesse der Investoren. Wer sich als Investor definiert, hat natürlich kein Interesse an Alternativen zur Investition. Obwohl es also sein Interesse ist, muß er nicht nur andere zum Glauben bewegen, sondern glaubt auch (an sich) selbst. Täte er dies nicht, würde er mit der Investition aufhören. Die »Investition« wird damit in den Rang eines nicht nur angeblich »natur-notwendigen«, sondern sogar in den eines quasi-religiösen Handelns gehoben. Dies erinnert uns an den Zusammenhang von Protestantismus und »Geist« des Kapitalismus, wie ihn Max Weber vor allem bei den Schweizer Calvinisten fand. Schon in den Anfangszeiten des Kapitalismus wurde die Tätigkeit des Unternehmers als eine Art säkularer Gottesdienst und der wirtschaftliche Erfolg als Beweis von Gottes Gunst interpretiert. Unter heutigen Bedingungen scheint mit den Monopolen auch der Glaube gewachsen zu sein, daß nun die ganze Welt vom Investor abhängt, der damit geradezu gottähnlich geworden wäre, wenn er nur groß genug wäre.

Da sich aber im Christentum Glaube und Wissen schon immer ausgeschlossen haben (K. H. Deschner) und es hier eine Tradition des Glaubens selbst an das »Absurde« gibt (das »credo quia absurdum« der Kirchenväter), ist heute und insbesondere mit dem MAI ein Anlaß gegeben, noch mehr, noch intensiver denn je zu glauben, gerade weil die Investition – zugegebenermaßen – eigentlich gar nicht erbringt, was man von ihr erwartet. Der Glaube wider besseres Wissen scheint geradezu der beste, festeste und reinste Glaube zu sein. Jedenfalls liegt dem MAI ein geradezu irrationales Bekenntnis zur »Investition« zugrunde, das keine Infragestellung duldet. Der »Geist«, in dem das MAI verfaßt ist, setzt dem Investor eine Art Heiligenschein auf. Was immer er tut, scheint auch moralisch und ethisch per se legitimiert zu sein, gleich, was tatsächlich geschieht. Hier Zweifel anzumelden, wäre nicht nur nicht mehr »politisch korrekt«, sondern nachgerade unethisch, unmoralisch, wenn nicht frevelhaft, ja gotteslästerlich.

Nach meiner Erfahrung werden bei Diskussionen über das MAI die Kritiker von den Befürwortern lächerlich gemacht: »Man kann vor Angst auch sterben!« (M. Schekulin), und verhöhnt: Wie sich die Kritiker nur einbilden könnten, überhaupt auf der Höhe der Zeit zu sein, und ob sie einem zurückgebliebenen

Protektionismus das Wort reden wollten. Daneben gibt es die Methode der Verkehrung bzw. Projektion: Die Kritik am MAI sei »unverantwortlich« und »unwissenschaftlich«. Als Drittes werden Tabus aufgestellt: Genau wie auf der berühmten »Titanic« darf es auf keinen Fall zu einer »Panik« kommen. Obwohl katastrophale Folgen absehbar sind, soll verhindert werden, daß dies zu einer angemessenen Reaktion der Menschen führt. Wenn auch das nichts nutzt, dann wird schließlich gedroht: Wer die MAI-»Religion« nicht glaubt, wird nicht nur mit einer Art Welt-Untergang im Falle einer MAI-losen Zeit konfrontiert, sondern darüber hinaus damit, daß der Ketzer höchstpersönlich daran schuld sei. Damit wird schon vorbeugend die Schuld an möglichen Katastrophen auf die Opfer geschoben. Bald werden wieder »Sündenböcke« gebraucht.

Der wenig heilige MAI-Geist ist intellektuell und menschlich derart primitiv reduziert auf Geld- und Machtmotive, daß er nicht die mindeste Kritik verkraftet oder darauf lediglich totalitär-missionarisch, heute sagt man dazu »fundamentalistisch«, reagiert.

Wie schwach und prekär die MAI-»Philosophie« ist, zeigt sich vor allem auch an ihrer platten Unlogik: Als seien es nicht gerade die Konzerne, die einen Protektionismus und Schutz für sich wollten, während dieser für alle anderen abgelehnt wird. Wie wäre es, wenn man sie beim Wort nähme: Der deutsche Finanzminister Theo Waigel erklärte am 23. 7. 1998 im Fernsehen: »Der Gast hat das Gastrecht zu wahren«, und wenn er das nicht tue, müsse er eben aus dem Gastland verschwinden. Dabei hatte er allerdings nicht ausländische Investoren im Auge, sondern straffällig gewordene ausländische Kinder.

Die religiöse Haltung: »Was gut fürs Kapital ist, ist auch gut für alle«, die wir auch aus unserer jüngeren Geschichte kennen, verlangt Opfer: Wenn etwas schiefgeht, stehen nicht die Investoren dafür gerade, sondern die von Investitionen Betroffenen. Von ihnen verlangt man neben der Gläubigkeit die entsprechende Opferhaltung, zu der man selbst gerade nicht bereit ist. Auch dies ist eigentlich nicht neu: Jeder Monotheismus hat noch auf Gewalt gegründet (R. Girard).

Man kann das MAI auch als Rechtfertigung des Opfers lesen, das man von anderen Menschen verlangt, und der Gewalt, die man anzuwenden bereit sein wird, falls diese Menschen das Opfer nicht freiwillig erbringen würden. Denn im MAI ist eine Verhöhnung der Lebensinteressen aller Menschen, ein wahrhaftiger Nihilismus (im Sinne von G. Anders), angelegt, der nur aggressiv und/oder religiös »aufgehoben« werden kann: Wer das MAI liest, wird angehalten zu glauben, daß die »Annihilation« (G. Anders), also die Nichtigung aller anderen Werte, Interessen und Lebenshaltungen, die nichts mit irgendwelchen Investitionen zu tun haben, nicht nur nicht so ungeheuerlich ist, wie sie ist, sondern nachgerade der höchste Segen für den Globus. In diesem »Heiligen Krieg« der Konzerne erscheinen die neuen Piraten als Ritter, Fürsten und Führer eines neuen globalen Kreuzzuges, der uns angeblich und endlich das Paradies auf Erden beschert.

Am Ende des Globus und letztlich am Ende der Möglichkeit des Fortschrittsglaubens für alle angelangt, »sieht man, wie sich die neoliberale Utopie in der Wirklichkeit als eine Art Höllenmaschine gestaltet, deren Zwängen sich auch die Herrschenden selbst nicht entziehen können. Diese Utopie bringt ... (zunächst, C.W.) eine außergewöhnliche Gläubigkeit hervor ... Real sind die unmittelbaren Auswirkungen, die sich aus der Anwendung dieser großen neoliberalen Utopie ergeben. Nicht nur das Elend eines ständig wachsenden Teils der ökonomisch am höchsten entwickelten Gesellschaften ... sondern auch und vor allem die Zerstörung aller kollektiven Instanzen, die den Auswirkungen der Höllenmaschine entgegenwirken könnten. Hier ist ... die Durchsetzung eines geistigen Darwinismus (zu nennen) ... der mit seinem Winner-Kult den Kampf aller gegen alle und mit ihm den Zynismus zum obersten Prinzip erhebt.« (P. Bourdieu 1998)

Es ist für die nächste Zeit zu erwarten, daß die MAI-»Philosophie« noch weit mehr ausgebaut und argumentativ »abgesichert« wird. Denn so wie jedes Herrschaftssystem eine Rechtfertigung braucht, benötigt sie auch das MAI. Wer noch dazu weiß, daß dabei die bereits bisher »notwendige« Gewalt sehr zunehmen wird – wie die neuerliche Ausweitung von Bereichen »ursprünglicher Akkumulation« beweist –, braucht deshalb sogar eine Religion. Kann eine bloße Ideologie verwendet werden, um Gewalt zu rechtfertigen, so ist eine Religion noch dazu imstande, die Gewalt als Glück auszugeben. Es ist daher kein Zufall, daß im MAI die Begriffe genau umgekehrt zu ihrer suggerierten Bedeutung verwendet werden. Es soll propagiert werden, daß heute die allgemeine Durchsetzung der Verhöhnung und Entwertung des Lebens ganz normal und fortschrittlich sei. Wie »postmodern« die Methode, wie modern (immer noch) das Ziel!

In dem Moment, wo ein bestimmtes Handeln an seine Grenzen gestoßen ist, ja, diese womöglich längst überschritten hat, dennoch aber nicht überprüft oder gar aufgegeben werden soll, hilft wahrlich nur der Glaube. Der fällt aber vielen Menschen inzwischen schwer, weil für sie ein positiv verstandener Fortschritt und eine ebensolche Entwicklung weiter weg sind denn je. Daher sind diese Begriffe inzwischen für viele zu Schimpfwörtern geworden oder zum Inhalt von Witzen (G. Esteva 1992). Der Abfall vom »rechten Glauben« hat also längst begonnen. Wenn die Erkenntnis der Irrationalität unserer Wirtschaftsordnung und der Glaube daran als Aberglaube erkennbar werden, kann sogar eine wahre Götterdämmerung anbrechen. Denn der Glaube an den Investor und die Investition, wie das MAI ihn ausdrückt, wurzelt in den ältesten patriarchalen Traditionen von Fortschritts- und Produktionswahn, Technik- und Zivilisationsgläubigkeit sowie Frauen- und Naturverachtung, die ich als »Weltersetzungsglauben« bezeichne. Dieser Glaube besteht darin, daß es nicht so schlimm sei, die Welt zu vernichten, weil ihr am Schluß ein selbsterschaffenes Paradies, die »Genesis zwei« (J. Rifkin 1986), folgen würde. Wenn alles zur Ware geworden wäre, selbst die Entstehung des Lebens, wenn alle Arbeit und alle Tätigkeit von Automaten verrichtet würde, und wenn alles menschliche Handeln und Fühlen unter Kontrolle gebracht worden wäre, dann soll die Utopie von der »schöpferischen« Verwandlung der Welt in einen Himmel auf Erden Wirklichkeit geworden sein (J. Delumeau 1985). Es ist daher von enormer Bedeutung, wenn heute, anläßlich des MAI und seiner möglichen Folgen, der – wie ich finde – »alchemistische« Wunderglaube an die angeblich schöpferische Qualität gewalttätiger Transformationsleistungen und Beherrschungsversuche über Mensch und Natur überhaupt in Frage gestellt werden kann, wenn nicht muß. Denn damit würde nicht nur die kapitalistische, sondern auch die ihr zugrundeliegende patriarchale Weltreligion insgesamt in den Blick geraten.

Allen verfügbaren Daten und Analysen nach ist das MAI-Projekt eine offenbar sehr prekäre, unsolide und ungerechtfertigte Sache, deren angeblich mögliches Gelingen auch noch vom Aberglauben abhängt. »Der Blick auf den Zusammenhang zwischen ›Herrschaft‹ und ›herrschender Lehre‹ (läßt) erkennen, daß die ideologischen Stabilisierungsmechanismen um so rasanter drehen, je instabiler die materiellen Strukturen der bestehenden Verhältnisse infolge der Krise dieser Verhältnisse werden« (K. G. Zinn 1998, S. 182). Sind wir also dem Ende des MAI-Paradigmas nahe? Es weist vieles darauf hin, daß die MAI-Propagandisten selbst Schwierigkeiten mit ihrem eigenen Glauben haben, Zweifel und Ängste, und daß sie um die eigene »Verantwortungslosigkeit«, »Unwissenschaftlichkeit«, Gefahr und Bedrohung wissen, die sie selbst darstellen, während sie sie anderen – projektiv – in die Schuhe schieben. Vielleicht bröckelt ja angesichts der Grenzen des Globus – denn mehr als »Globalisierung« kann es nicht geben – auch der Konsens unter den Globalisierern, die – ehe sie sich gegenseitig den Garaus machen – vielleicht doch noch einmal darüber nachdenken könnten, ob es nicht intelligentere und vor allem weisere Möglichkeiten im Umgang selbst mit Investitionsproblemen gäbe, von denen eines Umgangs mit den durch Investitionen verursachten Problemen der Welt ganz zu schweigen.

»Ein Regime, das Menschen keinen tiefen Grund gibt, sich umeinander zu kümmern, kann seine Legitimität nicht lange aufrecht erhalten.« (R. Sennett 1998, S. 203)

Konsequenzen aus dem MAI: »Was du nicht willst, daß man dir tu'...«

Obwohl der Neoliberalismus die Globalisierung als eine Art geschichtsübergreifendes »Natur«-Gesetz hinstellt und das MAI einen angeblich alternativlosen »Naturzustand« der Gesellschaft paradoxerweise politisch zu definieren versucht, so, als hätte es keine menschliche Geschichte des Zustandekommens dieser angeblichen Natur, unseres heutigen Gesellschaftszustandes, gegeben, holt uns diese Geschichte real aber gerade heute wieder ein.

Der Glaube an den politischen Monopolkapitalismus als allein seligmachende Weltverfassung und -religion konfrontiert uns mit der Tatsache, daß viele von uns nie wirklich wissen wollten, in welcher Gesellschaft sie leben, dies aber gerade jetzt plötzlich allumfassend verstehen müssen, wenn sie dem laufenden Prozeß etwas entgegensetzen wollen. Denn jetzt stellen sich alle Fragen gleichzeitig und auf neue Weise, z. B. daß es keinen ökologischen Kapitalismus – wie die Grünen hofften – oder einen ökologie-indifferenten Sozialismus – wie die Linken meinten – oder einen kapitalismus- und ökologieneutralen Feminismus – wie viele Frauen glaubten – geben kann. Ja, das MAI konfrontiert uns indirekt auch noch mit der patriarchalen Tiefenstruktur unserer Gesellschaft. Die Rechnung, die es aufmacht, lautet: »Was du nicht willst, daß man dir tu', das füg' auch keinem anderen zu.«

Das MAI zeigt uns, was immer schon die Wahrheit des neuzeitlichen Wirtschaftens und Politik-Machens war: Kolonisierung und Versklavung der Mehrheit weltweit, Unterwerfung der Frauen global, Plünderung der Natur überall und der »Militarismus« als »Vollstrecker der Kapitalakkumulation« (R. Luxemburg). Das MAI macht klar: Demokratie, Menschenrechte, Wohlstand, das war nicht wirklich ernst gemeint, und schon gar nicht auf Dauer, denn es hat ja anderswo meistens auch nicht gegolten, ohne daß im Glauben an »unser System« gezweifelt worden wäre. Das MAI liest sich daher wie eine Verhöhnung: »Was wollt ihr denn«, scheint es zu sagen, »als es andere betraf, hattet ihr auch nichts dagegen!« Das ist das Gute am MAI: Es konfrontiert uns mit einer Wahrheit, die schon lange gilt, auf die die meisten sich aber nicht vorbereitet haben, weil sie sie für uns, in den Ländern des »Zentrums«, für unmöglich hielten. Der Selbstbetrug, die Illusion, daß es in dieser Ökonomie eine positive Entwicklung und einen ebensolchen Fortschritt – auch noch für alle und immer – geben könnte, gar eine Kultur und Zivilisation, die diesen Namen verdienen, sind nun bloßgelegt. Die Bevölkerungen des Nordens machen sich moralisch lächerlich, wenn sie jetzt eine Demokratie einklagen, deren Nicht-Existenz woanders sie nie gestört hat; wenn sie von Wohlstand für alle reden, während sie gleichzeitig nichts gegen die Politik der Verelendung anderer einwenden; wenn sie die Verteilung eines Reichtums einklagen, der auf Plünderung und Zerstörung der Natur beruht; wenn sie den »Verbrauch« an Natur nicht so schlimm finden, weil sie immer noch dem patriarchalen Mythos aufsitzen, daß Natur durch »Kultur« (heute Warenproduktion und Maschinerie) ersetzbar sei; wenn sie Löhne einklagen, wo sie gegen Sklaverei, Kinderarbeit und Frauen-Gratisarbeit nie aufgestanden sind; wenn sie sich über ihre eigene Kolonisierung entsetzen und die Kolonisierung woanders immer noch nicht als wichtigsten Charakterzug »unseres« Systems erkennen wollen; wenn sie Kriege woanders immer noch als »Irrationalismen« oder »ethnische Konflikte« interpretieren, ohne Konsequenzen aus der Tatsache zu ziehen, daß die Waffen dafür und das Interesse daran aus unseren Breiten kommen.

Vollends lächerlich aber machen sich die Bevölkerungen des Nordens, wenn sie ihre Parlamente und Regierungen den MAI-»Anschluß« unterzeichnen lassen. Daß wir dann »nicht mithalten« können oder sonstwie »zurückbleiben«, kann uns angesichts der Konsequenzen des MAI völlig kaltlassen. Im Gegenteil, nur ohne MAI haben wir die Chance, die weltweite Krise zu nutzen, um uns endlich mit dem Hauptproblem, nämlich einer anderen Ökonomie, zu beschäftigen. Das Problem einer Dauer-MAI-Situation, das früher oder später auf jeden Fall eintreten wird, besteht nämlich im Zwang zum »Wiederaufbau« parallel zur Zerstörung von »Ressourcen«. Ähnlich wie dem modernen Krieg, der als Geschäft betrieben wird, ein zweites Geschäft, nämlich der Wiederaufbau, nachfolgt, wird auch ein MAI-Regime zumindest eine Politik zur Reproduktion der Gattung und gewisser Naturbedingungen für die Kapitalverwertung benötigen. Die Umstände einer solchen MAI-Realpolitik des Umgangs mit den MAI-Folgen kann sich nicht mehr allein am Glauben orientieren. Denn es wird immer mehr Menschen geben, die von diesem Glauben abgefallen sind, weil ihre Realität ihnen letztlich nichts anderes mehr gestattet. Die Wiederaufbau-Politik des MAI-Regimes wird daher in Form einer Art sexistischen Ökodiktatur unternommen werden, weil – bei aller »Virtualität« des Kapitals, oder paradoxerweise gerade wegen derselben – ohne natürliche Grundlagen und die Reproduktion der Gattung weiteres Leben und Verwerten einfach nicht möglich sind. Daher wird versucht werden zu verhindern, daß bei dieser Gelegenheit an der Basis alternative nichtkapitalistische oder gar nichtpatriarchale Produktionsverhältnisse (neu) entstehen, die das MAI-System hinter sich lassen könnten (vgl. das Kapitel »Perspektiven«).

Es gibt Leute, die nicht verstehen, warum das MAI für so wichtig gehalten wird, denn wir seien sowieso auf diesem Weg. Einerseits stimmt das nicht: Wie hier zu zeigen versucht wurde, ist es ein ungeheurer Unterschied, ob es lediglich eine Tendenz gibt, oder ob diese auch zum globalen Gesetz erhoben wird. Auf der anderen Seite stimmt es natürlich, daß wir auch ohne dieses oder das MAI in einer anderen Form im Prinzip mit den hier geschilderten Problemen konfrontiert sind. Wenn es so ist, dann hat das MAI zumindest die Verhältnisse endgültig klargestellt. Es gibt nun kein Vertun mehr. Ein Irrtum darüber, worum es allein geht, ist von nun an ausgeschlossen. Deshalb besteht die Chance, zu sagen: »Jetzt reicht's!« – so wie die zapatistische Bewegung in Mexiko mit ihrem berühmten »Ya basta!« im Jahre 1994 begann. Denn warum sollten die Menschen, wenn sie verstanden haben, was geschieht, damit weiterhin einverstanden sein oder doch zumindest passiv bleiben in der Annahme, daran doch nichts ändern zu können? Das, was das MAI zu ändern beabsichtigt, ist so ungeheuerlich, daß Proteste und Widerstand in wachsendem Maße das MAI begleiten werden. Die schiedsgerichtliche Lösung des »Ethyl-Falles« in Kanada zeigt in aller Klarheit, was auf uns zukommt, nachdem man die Maske hat fallen lassen: Das Profitinteresse wird per Gesetz über die Lebensinteressen der Bevölkerung gestellt. D. h. gleichzeitig, daß das Einklagen von Lebensinteressen gegen das Gesetz verstoßen kann. Das wäre Mord per Gesetz – wie gehabt. Vor Investor-Interessen wären die Menschen ihrer Rechte beraubt.

Das MAI ist dazu da, gerade auch solchen Investitionen zur Realisation zu verhelfen, die mehr oder weniger negative Auswirkungen auf ihre Umgebung haben werden. Falls alle Investitionen nur Positives bewirken würden, wäre das MAI gar nicht notwendig. Daher ist das MAI der Versuch, einen neuen Totalitarismus überall auf der Welt durchzusetzen. Die metaphysische Verbrämung dieses Vorhabens, die nur solange gelingt, wie die Menschen unbedingt an den heutigen Fortschritt, die heutige Technik und allgemein an Geld und Kapital glauben, ist auf der anderen Seite derart kitschig, pervers und geht an den Realitäten vorbei, daß es schwerfällt, an eine längerfristige Wirksamkeit der MAI-Propaganda zu glauben. Ja, die absurde Religiosität des MAI hilft uns sogar, uns von falschen Vorstellungen zu befreien, um endlich zu erkennen, was wir schon lange sehen können:

– Die Tatsache, daß niemand Geringeres als die Konzerne heute in erweitertem Maße selbst in den bisherigen »Zentren« zur Methode der ursprünglichen bzw. primitiven Akkumulation greifen, zeigt nun endgültig, daß diese Form der Akkumulation weder bloße Vergangenheit noch deren Rest ist, noch bald zu Ende gehen soll, indem sie einem »kapitalistischen Fortschritt« weicht. Im Gegenteil, sie beweist, daß Formen ursprünglicher Akkumulation, so gewalttätig, wie sie sind, keineswegs außerhalb der kapitalistischen Produktionsweise liegen – so, als seien sie einem »Feudalismus« zuzuschreiben – und auch nicht außerhalb der »eigentlichen« Kapitalakkumulation. Sondern sie waren von Anfang an und sind zunehmend offensichtlich unverzichtbar, ja, ein besonders profitabler Teil der Kapitalakkumulation selbst, und haben damit einen eminent kapitalistischen Charakter. Die Exkulpation, also Freisprechung der neuzeitlichen Ökonomie von gewalttätigen Methoden, wie es die Theorie des »friedlichen Handels« oder der »Gerechtigkeit des Marktes« immer wieder versucht, ist damit ebenso hinfällig wie das Dogma eines angeblich notwendigen Zusammenhangs von kapitalistischem Fortschritt und Demokratie.

Diese Erkenntnis ist für viele vielleicht hart und zerrt an den Grundlagen des Weltverständnisses, das die meisten Menschen in den alten Industrieländern haben. Aber sie befreit auch vom falschen Glauben an dieses System und eröffnet damit völlig neue Denk- und Verhaltensmöglichkeiten.

– Bei den kommenden Auseinandersetzungen wird es daher nicht einfach bloß um die »Verteilung der Beute« aus dem Akkumulationsprozeß oder um die größere »Partizipation« an der sich verändernden Politik gehen, sondern vor allem auch um die Aufhebung der fortgesetzten ursprünglichen Akkumulation und damit der Unterwasserbasis des gesamten Akkumulationsprozesses: Es geht letztlich um die Rückgewinnung von echten (Subsistenz-)Mitteln, die zum alltäglichen Leben gebraucht werden, und nicht um die Beteiligung am kapitalistischen »Produktiv«-Vermögen, denn dies hat sich längst als »Destruktiv«-Vermögen herausgestellt – eben deshalb gibt es »Wohlstand« nicht für immer mehr, sondern immer weniger Menschen.

Nur so kann es – am Ende des Fortschritts – zum Ende der Gewalt und zur Wiedergewinnung einer wahren Kultur (anstatt einer Warenkultur) kommen. Um diesen Weg zu gehen, brauchen wir aber eine neue, »dissidente« Geisteshaltung, die nicht mehr am falschen Glauben hängt und auch nicht mit Korrumpierbarkeit spekuliert. Wenn es also nicht mehr um Akkumulation, Profit, Macht und Herrschaft geht, dann kann es allein noch darum gehen, was uns Kapital und Patriarchat schon immer auszutreiben versucht haben: die radikale Lebensbejahung.

III. Perspektiven

Maria Mies/Claudia von Werlhof

Alternativen zum MAI

Das erste Ziel der internationalen Kampagnen gegen das MAI war, Verhandlungen über dieses Abkommen ans Licht der Öffentlichkeit zu bringen und sie bei der OECD in Paris zu stoppen. Den meisten Aktivisten war klar, daß das MAI der OECD nicht zu reformieren ist und nur abgelehnt werden kann.

Doch die Kritiker des MAI erkannten auch bald, daß ein bloßes »Nein« zu einem solchen Abkommen nicht ausreicht. Wie in allen sozialen Widerstandsbewegungen führte daher die Opposition gegen das MAI sehr früh auch zu einem Nachdenken darüber, was denn eine menschen- und naturfreundliche Alternative zu dieser globalen Ausbeutungs- und Herrschaftsstrategie der Konzerne sein könnte.

Zunächst ist die Anti-MAI-Bewegung damit konfrontiert, daß wir alle, im Süden wie im Norden, in einer globalisierten kapitalistischen Wirtschaft leben, die von transnationalen Konzernen dominiert wird. Diese sehen in weltweiten Ausländischen Direktinvestitionen (ADI) den entscheidenden Motor für ein weiteres, exponentielles Wachstum ihrer Profite. Zu der Notwendigkeit, ein multilaterales Abkommen über Ausländische Direktinvestitionen zu schaffen, gäbe es »keine Alternative«.

Die MAI-GegnerInnen akzeptieren diese Propaganda des TINA (There Is No Alternative)-Syndroms nicht.

Bei der Suche nach echten Alternativen wird zunächst sichtbar, daß die weltweite Anti-MAI-Kampagne im positiven Sinne nicht nur Gegner im Norden und Süden vereinigt, sondern auch Bürger aus verschiedenen ideologischen, klassenmäßigen, kulturellen und nationalen Zusammenhängen sowie beide Geschlechter mobilisiert hat. Bei der Frage nach Alternativen werden jedoch auch die unterschiedlichen Vorstellungen darüber sichtbar, wie verschiedene Gruppierungen sich eine bessere Gesellschaft vorstellen.

Wenn wir uns die bisher vorliegenden Entwürfe einer Alternative zum MAI ansehen, stellen wir fest, daß sie sich zunächst durch, grob gesprochen, zwei Herangehensweisen unterscheiden.

Die erste geht, wie das MAI selbst, von der globalen Ebene, von der Sicht von oben aus. Sie will ein weltweites Abkommen über Investitionen formulieren und durchsetzen, das allerdings im Gegensatz zum OECD-Modell die Interessen der Bürger, der Arbeiter, der Natur und der zukünftigen Generationen in den Mittelpunkt stellt und nicht die Profitinteressen des Kapitals. Dieser Ansatz wird zur Zeit als »MAI der Bürger« in Kanada, den USA und Europa diskutiert.

1. Das »MAI der Bürger« geht von anderen Prinzipen aus als das OECD(oder WTO)-MAI:

a) Berufung auf die »Allgemeine Erklärung der Menschenrechte«, wie sie in der UN-Charta von 1948 niedergelegt wurde. Die Charta der »Allgemeinen Menschenrechte« ist die Grundlage für alle weiteren UN-Erklärungen und -Abkommen, z.B. die UN-Charta von 1974 über Ökonomische und Soziale Rechte der Bürger, ohne die alle Allgemeinen Menschenrechte in der Luft hängenbleiben müßten.

Zu diesen Rechten gehören: Recht auf Arbeit, faire Löhne, grundlegende Arbeitsstandards wie soziale Sicherheit und Gesundheit, öffentliche Erziehung, Sozialhilfe, Arbeitslosenversicherung, Alterssicherung, Rechte von Frauen und Minderheiten u.a. Auch die UNO-Erklärungen über Umweltrechte und kulturelle Rechte basieren auf den Allgemeinen Menschenrechten.

Alle globalen Investitionsabkommen müßten zur Stärkung dieser Menschenrechte beitragen, statt sie zu unterminieren.

b) Die Staaten haben nicht nur das Recht, sondern auch die Pflicht, diese Rechte auf ihrem nationalen Territorium umzusetzen. Deshalb erkennt die UN-Charta von 1974 über die ökonomischen Rechte und Pflichten die politische Souveränität von Nationalstaaten an, »das öffentliche Interesse durch Regulierung von Auslandsinvestitionen zu schützen ... und die Autorität, die Handlungen von transnationalen Konzernen durch die Einführung von Auflagen auf ihren Territorien zu überwachen, um so sicherzustellen, daß ausländische Investitionen den wirtschaftlichen, sozialen

und ökologischen Prioritäten der nationalen Entwicklung dienen« (Für ein MAI der Bürger, 1998, S. 4).
c) Konzerne mit Sitz im Ausland haben natürlich das Recht, in anderen Ländern zu investieren. Aber sie müssen sicherstellen, daß erstens ihre Investitionen dem öffentlichen Interesse des Gastlandes dienen, d. h. sie müssen Arbeits- und Umweltstandards erfüllen. Zweitens müssen sie anerkennen, daß die Gastländer wichtige Bereiche ihrer Wirtschaft und ihres Gemeineigentums (Commons) vor der transnationalen Konkurrenz schützen. Drittens müssen sie einen fairen Teil an Steuern zahlen, um öffentliche Dienstleistungen, Umweltprojekte und Kulturinitiativen zu finanzieren.

Auf diesen drei Handlungsprinzipien soll ein »MAI der Bürger« basieren. Um diese Prinzipien effektiv umsetzen zu können, bedarf es allerdings mehr als bloßer Appelle an die bestehenden Regierungen. Die Auseinandersetzung um das OECD-MAI hat gezeigt, wie sehr die Regierungen der OECD-Länder bereits eingebunden sind in die allgemeine Kapitalstrategie der Konzerne. Die Menschen können ihnen nicht mehr trauen. Darum schlägt das »MAI der Bürger« eine breite und aktive Beteiligung an der Entwicklung und Durchsetzung eines alternativen Investitionsabkommens vor. Die einzelnen Klauseln des OECD-MAI sollen diesen Prinzipien entsprechend überprüft werden. Bürgerrechtsbewegungen in allen Ländern sollen sich um die Ausarbeitung und Durchsetzung eines solchen »MAI der Bürger« kümmern und sicherstellen, daß der Prozeß einen offenen, demokratischen und partizipatorischen Charakter erhält.

Die Verfasser dieses »MAI der Bürger« sehen selbst, daß es zunächst schwierig sein wird, ein Forum zu schaffen, »in welchem Repräsentanten aus verschiedenen Sektoren und Organisationen der Zivilen Gesellschaft einander treffen und ihre Positionen hinsichtlich der Schlüsselfragen formulieren können« (Für ein MAI der Bürger, 1998, S. 12).

Unklar ist auch noch, wo der Ort für die politische Austragung eines solchen Bürger-MAI sein sollte. Die OECD und die WTO kommen dafür natürlich nicht in Frage. Einige schlagen die zur Zeit sehr marginalisierte UNCTAD vor. Jedenfalls soll der Verhandlungsort innerhalb des Systems der UNO gesucht werden.

2. Ein zweiter, globaler Entwurf einer Alternative zum MAI ist vom *World Development Movement* (WDM) in England entwikkelt worden. Das WDM möchte das MAI vom Kopf auf die Füße stellen und statt des MAI ein IAM *(International Agreement on Multinationals),* ein Internationales Abkommen über Multinationale Konzerne, verabschieden. Anstatt Regierungen und Bevölkerungen zu reglementieren, wie es das MAI vorsieht, sollte ein IAM umgekehrt die Möglichkeit schaffen, transnationale Konzerne und Auslandsinvestoren zu kontrollieren.

Als Instrumente für die Durchsetzung dieser internationalen Kontrolle denken die Befürworter dieses Modells an eine Wiederbelebung des in den 70er und 80er Jahren entworfenen »Verhaltenskodex für Multinationale Unternehmen«, der beim Zentrum zur Beobachtung multinationaler Konzerne bei der UNO angesiedelt war. Außerdem wollen sie die »Leitsätze der OECD für Multinationale Unternehmen« überarbeiten und in verbindliche Regeln überführen.

Während die beiden obigen Entwürfe das bestehende MAI für nicht reformierbar halten, gehen andere Gruppierungen, wie z. B. die Gewerkschaften in Gestalt des TUAC, des Europäischen Gewerkschaftsbundes EGB und auch der DGB-Spitze davon aus, daß man nur verbindliche Umwelt- und Sozialstandards in den bestehenden Textentwurf einbauen müsse.

Dabei berücksichtigen sie noch nicht einmal die Tatsache, daß selbst die meisten Sozial- und Arbeitsstandards für Frauen- und Ausländerbeschäftigung nie gegolten haben, so daß deren Schutz damit immer noch nicht erreichbar wäre. Sie berücksichtigen auch nicht, daß mittels der »Hausfrauisierung« von Arbeit (vgl. die Arbeitsstandards in den sog. »Weltmarktfabriken«) auch die Standards der Männerarbeit weltweit unterlaufen werden. Das heißt, daß dagegen »Sozialstandards« dann wieder nichts ausrichten.

Auch einige der Nichtregierungsorganisationen (NROs bzw. NGOs) in der Anti-MAI-Kampagne wollen nicht so weit gehen wie der Entwurf eines alternativen MAI. Organisationen wie WEED und *Germanwatch* fordern vor allem, daß ein multilaterales Regelwerk im Rahmen der Vereinten Nationen ausgehandelt werde, das die Verabschiedung verbindlicher Investitionsregeln zum Ziel hätte. An diesen Verhandlungen müßten die Länder des Südens sowie ein Spektrum von NROs gleichberechtigt beteiligt werden, um weitgehende »Transparenz« sicherzustellen.

Nach Meinung der Befürworter dieses Ansatzes ist es realitätsfern, von den Regierungen ein plötzliches Umschwenken in ihrer Außen- und Wirtschaftspolitik zu erwarten. Sie appellieren an die NROs, sich selbst mehr mit den Aktivitäten der transnationalen Konzerne zu befassen, wie es Organisationen wie »Corporate Europe Observatoy« (CEO) unter anderem schon tun. Sie fordern auch die Konsumenten auf, ihre Macht verstärkt zur Beeinflussung des Verhaltens der Konzerne einzusetzen, z.B. durch gezielte Konsum-Boykotts. Und schließlich wird von einigen Seiten auch auf die »Tobin-Steuer« gesetzt, die bewirken soll, daß die »Kapitalmobilität« reduziert und Währungsspekulationen behindert werden (Altvater/Mahnkopf 1996; Boxberger/Klimenta 1998).

Trotz aller Unterschiede zwischen diesen Ansätzen zur Entwicklung einer Alternative zum MAI weisen sie doch gewisse Gemeinsamkeiten auf:
1. Sie stellen den globalisierten Kapitalismus als solchen nicht in Frage, sondern versuchen ihn durch ein weltweites Regelungswerk zu zähmen. Transnationale Konzerne und die Notwendigkeit von ausländischen Direktinvestitionen sowie der dem Kapitalismus innewohnende Wachstumsfetischismus werden nicht thematisiert.
2. Die Zähmung des Kapitalismus wird zunächst auf globaler Ebene und durch global anerkannte Institutionen wie die Vereinten Nationen angestrebt.
3. Inhaltlich und ökonomisch geht diese Strategie nicht über die bekannte Strategie des Keynesianischen Sozialstaats hinaus. Dieser Sozialstaat konnte jedoch nur im Rahmen demokratischer Nationalstaaten in den Ländern des Nordens realisiert werden. Mit der Globalisierung des Kapitals haben diese Staaten einen großen Teil ihres Zugriffs auf das transnational operierende Kapital verloren und sich selbst mehr und mehr auf die Seite der Konzerne gestellt. Deshalb wollen sich die Kritiker des MAI nicht mehr, oder nicht mehr nur, auf Appelle an die jeweiligen Regierungen be-

schränken, die für viele ihre Glaubwürdigkeit verloren haben. Sondern sie rufen auf zu einer stärkeren globalen Beteiligung der bereichsübergreifenden Bürgerbewegungen, der NROs – kurz, dessen, was heute »Zivilgesellschaft« genannt wird – bei der Zähmung und Kontrolle der transnationalen Konzerne.

Die Frage erhebt sich, ob diese Vorschläge ausreichen. Denn die Konzerne haben in den vergangenen Jahren ja gerade erreicht, daß die Instrumente zur Zähmung des Kapitalismus, die auf UNO-, ILO- oder OECD-Ebene bereits existierten, abgebaut, entschärft und in bloße Freiwilligkeitserklärungen umgewandelt wurden.

Woher will ein Bürger-MAI dann z.B. die Machtinstrumente nehmen, um seine weltweiten Regelungen gegen transnationale Konzerne durchzusetzen?

Alternativen von unten: Die lokalen Bewegungen

Wir äußern diese Bedenken nicht, weil wir diesen Ansatz (von oben, von außen, von der globalen Perspektive her) prinzipiell für falsch halten, sondern weil wir meinen, daß die Anti-MAI- und Anti-Globalisierungs-Bewegungen weltweit, vor allem die konkreten Formen der lokalen Widerstandsinitiativen, tendenziell bereits über diese Perspektive hinausweisen. Dies ist vor allem in Bewegungen im Süden und Norden gegen die WTO, den globalen Freihandel, gegen die Patentierung von Leben, gegen die Zerstörung der Biodiversität und für eine Wiedererlangung der Kontrolle über die eigenen Lebensbedingungen der Fall. Dieser Ansatz geht von der lokalen Ebene aus, von Widerstands-Initiativen und -Bewegungen, die zunächst einmal die konkrete Zerstörung der jeweiligen Lebengrundlagen durch die transnationalen Konzerne abwehren wollen und für den Erhalt oder die Wiedergewinnung der »Commons« kämpfen.

Ehe wir jedoch diese vom Lokalen ausgehende Perspektive untersuchen, ist es sinnvoll, auf die Kontroverse einzugehen, die sich, wie eingangs angedeutet, besonders in Deutschland im Rahmen der Anti-MAI-Kampagne, und zwar an Stichworten wie »Nationalstaat« und »Nationale Souveränität«, entzündet hat.

Exkurs: Die Diskussion der deutschen Linken über das MAI und den »Nationalstaat«

Wie in allen Ländern, so waren auch in Deutschland wesentliche Auslöser für die Empörung der Menschen über das MAI die Geheimhaltung der Verhandlungen, die Unterminierung demokratischer Rechte und der Verlust an lokaler und nationaler Souveränität, wie das MAI sie vorsieht.

Im Unterschied zu anderen Ländern führte die Thematisierung dieser Fragen in Deutschland jedoch zu heftigen Kontroversen innerhalb der Anti-MAI-Kampagne. Von gewissen Linken und Sozialdemokraten wurde die Kritik an der Geheimhaltungsstrategie der OECD als rechte Verschwörungstheorie denunziert (Al Imfeld 1997). Die Kritik an den Regierungen, die durch Unterzeichnung des MAI erhebliche Teile der nationalen Souveränität des Volkes an die multinationalen Konzerne ausliefern, als ob sie ihr Privateigentum wäre, wurde als rechtslastig eingestuft. Linke Kritiker behaupten, die MAI-Kampagne bereite rechten Organisationen eine Plattform vor.

Die Kritik an der Zerstörung der Verfügung lokaler und regionaler Gemeinschaften über ihre Ressourcen und Lebensbedingungen wurde als kleinkariert, provinziell und realitätsfern abgetan. Immer wieder erschienen in linken Blättern Beiträge, die der Anti-MAI-Kampagne vorwarfen, sie sähe den Nationalstaat in zu positivem Licht und übersähe dessen repressive Seite.

Es liegt in der Natur der Sache, daß die Aushöhlung nationaler Souveränitätsrechte und die Einschränkung der Befugnisse gewählter Regierungen, wie das MAI sie bewirken würde, nicht nur linke, sondern auch rechte Gruppierungen auf den Plan ruft. Anders als in anderen Ländern (z. B. Frankreich, Kanada, USA) kann in Deutschland jedoch nicht unbefangen über Begriffe wie »Nation«, »nationale Souveränität« und »Volkssouveränität« im Zusammenhang mit dem MAI geredet werden, weil diese Begriffe ideologisch zuletzt von den Nationalsozialisten besetzt waren. Wer diese Begriffe heute verwendet, um das Positive von geographischen, historischen, kulturellen und sprachlichen Gemeinsamkeiten auszudrücken, gerät unter Faschismus-Verdacht.

Andererseits gibt es aber zunächst keine anderen Begriffe dafür. Wenn daher alles Lokale, Eigenständige und »Nationale« von vornherein als rechtslastig gilt, dann wird man nicht nur sprach- und begriffslos, sondern auch handlungsunfähig. Für diese linken Kritiker der Anti-MAI-Kampagne ist die Welt außerdem dualistisch aufgespalten. Einer drückte es folgendermaßen aus: »Wenn ihr gegen die Globalisierung und gegen das MAI seid, dann bleibt euch doch nur der Nationalstaat, an den ihr euch wenden könnt.«

Es gibt in dieser Haltung nicht nur kein Drittes, es gibt auch nicht die Vielfalt, die Kreativität, den Einfallsreichtum und den Witz, der sich ja gerade in der Anti-MAI-Kampagne gezeigt hat. Und die sind gewiß nicht dem Faschismus entsprungen. Der Trugschluß vieler Linker in Deutschland besteht darin, daß sie glauben, alles Transnationale oder Globale sei per se nicht faschismusverdächtig und schon deswegen besser als das Lokale oder Nationale. Alle Hoffnungen richten sich darum auf diesen »Internationalismus«, weil nur er sie vom faschistischen deutschen Erbe erlösen könne. Sie übersehen dabei jedoch, daß die »Global Players« längst diese Dimension des Internationalismus besetzt haben und alles Lokale und Eigenständige, alle Vielfalt und Diversität unter ihre totalitäre Herrschaft zu bringen versuchen. Dies geschieht aber nicht, um es von Nationalismus- oder Faschismusgefahren zu befreien.

Der neue Totalitarismus braucht den Nationalstaat nicht mehr als positive Identifikationsfigur, höchstens noch als Umverteilungs- und Repressionsapparat. Denn der Widerstand gegen das MAI geht überall von lokalen und regionalen Gruppen aus, die sich inzwischen in weltweiten Netzen, wie etwa der »People's Global Action« (PGA), zusammengeschlossen haben. Warum wird daher die Möglichkeit, sich vom national(sozial)istischen Erbe – wie vom MAI – zu befreien, nicht in einer solchen Selbstbefreiung von unten aus gesehen? Oder spricht man sich wie auch der Bevölkerung in Deutschland allgemein eine solche Fähigkeit ab? Läge das daran, daß die Deutschen einst den Nationalsozialismus nicht verhindert haben und man ihnen daher auch heute (noch) nicht zutraut, etwas anderes als einen neuen Nationalsozialismus hervorzubringen?

Das Problem ist nur: Historisch vorbereitet oder nicht, die Menschen werden eine Alternative entwickeln müssen. Denn von oben oder außen wird gewiß keine kommen. Es wird also zu sehen sein, ob und wie auch in Deutschland trotz der nationalsozialistischen Erfahrungen eigene Alternativen entstehen können. Wer sagt, daß diese sich nicht dadurch auszeichnen könnten, gerade wegen der Erfahrungen mit dem Nationalsozialismus besonders sensibel mit der Gefahr einer Wiederholung umzugehen?

Wie auch immer die Linke in Deutschland sich entscheidet, die Menschen an der Basis werden ihre eigenen Entscheidungen treffen (müssen). Eine bloße Vermeidungsstrategie ist elitär und überläßt Fragen, die diesen Komplex berühren, einfach der Rechten. Je weniger sich die etablierten Parteien zu diesen Fragen äußern und die radikale Linke sich auf eine reine Abgrenzungspolitik gegenüber Faschisten (»Faschos raus!«) begrenzt, desto mehr wird die politische Rechte den mit Sicherheit weiter zunehmenden Protest gegen das MAI für ihre Zwecke nutzen.

Dennoch bleibt die Frage: Was tun mit dem Staat? Die Erkenntnis der Komplizenschaft der Staaten/Regierungen mit den Konzernen kann ja nicht dazu führen, den Staat einfach aus seiner Verantwortung zu entlassen und so zu tun, als sei er nicht mehr da. Schließlich können die Regierungen das MAI immer noch zu Fall bringen.

Der Weg entsteht beim Gehen (»El camino se hace caminando«)

Dies könnte der Slogan für jene Perspektive sein, die sich in den letzten Jahren in und aus den verschiedenen sozialen Bewegungen – sowohl im Süden wie im Norden – gegen die Zerstörung der unmittelbaren Lebensgrundlagen lokaler Gemeinschaften durch multinationale Konzerne langsam herausentwickelt. Diese Bewegungen sind entsprechend ihrer jeweiligen Betroffenheiten vielfältig, setzen bei lokalen oder gar persönlichen Problemen an und sind meist über die Analyse dieser konkreten Situation zu Erkenntnissen über die eigentlichen Ursachen ihrer Misere und die weltweiten Zusammenhänge und Methoden des globalen Kapitals gekommen. Das MAI war und ist für solche Bewegungen nur eine weitere Etappe im globalen Krieg der Konzerne zur Verwandlung aller Dinge in Waren, aller Waren in Kapital und aller Kapitalbesitzer in Konkurrenten, mit dem Ziel immer weitergehender Monopolisierung.

Solche Bewegungen erliegen nicht der Illusion, daß ihr jeweiliger Nationalstaat ihre Interessen tatsächlich schützen würde. Sie erwarten auch nicht viel von einer globalen Zivilgesellschaft oder einer »Global Governance«, die sich manche als Alternative zur Konzernherrschaft vorstellen. Sie wollen vor allem wieder die Kontrolle über ihre ganz konkreten Lebensbedingungen haben: Land, Wasser, Wälder, ihre Kultur, ihr Wissen, ihre Arbeit. Sie wollen weder als Bittsteller zur UNO noch zu ihren Regierungen und schon gar nicht zu den Multis gehen. Denn sie wissen noch – oder sie lernen diese Lektion wieder neu –, daß die Nahrung aus der Erde und das menschliche Leben aus den Frauen und nicht aus dem Kapital kommt.

Beispiel für diesen anderen Ansatz finden wir zunächst im Süden, wo der keynesianische Sozialstaat ohnehin nicht realisiert wurde.

Bekannt ist inzwischen, was die zapatistische Bewegung in Chiapas bisher zur Frage einer Alternative zur kapitalistischen Globalisierung unternommen hat. Das ist von besonderer Bedeutung, weil dies aus einer MAI-ähnlichen Situation heraus geschehen ist. So hat die zapatistische Bewegung seit Ende 1994, nach einem Jahr NAFTA, die Bildung von 30 neuen Gemeinden angekündigt, die sich im Gegensatz zur offiziellen Gemeindeverfassung als »autonom« deklarierten. Nach einem Bericht von Horst Rosenberger haben die autonomen Gemeinden nach und nach Gestalt angenommen. Dies geschah in basisdemokratischen Prozessen. »Im Unterschied zu den offiziellen Gemeinden, die per Regierungsdekret und nach Maßgabe von Macht- und Ausbeutungsinteressen entstanden, werden die Gemeindegrenzen der autonomen Gemeinden von den Bewohnern selbst bestimmt ... Dieser demokratische Konstituierungsprozeß beschränkt sich nicht nur auf die Festlegung der Territorialgrenzen, sondern umfaßt die gesamte Bestimmung der Funktionsweise der autonomen Gemeinde. Hier ist es zu einer Art Hybrid zwischen traditionellen Formen der Selbstverwaltung der indianischen Völker und Elementen der Neuerung gekommen. So wurde z.B. die indianische Tradition beibehalten, derzufolge die Vollversammlung der Gemeinschaft das höchste Entscheidungsorgan ist, und gleichzeitig wurde eine Art Rätesystem für die Koordinierung der Entscheidungen eingerichtet ... All diese Koordinierungs- und Verwaltungsinstanzen (der autonomen Gemeinschaften) funktionieren nach dem sog. Prinzip des ›befehlenden Gehorsams‹. Hinter dieser Losung verbirgt sich ein tiefes Mißtrauen gegenüber der Macht, das in sehr vielen traditionellen Völkern verankert ist. Dieses Machtmißtrauen hat ... (dazu) geführt ... daß das ›Amt eine Bürde‹ zu sein hat ... Alle diese Maßnahmen haben das Ziel, die Vertreter daran zu erinnern, daß sie das Mandat der Gemeinschaft zu erfüllen haben ... Diese Struktur ... liegt auch den autonomen zapatistischen Gemeinden zugrunde, die nur ausgehend von den Impulsen in den Gemeinschaften überleben können, wo die Leute aus ihren durch Kollektivität und gegenseitige Hilfe geprägten Alltagserfahrungen heraus ihr Leben, ihre Arbeit und ihre Feste organisieren. Dieser kommunitäre Geist ist nicht etwas, was die Zapatistas erfunden haben ... Er ist ›die einzige Möglichkeit des Überlebens, des Widerstands, der Würde und Rebellion gewesen‹.« (Marcos, zit. in Rosenberger 1998) Tatsächlich erkläre sich der Krieg, den die mexikanische Regierung gegen die zapatistischen Gemeinden führt, »aus dem Versuch der Macht, die weitere Ausdehnung und Festigung dieser Lebensform zu verhindern, die der herrschenden Logik der individuellen Bereicherung und der Machtzentralisierung diametral entgegengesetzt ist« (Rosenberger). An diesem Beispiel ist zu erkennen, wie versucht wird, von oben eine mögliche Alternative von unten zu verhindern.

Weitere Beispiele für eine alternative Perspektive sind in den indischen Bauernbewegungen gegen das GATT, die TRIPs, also die Enteignung geistigen Eigentums der Völker, gegen Patentierung und gegen die WTO, gegen die transnationalen Konzerne und die neoliberale Politik der Regierungen generell zu finden. Nach jahrelangen und zum Teil auch erfolgreichen Kämpfen von Millionen von Bauern und anderen begann diese Bewegung sich zu fragen, was für eine Politik, welche Demokratie sie denn eigentlich haben wollte. Den es war ja offensichtlich, daß die gewählte Regierung die Interessen der Armen nicht schützte. Nach mehreren Diskussionen kam diese Bewegung zum Schluß, daß nur eine »People's Democracy«, eine direkte Demokratie, verhindern würde, daß irgendwelche »Volksvertreter« in Zukunft wieder von den Multis gekauft werden könnten. Diese People's Democracy sollte auf dem Ghandischen Prinzip aufbauen, wonach die Dorf-Demokratie und -Autonomie der Anfang aller Demokratie und Ökonomie sein sollte. Alle weiteren Stufen der Demokratie, bis zur staatlichen Ebene, müßten dieser direkten Dorf-Demokratie verpflichtet bleiben.

Diese Bewegung steht keinesfalls allein. Es gibt inzwischen viele ähnliche Volksbewegungen im Süden, aber auch im Norden. Eine internationale Koordination solcher Volksbewegungen von unten ist das PGA – das »People's Global Action – against Free Trade and the WTO«. Diese internationale Koordination, in der sowohl Bewegungen des Südens wie des Norden zusammengefaßt sind, schreibt in einem Entwurf für ein Manifest: »Nur eine globale Allianz von Volksbewegungen ... kann den Aufstieg dieses globalisierten Monstrums (des Neoliberalismus, d. Ü.) besiegen. Wenn die Verarmung ganzer Völker auf dem Programm des Neoliberalismus steht, dann muß die Ermächtigung der Völker die Agenda dieser globalen Allianz von Volksbewegungen werden. Die Kontrolle der Menschen über Produktion und Konsum muß wieder zurückgewonnen werden, und die Mißhandlung der Natur durch den Kapitalismus muß gestoppt werden. Traditionelle Wissenssysteme und Technologien müssen wiederbelebt und traditionelle lokale Marktsysteme durch neue Produzenten-Konsumenten-Beziehungen ... ergänzt werden. Vor dem Hintergrund, daß Regierungen überall auf der Welt als Kreaturen und Werkzeuge der kapitalistischen Mächte agieren, ist die einzige verbliebene Alternative für die Menschen, ihr Leben durch einen Ansatz direkter Demokratie zu sichern. Direkte demokratische Aktion ist daher die einzig mögliche Methode, den Wahnsinn des Kapitalismus zu stoppen. Demokratische Aktionen basieren auf der Grundlage der Gewaltlosigkeit und des zivilen Ungehorsams gegen ein ungerechtes System ...« (PGA, Manifestentwurf, Februar 1998)

Ein Beispiel, das noch weiter geht und nicht nur die politische, sondern auch die ökonomische Autonomie wieder zurückgewinnen will, ist die *Naya Krishi Andolon* – die Neue Agrarbewegung in Bangladesch im Distrikt Tangail. Diese Bewegung hat sich zum Ziel gesetzt, sich frei zu machen von dem ganzen Betrug der »Grünen Revolution«, von den Multinationalen Agrarkonzernen, die mit ihrem »Gift«, ihren Pestiziden, Herbiziden und Hochertragssorten ihr Land, ihre Gesundheit, ihre Nahrungssicherheit und ihre Kultur vernichtet haben. Diese Bewegung hat sich ein Manifest gegeben, in dem sich die Bauern zu bestimmten ökologischen, ökonomischen und kulturellen Prinzipien verpflichten:

– »Absolut keine Benutzung von Pestiziden. Die Integrität des Lebens wird respektiert.
– Keine Benutzung chemischen Düngers oder graduelle Reduzierung desselben.
– Gemischter Anbau und Land-Forstwirtschaft und andere bekannte Methoden, um die Fruchtbarkeit des Bodens wieder herzustellen oder zu erhalten.
– Praktizieren der Land-Forstwirtschaft, Pflanzen von Bäumen und Büschen für Brennholz, Früchten zusammen mit Reis und Gemüse.
– Kalkulieren des gesamten materiellen Ertrags eines Bauernhaushalts und des Gewinns einer ganzen Gemeinschaft durch den Erhalt des Bodens und der Biodiversität.«

Vieh, Geflügel, halbwilde Vögel und Tiere werden als integraler Teil der Hauswirtschaft betrachtet. Bauernhaushalte sind keine »Farmen« oder »Fabriken« im Sinne des industriellen Paradigmas.

– »Priorität wird auf die lokalen Arten gelegt. Lokale Arten sind fast immer ökonomisch ertragreich und ökologisch angepaßt.
– Saatgut und genetische Ressourcen werden auf der Ebene des Haushalts und der Kommune konserviert. Die Bauern müssen Kontrolle über dieses Saatgut behalten. Die ›Privatisierung‹ von Saatgut, genetischen Ressourcen und die Patentierung von Lebensformen werden nicht akzeptiert.« (F. Akther 1998, S. 3)

Das Interessante an dieser Bewegung ist, daß es ihr nicht einfach um Erhöhung der Kalorien-Produktion geht, sondern um »ein glückliches Leben«, um »Ananda« (Glückseligkeit). Dieses »glückliche Leben« fängt mit der Nahrungsproduktion an, die in der Hand der Frauen und Männer bleiben soll, die in diesem Gebiet leben. Es waren zuerst Frauen, die sich für diesen neuen ökologischen Ansatz interessierten. Denn Frauen waren die ersten Opfer der Grünen Revolution des »Gifts« der modernen Landwirtschaft. Eine von ihnen beschreibt es so: »Unser Überleben hängt vom Überleben aller anderen Lebensformen ab. Das erste, was ein Bauer braucht, ist Saatgut. Das Saatgut muß in unserer Hand bleiben. Das Land wird brach bleiben, wenn du keinen Samen hast. Frauen kennen die Techniken und besitzen das Wissen, wie man Saatgut aufbewahrt. Ein Mann weiß nicht, wieviel Sonne notwendig ist, um den (ungeschälten) Reis zu trocknen, wann die beste Zeit ist, das Saatgut auszusondern und für das nächste Jahr aufzubewahren. Selbst wenn die Bauern den Reis ernten, sagen ihnen die Frauen, welche Felder am besten sind für das Ernten von Saatgut, welche Tage am günstigsten sind. Denn die Frau weiß, welches Feld gereiften, regenerationsfähigen Reis hat. Wenn das Korn nach Hause gebracht wird, untersucht sie, welcher Teil der beste ist zum Aufbewahren. Sie entscheidet, wie viele Tage Sonne notwendig sind, um den Reis zu trocknen.

Wenn das Saatgut auf dem Markt gekauft wird, ist alles ganz anders. Das zu Hause aufbewahrte Saatgut ist von viel besserer Qualität als das gekaufte. Jetzt kaufen die Bauern neues Saatgut auf dem Markt, darum brauchen sie die Frauen nicht mehr. Früher, als die Samenaufbewahrung ganz in der Hand der Frauen lag, waren die Männer von den Frauen abhängig in bezug auf das Saatgut. Jetzt kümmern die Männer sich nicht mehr um die Frauen. Mutter und Sohn haben keine Beziehung mehr zueinander, der Ehemann verläßt seine Frau ... Denn Saatgut, Dünger – alles kann auf dem Markt gekauft werden. Das abgepackte Saatgut zerstört alle Beziehungen. (Aber) wir werden nicht zulassen, daß unser Saatgut von anderen angeeignet wird, daß es uns gestohlen wird. Wir sind für das Überleben aller Lebensformen, nicht nur der menschlichen Wesen.« (ebenda, S. 4)

Der *Naya Krishi Andolon* haben sich bereits 25.000 Haushalte angeschlossen. Frauen und Männer reisen als »Extension Workers« in andere Dörfer und Distrikte, um über ihre Bewegung zu berichten, deren Erfolg sie direkt daran ablesen können, daß wieder Fische in ihren Teichen und Reisfeldern sind, daß sie heute wieder eine Vielfalt von Reissorten haben anstatt die Monokultur der Grünen Revolution, daß sie wieder viele Sorten von Gemüse und Früchten haben, die vorher schon verschwunden waren, und daß das Saatgut wieder in der Hand der Frauen ist.

Eine Bewegung wie die *Naya Krishi Andolon* braucht nicht zum Staat oder zu den Banken zu gehen, um dort um Kredite zu betteln; sie kann auf die Multis mit ihrem »Gift« verzichten. Sie ist auch nicht mehr erpreßbar durch irgendwelche korrupten Politiker. Dennoch ist dies nicht nur eine lokale, provinzielle Bewegung. Die Bauern und Weber von Tangail entlassen ihre nationalen Regierungen nicht aus der Verantwortung. Sie sind sich der globalen Dimension ihrer Bewegung bewußt. Sie wissen, wer ihre nationalen und internationalen Gegner sind. Und sie verbünden sich auch mit ähnlichen Bewegungen, sowohl in Ländern des Südens als auch des Nordens.

MAI-freie Dörfer, Städte, Länder, Provinzen

Obwohl die lokalen und regionalen Aktionen gegen den Neoliberalismus und das GATT im Süden zunächst unterschieden sind von den Aktionen gegen das MAI in Nordamerika und Europa, gibt es dennoch bemerkenswerte Übereinstimmungen. Das gilt besonders für ein Handeln, in dem sich Dörfer, Gemeinden, Provinzen und Parlamente wieder auf die Grundbedeutung dessen besinnen, was Volkssouveränität und Volksdemokratie heißt (vgl. den Slogan »Wir sind das Volk« in der ehemaligen DDR). Wie die indischen Bauern trauen auch hier die Bürger ihren gewählten Regierungen nicht mehr, die ihre Lebensinteressen den Multis ausgeliefert haben. Diese Bauern wollen – zumindest ansatzweise – ein Stück »direkter Demokratie« zurückgewinnen. Es geht ihnen dabei letzten Endes darum, wieder Kontrolle über ihre unmittelbaren Lebensbedingungen zurückzugewinnen: ihre Umwelt, ihre Arbeit, ihr Essen, ihre Kultur – ja, vielleicht sogar ihre Lebensfreude, um »Ananda«. Im Unterschied zu den bengalischen Frauen und Männern in der *Naya Krishi Andolon* jedoch sind die MAI-frei-Erklärungen von Städten wie San Francisco oder Bundesländern wie Vorarlberg, Salzburg und der Steiermark oder British Columbia zunächst nur politische Erklärungen. Sie sind ökonomisch noch nicht zu Ende gedacht, aber sie tragen in sich die Tendenz, die dies ermöglichen könnte. So wie es bei einem Tribunal in British Columbia in Kanada gegen das MAI ausgedrückt wurde: »Wenn wir British Columbia MAI-frei halten wollen, dann müssen wir schließlich auch wieder über Self-Reliance und Selbstversorgung nachdenken.« (Tonbandkassette von diesem Tribunal, Januar 1998)

Das heißt nichts anderes, als daß die Kritik am MAI die Chance in sich birgt, daß Menschen nicht nur über ein alternatives MAI, sondern über eine andere Politische Ökonomie nachdenken, und zwar hier und sofort und überall. Der Abfall vom Glauben muß jetzt schon beginnen. Denn die Globalisierung hat zu einer Krise geführt, in der – durch das MAI ungeheuer beschleunigt – in großer Geschwindigkeit nicht nur unsere inzwischen totale Abhängigkeit vom Geld, sondern auch die Tatsache, daß wir generell keine Produktionsmittel mehr haben, von denen wir leben können, gleichzeitig sichtbar werden und das eigentliche Dilemma aufzeigen: neben dem der Akkumulation auch das der sogenannten ursprünglichen Akkumulation, also unserer »Trennung« von (fast) allen Produktions- und Lebensmitteln. Die dissidente Geisteshaltung, die sich zunächst gegen die Erbärmlichkeit, Primitivität, Einseitigkeit, Brutalität und Gewalttätigkeit des MAI-Denkens wendet und seine Reduktion aller menschlichen Interessen, aller Ökonomie und Kultur auf Profitinteressen als unerhörte Zumutung empfindet, kann – ob mit oder ohne MAI – jetzt schon gepflegt werden. Indem wir uns an unserem Wissen und unserer Erfahrung an Stelle eines Glaubens orientieren, können wir andere, schließlich auch mögliche Wege erst sehen, die uns verborgen bleiben, solange wir immer nur geradeaus und nach oben schauen. Wie gesagt: Das MAI ist kein Naturgesetz. Im Gegenteil, falls es Naturgesetze gibt, so sind sie in jedem Fall auf unserer Seite. Dazu müßten wir uns aber aufs neue und in ganz anderer Weise, als dies in der Neuzeit der Fall war, mit Natur auseinandersetzen, weil wir sonst nicht imstande wären, einen anderen als den MAI-Weg zu gehen.

Das Gleiche gilt für die Frauenfrage. Es braucht eine völlig andere Auseinandersetzung mit den Grundlagen jeder Kultur und Gesellschaft, die immer noch in ihrem Umgang mit der Tatsache bestehen, daß ohne eine nächste Generation auch keine Gesellschaft mehr da wäre. Also gerade die Bereiche, von denen sich unsere Gesellschaft quasi unabhängig zu machen versucht, nämlich Land und Leib, treten wieder in den Vordergrund, weil sie es sind, die heute in erster Linie zerstört werden, obwohl sie unverzichtbar sind. Der Glaube daran, daß diese Zerstörung nicht so schlimm sei, weil ein ökonomischer oder technologischer Ersatz in Form von Waren oder Maschinen geschaffen würde, ist angesichts des möglichen Wütens eines weltweiten MAI-Regimes nicht mehr aufrechtzuerhalten. Alle unsere Versäumnisse werden uns nun bewußt: die Behandlung der Bauern-, Frauen- und Kolonialfrage sowie das Verhältnis zur Natur insgesamt.

Das Ergreifen von Alternativen würde allerdings einen Begriff und ein Bild davon voraussetzen, was der Aufbau einer »Wirtschaft von unten« (Ch. Müller), ein kulturelles Wirtschaften, eine neue »moralische Ökonomie« (Mies) bzw. eine neue »Wiedereinbettung« der Ökonomie in die Gesellschaft (K. Polanyi) heute bedeuten könnten. Immerhin können wir darüber nicht nur aus der Geschichte, sondern auch von zeitgenössischen Bevölkerungen aus anderen Teilen der Welt sehr viel lernen, solchen nämlich, die schon länger unter MAI-ähnlichen Verhältnissen leben und daraus Konsequenzen gezogen haben. Von ihnen lernen wir auch: Wer Kontrolle über die Politik gewinnen will, muß die Kontrolle über die Wirtschaft wieder gewinnen.

Es zeigt sich, daß sich eine Alternative nur finden läßt, wenn die Leute anfangen, sich an nichts Geringerem als ihren Sehnsüchten und nicht mehr am Kapital zu orientieren. Dazu braucht es aber vor allem die persönliche Überzeugung und Entscheidung, zu denen uns Institutionen und Organisationen nicht verhelfen können.

Dieser Ansatz von unten wird nicht nur bereits von zahlreichen lokalen Bewegungen praktiziert, sondern beruht auch auf einer anderen Vision vom »guten Leben« als sie uns die kapitalistische Religion anbietet. Eine solche Vision formulierte das internationale Frauen-Netzwerk »Diverse Women for Diversity« in seinem

Aufruf an die 4. Konferenz der UNO zur »Konvention über Biologische Vielfalt« im Mai 1998 in Bratislava:

»Wir sind Frauen aus verschiedenen Regionen und vielfältigen Initiativen und Bewegungen, die sich für die Erhaltung der reichen Fülle des Lebens auf unserer Erde einsetzen. Wir glauben, daß es Grenzen für die menschliche Nutzung und Aneignung der Erde und ihrer vielfältigen Lebewesen gibt und geben sollte. Wir übernehmen Verantwortung für den Gebrauch, den wir von Teilen unserer Erde machen, und fordern alle Mitglieder unserer Art auf, das Gleiche zu tun. Wir wissen, daß uns nur eine begrenzte Zeit und ein begrenzter Raum gegeben ist und daß wir dafür verantwortlich sind, wie wir in dieser Zeit leben und wie wir diesen Raum für die Zukunft hinterlassen. Wir nehmen nicht hin, daß Mißtrauen, Gier, Gewalt und Furcht die Beziehungen der Menschen untereinander und mit anderen Lebewesen bestimmen ...

Wir sehen, achten und feiern die Vielfalt und die Wechselbeziehungen von Lebewesen, Kulturen und Wegen der Erkenntnis. Wir lehnen ab, was die Vielfalt des Lebens und der Kulturen nicht nachhaltig trägt und unterstützt, und so lehnen wir die Weltbank, den Internationalen Währungsfonds, die Welthandelsorganisation, das Multilaterale Investitionsabkommen und andere derartige Abkommen ab. Und wir unterstützen die Konvention für Biologische Vielfalt ... dieses wichtige kleine Abkommen, das den Menschen ein paar winzige Entscheidungs- und Handlungsspielräume offenhält und das uns alle dazu einlädt, wenigstens kleine Schritte in eine neue Richtung zu wagen, in Richtung auf mehr gegenseitige Achtung und gemeinsames Wohlbefinden.«

Anhang

Glossar

APEC – Asian-Pacific Economic Cooperation

Wurde 1997 in Kanada gegründet, um bis 2010 alle Handelsbarrieren zwischen den Mitgliedern und Nichtmitgliedern dieses nordpazifischen Handelsblocks zu beseitigen. Die Handelspartner dieses Blocks kontrollieren 50% des Welthandels.

BDI – Bundesverband der Deutschen Industrie

Sitz in Köln. Der derzeitige Präsident des BDI ist Hans-Olaf Henkel. Der Geschäftsführer des BDI, Ludolf von Wartenberg, hat eindeutig klargemacht, daß der BDI für ein möglichst weitgehendes MAI und eine Festschreibung der bestehenden Liberalisierung eintritt. Der BDI drängt auf raschen Abschluß des MAI. Friedolin Strack vom BDI, der in der deutschen Delegation mit am Tisch sitzt, warnt: »Wenn das Mandat noch einmal verlängert werden muß, dürfte es schwerfallen, den Erfolgsdruck auf die Parteien aufrechtzuerhalten.« (Handelsblatt, 12. 8. 97)

BIAC – Business and Industry Advisory Council (Beirat der Wirtschaft und Industrie)

Das BIAC ist die Stimme der Wirtschaft in den MAI-Verhandlungen der OECD. Mit Sitz in Paris und wie die OECD selbst 1962 gegründet, wird das BIAC sowohl informell wie formell regelmäßig von der OECD zu Rate gezogen.

Es besteht aus den Unternehmerorganisationen der OECD-Mitgliedsstaaten sowie aus Interessenvertretungen der Industrie wie UNICE, dem kanadischen BNCI, dem USCIB, ICC (International Chamber of Commerce/Internationale Handelskammer) und anderen. Einige einzelne Konzerne, darunter *Shell*, *General Electric*, BASF und *Kobe Steel*, sind ebenfalls Mitglied im BIAC.

Das Gremium besteht aus 14 Komitees, die sich mit den unterschiedlichsten Themen von Handel über Erziehung und Chemikalien bis hin zu internationalem Investment beschäftigen.

Das BIAC unterstützte das MAI seit Verhandlungsbeginn enthusiastisch und war an den Vorverhandlungen in den Jahren 1991 bis 1995 aktiv beteiligt. Es fanden etliche formelle Treffen zwischen dem BIAC und der Verhandlungsgruppe statt, aber wichtiger war vielleicht die Arbeit hinter den Kulissen. Beispielsweise trifft sich vor jeder Verhandlungsrunde eine Ad-hoc-Gruppe von BIAC-Mitgliedern mit den OECD-Unterhändlern.

BNCI – Business Council on National Issues (Wirtschaftsrat für nationale Fragen)

Das kanadische Pendant zum ERT wird von den wichtigsten kanadischen Konzernen gebildet, z.B. *Air Canada, AT & T, Bechtel, Bombardier, Canadian Pacific, Cargill, Dupont, General Motors, Hewlett-Packard, Loram, Mac-Millan-Bloedel, Mitsubishi, Monsanto, Nestlé, Northern Telecom, Petro Canada, Placer Dome.*

Das BNCI arbeitet seit zwei Jahrzehnten eng mit der kanadischen Regierung zusammen und unterstützte mit einer kostspieligen Kampagne die Wahl der jetzigen neoliberalen Regierung. Er war maßgeblich an der Entwicklung der US-amerikanisch-kanadischen Freihandelszone beteiligt.

Im Rahmen des MAI betont das BNCI, das bemüht ist, sein Negativimage in der Öffentlichkeit zu verbessern, die eher positiven Aspekte wie Schaffung von Arbeitsplätzen. Seine speziellen Positionen – insbesondere seine Gegnerschaft zu der von der EU gewünschten Bevorzugung von REIOs (regionale wirtschaftliche Zusammenschlüsse wie die EU selbst) – vermittelt er sowohl als Mitglied des BIAC als auch über die kanadische Handelskammer und andere Gremien.

CIM – Commitee on International Investment and Multinational Enterprises (Komitee für internationale Investitionen und multinationale Unternehmen)

CMIT – Committee on Capital Movements and Invisible Transactions (Komitee für Kapitalbewegungen und unsichtbare Transaktionen)

DIHT – Deutscher Industrie- und Handelstag.

Der DIHT ist Mitglied des ICC und, zusammen mit dem BDI, einer der vehementen Befürworter des MAI. Der DIHT setzt sich für einen raschen und für die Industrie günstigen Abschluß des MAI ein.

ERT – European Round Table of Industrialists (Europäischer Runder Tisch der Industriellen)

Der ERT ist seit vielen Jahren an den Bemühungen zur Liberalisierung des Investmentsektors beteiligt. Er unterstützt das MAI und zielt in erster Linie auf eine Investitionsvereinbarung innerhalb der WTO ab. Bereits 1993 betonte das Gremium im Papier »Europäische Industrie – ein Partner für die sich entwickelnde Welt« die Notwendigkeit eines Investment-GATT.

Der ERT spielt eine aktive Rolle bei der Bestimmung der politischen Tagesordnung der EU. Hinsichtlich der Deregulierung des Investmentsektors ist der ERT in direktem Kontakt mit europäischen Regierungsvertretern, der EU-Kommission und Regierungen der sog. Dritten Welt. Zwei der vom ERT propagierten Hilfsmittel zur weiteren Globalisierung sind bereits erfolgreich angewandt worden: das Buhlen um die Gunst der Konzerne mittels der günstigsten Investitionsbedingungen (»competition on rules«) und die Ermutigung von Staaten, ihr Investitionsklima zu vergleichen und in Richtung einer Deregulierung zu wirken (»benchmarking«). Dies seien die effektivsten Instrumente, um eine Anpassung der (staatlichen) Institutionen an die Erfordernisse der privaten Wirtschaft zu gewährleisten. Dieses Konzept von 1993 hat inzwischen nicht nur die EU-Staaten und die Europäische Kommission, sondern vor allem auch die Politik von sog. Drittweltstaaten beeinflußt.

Der ERT präferiert eine WTO-Vereinbarung, welche noch weitreichender sein soll als das MAI: Eine derartige Vereinbarung hoffte man bereits im Juni 1998 bei der nächsten WTO-Ministerkonferenz beschließen zu lassen. Dabei kann sich der ERT der vollen Unterstützung der EU-Kommission, einer der wichtigsten Vertreterinnen eines multilateralen Investitionsabkommens im Rahmen der WTO, sicher sein.

Mit der gemeinsamen Versammlung mit der UNCTAD hoffte der ERT, die opponierenden Entwicklungsländer zu besänftigen, die der Meinung waren, solche Verhandlungen sollten bei dem UN-Gremium angesiedelt sein und bleiben.

GATT – General Agreement on Tariffs and Trade (Allgemeines Zoll- und Handelsabkommen)

Die GATT-Verhandlungen über die Regelungen des internationalen Handels begannen 1948. Danach folgten mehrere Verhandlungsrunden. Die letzte und siebte, die sogenannte Uruguay-Runde, endete 1994.

Im GATT wird jede Art von Protektionismus im globalen Handel aufgehoben. Neu ist im GATT vor allem, daß auch der Handel mit Agrargütern und mit intellektuellen Eigentumsrechten (Trade Related Intellectual Property Rights: TRIPs) nun von allen nationalen Schutzmaßnahmen »befreit« wird. Die GATT-Bestimmungen haben weltweit zur Liquidierung der Kleinbauern, zur Zerstörung der Biodiversität und zu größerer Verarmung besonders in der Dritten Welt geführt. Dennoch ist das MAI als Fortsetzung dieses Abkommens zur Befreiung des Handels zur Befreiung von allen Schranken der Investitionen konzipiert worden. 1995 wurde das GATT in die World Trade Organisation, die WTO mit Sitz in Genf, überführt.

ICC – International Chamber of Commerce (Internationale Handelskammer)

Einer der wichtigsten Zusammenschlüsse hinter dem MAI ist zweifellos die ICC, welche sich selbst gerne als »Die Weltwirtschaftsorganisation« darstellt. Die Organisation mit Mitgliedern aus über 130 Staaten ist nicht

in erster Linie der Dachverband der Handelskammern, wie es der Name vermuten ließe, sondern umfaßt außerdem mehrere nationale Wirtschaftsorganisationen sowie einige der wichtigsten transnationalen Konzerne, *Asea Brown Boveri, Bayer, British Petroleum, Dow Chemical, General Motors, Hyundai, Nestlé, Novartis, Shell, Toshiba, Zeneca* u.v.m.
Vorsitzender der ICC, die eine Schlüsselrolle in der Weltpolitik anstrebt, ist Nestlé-Präsident und ERT-Vorsitzender Helmut Maucher. Generalsekretärin ist Maria Livanos Cattaui. Cattaui entwickelte über beinahe zwei Jahrzehnte das Weltwirtschaftsforum mit seinen jährlichen Treffen in Davos zu einem einflußreichen Weltgipfel von Konzernchefs und Spitzenpolitikern.
Die ICC ist an den MAI-Verhandlungen vor allem über das BIAC beteiligt. Die Kammer selbst spielte und spielt eine maßgebliche Rolle im Vertragsentwurf.
So ist beispielsweise das Schiedsgericht der ICC als einer der zentralen Konfliktlösungsmechanismen im MAI-Vertragsentwurf vorgesehen. Der heftig umstrittene Passus sieht vor, daß Konzerne gegen Staaten vor einem vom ICC kontrollierten internationalen Schiedsgremium vorgehen können, um beispielsweise darüber befinden zu lassen, ob aus Gründen nationaler Sicherheit ihr Handlungsspielraum eingeschränkt werden darf. Nationale Gerichte sollen auf diesem Sektor nichts mehr zu melden haben.
Weiterhin nutzte die ICC ihren Einfluß, um beispielsweise auf dem G7-Gipfel in Denver 1997 oder bei der WTO (s.u.)-Ministerkonferenz 1996 für das MAI zu werben.

ILO – International Labour Organization (Internationale Arbeitsorganisation)

Seit 1946 Sonderorganisation der UN, setzt sich für die Verbesserung von Arbeitsbedingungen, Umwelt- und Sozialstandards ein, besitzt allerdings keine Sanktionsmöglichkeiten (»zahnloser Tiger«).

IMF – International Monetary Fund (Internationaler Währungsfonds IWF)

Der IMF ist offiziell dafür zuständig, ein ungefähres Gleichgewicht zwischen den Kreditrückzahlungen von Trikontstaaten und deren Anpassung an bestimmte Standards zu gewährleisten. Gleichzeitig ist er entscheidend an der Erschließung neuer Märkte für ausländische Investoren beteiligt und hat im Falle einer finanziellen Krise für sie geradezustehen. Das Werkzeug des IMF hierfür ist ein Set von Mindestanforderungen bezüglich der Liberalisierung des Investmentsektors, welches die fraglichen Staaten ihrer ökonomischen Souveränität beraubt, die sog. Strukturanpassungsmaßnahmen.

In der Tat umfassen die derzeitigen Rettungsprogramme des IMF für die desolaten Ökonomien von Südkorea, Thailand und Indonesien eine Reihe von Klauseln, die geradewegs dem MAI-Papier entnommen sein könnten. Die verschuldeten Regierungen sollen u.a. allen ausländischen Investoren das Recht gewähren, in jedwedem Wirtschaftssektor Investitionen zu tätigen; arbeitsrechtliche und ökologische Schutzbestimmungen sollen zugunsten größerer wirtschaftlicher Attraktivität abgeschwächt werden; die Abschaffung von Schutzbestimmungen im Aktiengeschäft betreffen u.a. Blitzverkäufe und Kapitalflucht; Vorkehrungen gegen die Übernahme von Regularien, welche in ihren jeweiligen Ländern ausländische Investitionen in irgendeiner Form reglementieren. Derzeit kaufen die transnationalen Konzerne lokale Firmen vor allem in Asien zu Dumpingpreisen auf und erschließen sich selbst damit gleichzeitig neue Märkte.

IOE – International Organization of Employers (Internationale Arbeitgeber-Organisation)

ISCID – International Center for the Settlement of Investment Disputes (Internationales Zentrum zur Schlichtung von Investitionsstreitigkeiten)

Gegründet 1960, kleinste Tochter der Weltbank-Gruppe, Beraterstatus bei den MAI-Verhandlungen, einer von drei Streitschlichtungsmechanismen im MAI.

KEIDANREN – Japanische Wirtschaftsvereinigung

Der umfassende Zusammenschluß der japanischen Industrie mit über 1000 Mitgliedern, darunter *Toyota, Nissan, Mitsubishi, Sony, Sakura Bank, Nippon Steel*, ist neben Südkorea das einzige asiatische OECD-Mitglied und verfolgt hauptsächlich das Ziel, die Mitgliedschaft von Nicht-OECD-Staaten und Entwicklungsländern zu erleichtern. Wie der BNCI steht auch KEIDANREN den REIOs ablehnend gegenüber und tritt außerdem für eine völlige Einbindung auch der subnationalen Ebene in das MAI ein.

NAFTA – North-American Free Trade Agreement (Nordamerikanisches Freihandelsabkommen)

Dieses Abkommen wurde 1994 zwischen den USA, Kanada und Mexiko geschlossen. Es hat die Freihandelsbestimmungen von GATT/WTO für diesen regionalen Handelsblock festgelegt, erweitert und spezifiziert. Das MAI ist ausdrücklich nach dem Muster von NAFTA konzipiert worden. Heute schlägt Präsident Clinton vor, das NAFTA auf den ganzen südamerikanischen Kontinent auszudehnen.

OECD – Organization for Economic Cooperation and Development (Organisation für wirtschaftliche Zusammenarbeit und Entwicklung)

Gegründet 1960 mit dem Pariser Abkommen, Nachfolgeorganisation der OECD (Organisation zur Umsetzung des Marshall-Plans in Europa), inzwischen 29 Mitglieder, darunter alle wichtigen westlichen Industrienationen, alle EU-Länder, die NAFTA, zwei ehemalige Ostblockstaaten (Ungarn, Tschechien) und zwei asiatische Länder (Japan und Südkorea).

TUAC – Trade Union Advisory Committee (Internationaler Gewerkschaftsbeirat)

Wie sein unternehmerisches Gegenstück, hat auch das TUAC beratenden Status bei der OECD und ein kleines Büro in Paris. Es repräsentiert mehr als 55 gewerkschaftliche Dachverbände der Industrieländer und insgesamt mehr als 70 Millionen Arbeitnehmer.

Das TUAC sieht seine Aufgabe darin, »sicherzustellen, daß die globalen Märkte durch eine deutliche soziale Dimension ergänzt werden«. Entsprechend betonte das TUAC seit den Beratungen um die Machbarkeitsstudien zu Beginn der 90er Jahre die Notwendigkeit, bindende soziale und ökologische Standards in das MAI aufzunehmen.

Obwohl die OECD-Vertreter diese Forderungen nie ernst genommen haben, weist Roy Jones vom TUAC-Sekretariat darauf hin, daß die derzeitigen Schwierigkeiten bei den Verhandlungen beweisen, daß TUAC im Recht sei: »Arbeit und Umwelt können den Vertrag sprengen.«

UNCTAD – UN Conference on Trade and Development (UN-Konferenz für Handel und Entwicklung)

Die UNCTAD wird von den OECD-Staaten und Wirtschaftszusammenschlüssen zunehmend genutzt, um sog. Drittweltländer zu einer positiveren Herangehensweise an die Deregulierung des Investmentsektors zu nötigen.

Auf ihrer Konferenz im Mai 1996 in Witrand/Südafrika wurde die UNCTAD beauftragt, die Entwicklung infolge bestehender Arrangements wie bilateraler Investitionsverträge (BITs) zu beobachten und zu diskutieren, ob ein multilaterales Rahmenabkommen für Investitionen notwendig ist.

Die G7-Führer bezeichneten die Ergebnisse von Witrand als »entscheidenden Meilenstein auf dem Weg zur Erneuerung der UNCTAD« und begrüßten die Fokussierung der UNCTAD-Aktivitäten auf »eine kleine Anzahl vorrangiger Abläufe, um Entwicklung durch Handel und Investitionen zu fördern mit dem Ziel, die Integration von Entwicklungsländern ins Welthandelssystem zu erleichtern«.

Obwohl die Konsensfindung bezüglich der Investitionsbestimmungen innerhalb der UNCTAD formlos geschieht, beteiligten sich Entwicklungsländer erst, nachdem ihre industrialisierten Nachbarn sie dazu genötigt hatten. Wie EU-Kommissar Brittan sagte, haben – dank des von der Bundesrepublik Deutschland und Kanada ausgeübten Drucks – informelle Gespräche in Genf bereits begonnen. »Wir haben versucht, die Drittweltländer nicht zur Unterwerfung zu zwingen, sondern sie an den Ergebnissen unserer letzten Analyse zu beteiligen. Es soll ihnen klarwerden, daß die Liberalisierung des Investmentsektors ein Gewinn für alle Beteiligten ist.«

Nicht nur G7-Regierungen möchten den Entwicklungsländern das Fitneßprogramm der UNCTAD zuteil werden lassen, auch große Interessenverbände der Industrie wie ERT und ICC haben die Nützlichkeit dieser Institution erkannt.

Ende 1997 organisierten ERT und UNCTAD gemeinsam ein hochrangiges Treffen von 25 Botschaftern aus Entwicklungsländern und etwa 16 Managern von Mitgliedskonzernen des ERT, um ein wenige Monate altes Arbeitspapier des ERT zum Thema Investment zu diskutieren. Das Treffen leiteten UNCTAD-Sekretär General Rubens Ricupero und ICC-/ERT-Vorsitzender Helmut Maucher von Nestlé. Ebenfalls anwesend war Maria Livanos Cattaui, Generalsekretärin des ICC.

Auf dem Welt-Investment-Forum der UNCTAD von 1996 führte die ICC in ihrem Beitrag zum Thema Weltwirtschaft aus, was Drittweltländer tun sollten, um direkten ausländischen Investoren attraktiv zu erscheinen. Beispielsweise wurde deutlich davon abgeraten, potentiellen Investoren irgendwelche besonderen Auflagen zu machen.

UNICE – Vereinigung der europäischen Unternehmer

Die UNICE ist eindeutig für das MAI und nimmt über seine Mitgliedschaft im BIAC an den Verhandlungen teil. Im Rahmen der WTO tritt der Verein für ein multilaterales Abkommen ein.

USCIB – US-Council for International Business (US-Rat für internationale Wirtschaft)

Bestehend aus über 300 Banken und Großkonzernen (wie *Coca-Cola, Monsanto, Ford, Shell, Unilever, Nestlé, Texaco, General Motors, Philip Morris, BP, McDonald's*) sowie Interessenverbänden, bildet das USCIB den US-amerikanischen Ableger der ICC und der IOE und steht der Expertengruppe des BIAC vor. Der USCIB unterstützte das MAI von Beginn an und war schon 1991 an den Vorverhandlungen zu einem derartigen Abkommen maßgeblich beteiligt. Er nutzt seine weitreichenden nationalen und internationalen, offiziellen und inoffiziellen Kontakte, um dafür zu werben oder es mit verschiedenen Tricks und der Ausübung von Druck zu forcieren. Über das MAI hinaus sorgt der USCIB dafür, daß die Liberalisierung des Investmentsektors auf TOP 1 der Tagesordnung aller entscheidenden Gremien steht.

WBCSD – World Business Council for Sustainable Development (Weltwirtschaftsrat für nachhaltige Entwicklung)

Unter dem Deckmäntelchen einer »grünen« Wirtschaftsorganisation ist der WBCSD recht erfolgreich im Durchsetzen der weltweiten wirtschaftlichen Liberalisierung und verkauft Selbstregulierung durch die Wirtschaft anstelle von staatlicher Intervention als Erfolgsrezept für nachhaltige Entwicklung. Der WBCSD hat die Deklaration von Rio 1992 und den Klimagipfel in Kyoto 1997 maßgeblich mitgeprägt.

Es überrascht nicht, daß das Gremium eindeutig für das MAI ist, auch wenn es einige Probleme zugibt. Offiziell nimmt der WBCSD zwar erst seit Anfang 1998 über den BIAC an den Verhandlungen teil; inoffiziell beeinflußt der WBCSD jedoch durch Einzelpersonen und Organisationen, die in beiden Gremien vertreten sind, den BIAC. Er ist der Ansicht, daß insbesondere Drittweltstaaten von der Einbindung in das MAI profitieren werden, und sieht es als eine Möglichkeit, ökologische Fragen durch Managementsysteme statt Reglementierung und Kontrolle anzugehen.

WTO – World Trade Organization (Welthandelsorganisation)

Die WTO wurde am 01. 01. 95 im Gefolge des Weltfreihandelsabkommens GATT von 1994 gegründet. Ihre Aufgabe ist es, Handelshindernisse zu beseitigen. Regierungen können ihre Schlichtungskommission anrufen, um feststellen zu lassen, ob die Rechtsprechung eines anderen Staates ein Handelshindernis darstellt. Die Entscheidungen der WTO sind bindend und können mittels Wirtschaftssanktionen aller Mitgliedsländer gegen aufmüpfige Staaten durchgesetzt werden.

Die jüngste WTO-Entscheidung definiert das Verbraucherschutzgesetz der EU, das die Verwendung von Wachstumshormonen für Rindfleisch verbietet, als ein Handelshindernis. Zahlreiche weitere Entscheide sind in Vorbereitung. So wie die USA im Namen ihrer Konzerne prozessiert, stellt auch die EU die US-Rechtsprechung im Bereich Lebensmittelsicherheit und Umwelt in Frage und betreibt damit das Geschäft ihrer transnationalen Konzerne. Die USA, die EU und Japan versuchen ständig, das Mandat der WTO auszuweiten, damit ihre Industrien auch auf die letzten ungeschützten Wirtschaftssektoren der »Dritten Welt« zugreifen können. Seit 1995 sind bereits Schritte unternommen worden, die Bereiche Telekommunikation und Finanzdienstleistungen zu liberalisieren.

Ein WTO-Vertrag zur Liberalisierung von Investitionen hat, ungeachtet des heftigen Widerstands der sog. Dritten Welt, weiterhin hohe Priorität bei den OECD-Mitgliedsstaaten und unter diesen besonders für die EU.

Quelle: Corporate Europe Observatory: Maigalomania
Übersetzung: Judith Mies

Literatur

A SEED (Hg.) (1994), Europa im Abbruch. Ein Bericht über den Europäischen Industriekreis, Amsterdam.

Akhter, Farida (1998), NAYA KRISHY ANDOLON – eine Agrarbewegung in Bangladesch für Nahrungssicherheit und ein glückliches Leben (unveröff. Man.), Bangladesch.

Altvater, Elmar; Mahnkopf, Birgit (1996), Grenzen der Globalisierung. Ökonomie, Ökologie und Politik in der Weltgesellschaft, Münster.

Anders, Günther (1980), Die Antiquiertheit des Menschen, II. Über die Zerstörung des Lebens im Zeitalter der dritten Industriellen Revolution, München.

Arbeiterkammer Vorarlberg; Kammer für Arbeiter und Angestellte für Wien (1998), Multilaterales Investitionsschutzabkommen (MAI), Stellungnahme vom 20. 4. 1998, Feldkirch/Wien.

Bennholdt-Thomsen, Veronika (1979), Marginalität in Lateinamerika. Eine Theoriekritik, in: Lateinamerika, Analysen und Berichte, Nr. 3, Berlin.

Bennholdt-Thomsen, Veronika (1980), Investition in die Armen. Zur Entwicklungspolitik der Weltbank, in: Lateinamerika, Analysen und Berichte, Nr. 4, Berlin.

Bennholdt-Thomsen, Veronika (1984), Auch in der Dritten Welt wird die Hausfrau geschaffen. Warum?, in: Peripherie, Nr. 15/16, Münster.

Bennholdt-Thomsen, Veronika; Mies, Maria; Werlhof, Claudia von (1983), Frauen, die letzte Kolonie, Reinbek (Zürich 1992).

Bennholdt-Thomsen, Veronika; Mies, Maria (1997), Eine Kuh für Hillary. Die Subsistenzperspektive, München.

Binswanger, Hans-Christoph (1985), Geld und Magie, Stuttgart.

Boulboullé, Carla; Schuster, H.-W. (1998), Mit den Verträgen von Maastricht und Amsterdam und der Einheitswährung »Euro« bahnen die Regierungen der EU dem MAI-Vertrag den Weg, in: Soziale Politik & Demokratie, Sondernummer zum MAI-Vertrag, 21. 4. 1998.

Bourdieu, Pierre (1998), Die Utopie einer grenzenlosen Ausbeutung wird Realität. Die Sachzwänge des Neoliberalismus, in: Le Monde Diplomatique, Nr. 5481, 13. 3. 1998 (übers. von Sigrid Vagt).

Boxberger, Gerald; Klimenta, Harald (1998), Die 10 Globalisierungslügen. Alternativen zur Macht des Marktes, München.

Bruhn, Jürgen (1998), Raubzug der Manager. Gegen einen Kapitalismus ohne Arbeit, Berlin.

BUND aktuell (1998), Für die Verteidigung unserer Demokratie. Keine politische Macht den Konzernen, Ratingen.

BUND, Landesverband Nordrhein-Westfalen: Leitantrag, verabschiedet am 29. 3. 1998 auf der LDV.

BUND-aktuell NRW, Juni 1998, Ratingen.

Chase Manhattan Bank (1995), zit. nach Perez R., Felipe (Delegierter der Unabhängigen Bauernbewegung des Staates Chiuhuahua bei den UN), Brief an Ernesto Zedillo Ponce de Leon, Präsident der Republik Mexiko, 24. 2. 1995.

Chomsky, Noam (1995) Wirtschaft und Gewalt. Vom Kolonialismus zur neuen Weltordnung, München.

Clarke, Tony (1997), Silent Coup. Confronting the Big Business Takeover of Canada. The Canadian Center for Policy Alternatives (CCPA) and James Lorimer and Co Ltd., Toronto.

Clarke, Tony; Barlow, Maude (1997), MAI: The Multilateral Agreement on Investment and the Threat to Canadian Souvereignty, Toronto.

Committee for Asian Women, CAW (1995), Silk and Steel, Hongkong.

Delumeau, Jean (1985), Angst im Abendland. Die Geschichte kollektiver Ängste im Europa des 14.-18. Jahrhunderts, Reinbek.

Deschner, Karl-Heinz (1994), Kriminalgeschichte des Christentums, Bd. 3, 4, Reinbek.

Die Bergbauern (Zeitschrift der Österreichischen Bergbauernvereinigung) (1998), Subsistenz liegt in der Luft, Nr. 235/236, 21. Jg., Wien.

Diverse Women for Diversity (1998), Statement by Diverse Women for Diversity to the Plenary of the Fourth Conference of the Parties to the Convention on Biological Diversity, Bratislava, 4. 5. 1998.

Drake, Elizabeth; Benygar, Laura; Ewing, Michael u.a. (1998), The Multilateral Agreement on Investment: A Step Backward in International Human Rights, Harvard Law School / Human Rights Clinical Project Program/ The Robert F. Kennedy Memorial Center for Human Rights (Cambridge) 19. 5. 1998.

Engels, Rainer; Martens, Jens; Wahl, Peter u. a. (1998), Alles neu macht das MAI? Das Multilaterale Investitionsabkommen. Informationen, Hintergründe, Kritik (WEED/Germanwatch), Bonn, März 1998.

Esteva, Gustavo (1992), Fiesta. Jenseits von Entwicklung, Hilfe und Politik, Frankfurt a. M./Wien.

Farnleitner, Hannes (Wirtschaftsminister der Republik Österreich) (1998), Standort Österreich, Vortrag, Innsbruck, 16. 1. 1998.

Forum Umwelt und Entwicklung (1997), 5 Jahre nach dem Erdgipfel. Umwelt und Entwicklung, eine Bilanz, Bonn.

Frank, Andre Gunder (1968), Kapitalismus und Unterentwicklung in Lateinamerika, Frankfurt a. M.

Frankfurter Rundschau 30. 6. 1998.

Froebel, F.; Heinrichs, J.; Kreye, O. (1977), Die neue Internationale Arbeitsteilung. Strukturelle Arbeitslosigkeit in den Industrieländern und die Industrialisierung der Entwicklungsländer, Reinbek.

Gabriel, Leo (1998), Thema: Maquila, in: Panorama. Lateinamerika anders. Österreichs Zeitschrift für Lateinamerika, Nr. 2, Februar.

Girard, René (1992), Das Heilige und die Gewalt, Frankfurt a. M.

Halimi, Serge (1996), Schlank und flexibel hinein in die Armut, in: Le Monde Diplomatique, Juli.

Hirsch, Joachim; Roth, R. (1986), Das neue Gesicht des Kapitalismus. Vom Fordismus zum Postfordismus, Hamburg.

Hoffmann, Rainer (1998), Globalisierung und Demokratie, in: NZZ (Neue Zürcher Zeitung) 2. 4. 1998.

Jung, Alexander (1997), Die Jobkiller. Wie deutsche Unternehmen Millionen Arbeitsplätze vernichten, Düsseldorf/München.

Kalcsics, Monika (1998), Erfahrungen mit NAFTA: Mexiko. Beitrag zur Podiumsdiskussion »Alle Macht den Multis?«, bei der Tagung »Für ein MAI-freies Österreich«, Innsbruck, 20. 3. 1998.

Karl, Joachim (1998), Das Multilaterale Investitionsabkommen (MAI), in: RIW 1998, Heft 6, S. 432, Bonn.

Kartte, Wolfgang (ehemaliger Kartellamtspräsident) (1998), zit. nach Noé, Claus in: DIE ZEIT, 5. 3. 1998.

Kirsch, Traute (1998), Agenda 21 – einzigartig inszeniertes Täuschungsmanöver? (unveröff. Man.).

Klaus, Martin (1997), Politik für mehr Reichtum. Daten und Anmerkungen zur Entwicklung von Reichtum und Armut in Deutschland, Freiburg.

Klima, Viktor (Bundeskanzler der Republik Österreich) (1998), Antwortschreiben auf einen »Offenen Brief« zum Multilateralen Investitionsabkommen vom 1. Dezember 1997, Wien, 28. 1. 1998.

Komitee Widerstand gegen das MAI (1998), M.A.I. Multilaterales Abkommen über Investitionen. Der Gipfel der Globalisierung. Reader zum Internationalen Kongreß, 25. 4. 1998, Bonn.

Komitee Widerstand gegen das MAI (Hg.) (1997), MAI: Die geplante Weltherrschaft der Konzerne, Köln, Blumenstraße 9.

Korten, David (1996), When Corporations Rule the World, Westhardford/San Francisco.

Korten, David (1997), Globalizing Civil Society. Reclaiming our Right to Power, New York.

Kreissl-Dörfler, Wolfgang (1998), Bericht mit den Empfehlungen des Europäischen Parlaments an die Kommission zu den Verhandlungen im Rahmen der OECD über ein Multilaterales Abkommen über Investitionen (MAI). Ausschuß für Außenwirtschaftsbeziehungen, Bonn, 26. 2. 1998.

Lemoine, Maurice (1998), Freie Produktionszonen – Rückfall ins 19. Jahrhun-

dert? Die Arbeiter Zentralamerikas als Geiseln der »maquilas«, in: Le Monde Diplomatique, Nr. 5481, 13. 3. 1998.
Lutz, Christian (1997), Die Zukunft der Arbeit ist weiblich, in: Der Standard, 6. 6. 1997, Wien.
Luxemburg, Rosa (1970), Die Akkumulation des Kapitals, Frankfurt a. M.
Marcos, Subcommandante der zapatistischen Befreiungsarmee (1995), Communiqué des Geheimen Indigenen Komitees/Generalkommandantur (CCRI-CG) der zapatistischen Befreiungsarmee, Chiapas, 28. 8. 1995, in: Land und Freiheit, Sonderblätter der Zeitschrift Die Aktion zur Solidarität mit den Aufständischen in Chiapas, Nr. 15, Hamburg, 26. 10. 1995.
Mark-Ungericht, Bernhard (1998), Der Staat, die Politik und der Widerstand gegen das MAI (unveröff. Man.), Graz.
Martin, Hans-Peter; Schumann, Hans (1996), Die Globalisierungsfalle, Reinbek.
Marx, Karl (1966), Zur Judenfrage, in: Karl Marx/Friedrich Engels: Philosophie, Band I, Frankfurt a. M.
Marx, Karl (1974), Die sogenannte ursprüngliche Akkumulation, in: Karl Marx/Friedrich Engels: Werke, Band 23: Das Kapital, 1. Band, Berlin.
Maucher, Helmut (1998), Big is Beautiful. Nestlé-Präsident Helmut Maucher über die Globalisierung und die Notwendigkeit einer weltweiten Fusionskontrolle, Interview, in: DIE ZEIT, Nr. 29, 9. 7. 1998.
McMurthy, John (1998), The Civil Commons, in: The Committee on Monetary and Economic Reform, Januar 1998.
McMurthy, John (1998), Selling out the Academy, in: Canadian Dimension, March-April 1998.
Merchant, Carolyn (1987), Der Tod der Natur, München.
Mies, Maria (1988), Patriarchat und Kapital. Frauen in der Internationalen Arbeitsteilung, Zürich.
Mies, Maria (1996), Frauen, Nahrung und globaler Handel, Institut für Theorie und Praxis der Subsistenz, August Bebel-Straße 16, Bielefeld.
Mies, Maria (1998), Globalisierung – Militarisierung – Ramboisierung, Vortrag gehalten auf der Veranstaltung »Gegen Aufrüstung und die Militarisierung der Gesellschaft« am 17. 1. 1998 in Köln.
Mies, Maria; Shiva, Vandana (1995), Ökofeminismus, Zürich.
Ministerium für Umwelt, Raumordnung und Landwirtschaft des Landes Nordrhein-Westfalen (Hg.) (1998), Lokale Agenda 21: Frauen gestalten Umwelt und Zukunft, Düsseldorf.
Müller, Christa (1997), Von der lokalen Ökonomie zum globalisierten Dorf, Dissertation, Universität Bielefeld.
Natorp, Klaus (1998), Und weiter geht die Waldvernichtung. Eine Bielefelder Forschungsgruppe kommt in Indonesien zu überraschenden Ergebnissen, in: Frankfurter Allgemeine Zeitung, 13. 6. 1998.

Neue Kronenzeitung (1998), Tirol wird ein »Disneyland«!, Innsbruck, 17. 6. 1998.

Neue Zürcher Zeitung (NZZ) (1998), Ärgernis Globalisierung. Kristallisationspunkte des Unbehagens, 7. 4. 1998.

Noé, Claus (1998), Warten auf das Weltkartellamt, in: DIE ZEIT, Nr. 11, 5. 3. 1998.

OECD (1997), Multilaterales Investitionsabkommen. Konsolidierte Fassung und Kommentarteil, Paris, Oktober (1. deutsche Übersetzung durch den Österreichischen Gewerkschaftsbund Tirol, Innsbruck 1998).

People's Global Action against »free« Trade and the World Trade Organization (1998), Draft Manifesto, Genf, Februar.

Polanyi, Karl (1978), The Great Transformation, Frankfurt a. M./Wien.

Polanyi, Karl (1979), Ökonomie und Gesellschaft, Frankfurt.

Polaris Institute (1998), Für ein MAI der Bürger (»Towards a Citizen's MAI«), übers. von Walther Schütz und Hartwig Maudler, Ottawa.

Rapaczinski, Andrzey, zit. nach Hoffmann, Rainer (1998), in: Neue Zürcher Zeitung, 2. 4. 1998.

Rifkin, Jeremy (1986), Genesis Zwei. Biotechnik-Schöpfung nach Maß, Reinbek.

Rittstieg, Helmut (1998), Brief zum MAI vom 6. 4. 1998 (Universität Hamburg); vgl. auch ders., in: »Thema heute«, Internet-Zeitschrift, Mai 1998.

Rosenberger, Horst (1998), Die autonomen zapatistischen Gemeinden (unveröff. Man.), Chiapas/Mexiko.

Schekulin, Manfred (1998), auf Podiumsdiskussion: Die Investitionsfalle, Universität Wien, 26. 3. 1998.

Schmid, Fred (1998), Transnationale Konzerne – Akteure der Globalisierung, in: isw-Report, Nr. 34: Globalisierung und Multis, München, Januar.

Schmid, Fred; Mayer, Leo (1996), Eurostrategien des Kapitals, isw-Report Nr. 29, München.

Schütz, Walther (1998), MAI-Antwort auf Schekulin, 25. 5. 1998, Villach.

Schwarze Witwe, Autonome Frauenforschungsstelle (Hg.) (1998), Adenda 21. Frauen in der Welt von morgen, Münster.

Sennett, Richard (1998), Der flexible Mensch. Die Kultur des neuen Kapitalismus, Berlin.

Sforza, Michelle (1998), MAI-Provisions and Proposals: An Analysis of the April 1998 Text, hg. von Public Citizen's Global Trade Watch, 215 Pennsylvania Av. SE Washington, DC 20003.

Shiva, Vandana (1998), Basmati Patent and its Implications for India, Foundation for Science, Technology and Ecology, A-60 Hauz Khas, New Delhi 11016.

Smith, Adam (1823), Eine Untersuchung über Natur und Wesen des Volkswohlstands, Jena (An Enquiry into the Nature and Causes of the Wealth of Nations, London 1776).

Tobin, James (1978), Proposal for International Monetary Reform, in: The Eastern Economic Journal, Nr. 7/10/78, zit. n. G. Boxberger/H. Klimenta 1998, S. 173-179.
Treusch-Dieter, Gerburg (1990), Von der sexuellen Rebellion zur Gen- und Reproduktionstechnologie, Tübingen.
UNCTAD (1997), World Investment Report 1997: Transnational Corporation, Market Structure and Competition Policy, New York/Genf.
Wallach, Lori; Naiman, Robert (1998), NAFTA: Four and a Half Years Later, in: The Ecologist, Vol. 28, No. 3, Mai/Juni.
Wallerstein, Immanuel (1979), Aufstieg und künftiger Niedergang des kapitalistischen Weltsystems, in: Senghaas, Dieter (Hg.) Kapitalistische Weltökonomie. Kontroversen über ihren Ursprung und ihre Entwicklungsdynamik, Frankfurt a. M.
Wallerstein, Immanuel (1980), The Modern World-System II: Merkantilism and the Consolidation of the European World-Economy 1600-1750, San Diego/London.
Wallerstein, Immanuel (1989), The Modern World-System III: The Second Area of Great Expansion of the Capitalist World-Economy 1730-1840, San Diego/London.
Wallerstein, Immanuel (1986), Das Moderne Weltsystem. Kapitalistische Landwirtschaft und die Entstehung der Europäischen Weltwirtschaft im 16. Jahrhundert, Frankfurt a. M.
Wartenberg, Ludolf von (1997), Auslandsinvestitionen im Zeitalter der Globalisierung, in: NORD-SÜD-aktuell, 3. Quartal 1997, S. 470-475.
Weber, Max (1993), Die protestantische Ethik und der »Geist« des Kapitalismus, Bodenheim.
WEED/Germanwatch (1998), Alles neu macht das MAI? Das Multilaterale Investitionsabkommen, Informationen, Hintergründe, Politik, Bonn.
Werlhof, Claudia von (1983), Der Proletarier ist tot. Es lebe die Hausfrau?, in: Bennholdt-Thomsen, V. u. a.: Frauen, die letzte Kolonie, Reinbek.
Werlhof, Claudia von (1978), Frauenarbeit. Der »blinde Fleck« in der Kritik der Politischen Ökonomie, in: Beiträge zur feministischen Theorie und Praxis, 1: Erste Orientierungen, Köln.
Werlhof, Claudia von (1985), Wenn die Bauern wiederkommen ... Frauen, Arbeit und Agrobusiness in Venezuela, Bremen.
Werlhof, Claudia von (1991), Teile und Herrsche. Warum Bauern und Hausfrauen im kapitalistischen Weltsystem nicht verschwinden, in: dies.: Was haben die Hühner mit dem Dollar zu tun? Frauen und Ökonomie, München.
Werlhof, Claudia von (1996), Mutter-Los. Frauen im Patriarchat zwischen Angleichung und Dissidenz, darin: Fragen an Ramona. Die Zapatisten, die Indianische Zivilisation, die Matriarchatsfrage und der Westen, München.

Werlhof, Claudia von (1997 a), Vom Verschwinden der freien Lohnarbeit, in: Freitag, Berlin, 29. 8. 1997.

Werlhof, Claudia von (1997 b), Frauen und Ökonomie. Eine feministische Kritik angesichts der Globalisierung der Wirtschaft, Vortrag bei der 12. Bundeskonferenz der kommunalen Frauenbüros zum Thema: Global? Lokal! Frauenarbeit zwischen Markt und Macht, Rostock, 28. 9. 1997.

Werlhof, Claudia von (1997 c), Schöpfung aus Zerstörung? Die Gentechnik als moderne Alchemie und ihre ethisch-religiöse Rechtfertigung, in: Baier, Wilhelm (Hg.): Genetik. Einführung und Kontroverse, Graz.

Werlhof, Claudia von (1997 d), Ökonomie, die praktische Seite der Religion. Wirtschaft als Gottesbeweis und die Methode der Alchemie – Zum Zusammenhang von Patriarchat, Kapitalismus und Christentum, in: Ernst, Ursula Marianne; Gubitzer, Luise; Schmidt, Angelika (Hg.): Ökonomie M(m)acht Angst. Zum Verhältnis von Ökonomie und Religion, Frankfurt a. M./New York.

Werlhof, Claudia von (1998), Das »MAI«, ein Ermächtigungsgesetz für die Multis, in: Komitee Widerstand gegen das MAI: Der Gipfel der Globalisierung. Reader zum Internationalen Kongreß, Bonn.

Woodall, Pam (1994), The Global Economy, in: The Economist, London, 1. 10. 1994.

Ziegler, Jean (1998), Die Barbaren kommen. Kapitalismus und organisiertes Verbrechen, München.

Zinn, Karl-Georg (1998), Wie Reichtum Armut schafft. Verschwendung, Arbeitslosigkeit und Mangel, Köln.

Zumach, Andreas (1996), Armut ist das Kriterium, das den Standort sichert, in: TAZ (Die Tageszeitung), Nr. 5099, 9. 12. 1996, Berlin.

Autoren/Innen

Carla Boulboullé (GEW) ist Mitherausgeberin von »Soziale Politik und Demokratie«. Sie ist Mitglied des Internationalen Komitees für Menschenrechte und des Komitees und Tribunals gegen Kinderarbeit. Sie war Landtagsabgeordnete (SPD) in NRW und war viele Jahre aktiv in der Erwachsenenbildung. Sie ist engagiert in der Kampagne von Sozialdemokraten gegen die EU-Verträge.

Tony Clarke ist Direktor des Polaris Institute in Ottawa, das demokratische Bürgerbewegungen gegen die ökonomische Globalisierung unterstützt. Er ist Initiator der weltweiten Anti-MAI-Kampagne und Autor mehrer Bücher zum MAI, u.a. (zusammen mit Maude Barlow): »MAI: The Multilateral Agreement on Investment and the Threat to Canadian Sovereignty«, Toronto, Stoddard, 1997, »Silent Coup. Confronting Big Business Takeover of Canada«, Lorimer and CCPA, Toronto 1997, und (zus. mit Maude Barlow) »MAI: The Threat to American Freedom, Toronto, Stoddard, 1998.

Martin Khor ist Direktor des Third World Network in Penang, Malaysia. Er ist einer der prominentesten Kritiker der neoliberalen und neokolonialen Globalisierungspolitik und des Zugriffs transnationaler Konzernherrschaft auf die Länder und Regierungen des Südens. Als Mitbegründer der International Foundation on Globalisation (IFG) war er der erste, der schon 1996 vor den Gefahren des MAI für den Süden, aber auch für den Norden warnte.

Maria Mies ist Professorin (i. R.) für Soziologie an der Fachhochschule Köln. Sie ist seit vielen Jahren aktiv in der Frauen-, Ökologie- und Dritte-Welt-Bewegung und hat zahlreiche Artikel und mehrere Bücher zu diesen Themenkomplexen veröffentlicht, u.a. »Patriarchat und Kapital« (1988), »Ökofeminismus« (1995) (zus. mit Vandana Shiva), »Eine Kuh für Hillary: Die Subsistenzperspektive« (1997) (zus. mit V. Bennholdt-Thomsen). Sie ist seit Sommer 1997 aktiv in der Anti-MAI-Kampagne.

Claudia von Werlhof ist Professorin für Frauenforschung am Institut für Politikwissenschaft an der Universität Innsbruck. Schwerpunkt ihrer Arbeit sind die Frauenbewegung, die Ökologie- und die Dritte-Welt-Frage. Ihre wichtigsten Publikationen zu diesen Themen sind »Frauen, die letzte Kolonie« (1983) (zus. mit V. Bennholdt-Thomsen und Maria Mies), »Was haben die Hühner mit dem Dollar zu tun« (1991) und »Herrenlos« (1996) (zus. mit A. Schweighofer und W.W. Ernst). Sie ist eine der Initiatorinnen der Anti-MAI-Kampagne in Österreich und seit Herbst 1997 in dieser Bewegung aktiv.

Die Charme-Offensive

PR-Kampagne zur Akzeptanzförderung des MAI[1]

Die Strategie der Geheimniskrämerei um das MAI wurde durch das Licht der öffentlichen Kritik des MAI in den USA ad absurdum geführt.

Während der ersten drei Jahre der MAI-Verhandlungen waren die Bürger der USA, der Kongreß, die Bundesstaaten- und Gemeinderegierungen vollkommen vom MAI-Prozeß ausgeschlossen. Die MAI-Unterhändler arbeiteten nach der Geheimstrategie: »Was sie nicht wissen, stört unsere Agenda nicht.« Aber der MAI-Text, über den sie verhandelten, war so unverschämt, daß das Licht der öffentlichen Meinung ihre geheimen Ambitionen verwelken ließ, sobald der Text endlich »befreit« und ins Internet gesetzt wurde. Kurz, Widerstandskampagnen gegen des MAI entstanden weltweit. In den Vereinigten Staaten wurde das MAI im Herbst 1997 zu einem Streitthema im Kongreß während der Debatte über das »fast-track«[2]-Vorgehen in bezug auf Handelsgesetze.

Der US-Kongreß und die Regierungen der Bundesstaaten sehen im MAI den Versuch der Machtergreifung durch die Konzerne

Als das MAI schließlich auf dem »Radarschirm« des Kongreß erschien, schlossen sich viele Abgeordnete der MAI-Opposition an. Im September 1997, nach der ersten Debatte über das MAI im Kongreß, wurde mit großer Mehrheit ein Antrag zur Finanzierung von Forschungen über den Schutz der nationalen, bundesstaatlichen und lokalen Souveränität vor der Bedrohung durch Handels- und Investitionsabkommen angenommen.

Als nächstes sandten 25 Demokraten und Republikaner Präsident Clinton einen Brief, in dem sie die geheimen MAI-Gespräche angriffen und das MAI als weltweite Bedrohung einer demokratischen Regierungsführung anprangerten.

Nachdem sich die Nachricht über die immense Macht herumgesprochen hatte, die das MAI den Konzernen über Regierungen und Arbeiter geben würde, machten auch die größeren Gewerkschaften Opposition gegen das MAI: die United Auto Workers, die Teamsters, Steelworkers, die Gewerkschaften des öffentlichen Dienstes. Langsam begann auch die US-Presse, über das MAI zu berichten: Business Week, Washington Post, National Public Radio, Newsweek, New York Times, Chicago Tribune, Washington Times, San Francisco Chronicle und Miami Herold.

Zwei Anti-MAI-Demonstrationen fanden auf den Treppen des Kapitols statt – die erste mit Kongreßabgeordneten, denen Handschellen angelegt wurden –, als Protest dagegen, daß der Demokratie »Handschellen« angelegt werden; bei der zweiten Aktion spielte eine fette »Konzern-Katze« das MAI-Muschel-Spiel.[3] Der zweithöchste Demokrat im Kongreß, David Bornior, hielt eine flammende Rede gegen das MAI vor den Demonstranten.

Im März (1998) wurde die Clinton-Regierung im Kongreß vor eine offene Anhörung zum MAI zitiert. Die Republikanerin Ileana Ros-Lehtinen (R-FL), Vorsitzende des Subcommittee on International Economic Policy and Trade, begann mit dem Statement:

»Tatsache ist, daß es während der beiden letzten Jahre wenig, wenn überhaupt, substantielle Beratung mit dem Kongreß gegeben hat. Ein Verhandlungstext war entworfen worden, aber die meisten Mitglieder beider Häuser hatten kaum eine Ahnung vom MAI. Merkwürdige Ironie, wenn man bedenkt, daß komplexe, multilaterale Abkommen nicht ohne fast track verhandelt werden sollten.«

Die US-Opposition betont die Gefahren für die Souveränität und eine demokratische Regierungsausübung

Als das MAI einmal öffentlich gemacht war, entdeckten Wissenschaftler, gewählte Abgeordnete, Bürger und NROs, daß das MAI dramatische Gefahren für viele Bundesstaaten- und lokale Gesetze und Politiken darstellte. Regierungsvertreter hingegen behaupteten, der Vertrag würde kaum einen Einfluß haben, weil Regeln wie Inländerbehandlung für Investoren in den USA schon existierten. Die industriefreundliche Western Governers Association gab eine MAI-Folgen-Studie in Auftrag. Sie enthüllte, daß viele Bundesstaaten lokale Regelungen für Investitionen erlassen hatten, z.B. zur Förderung ökonomischer Entwicklung, die Beachtung von Bebauungsplänen, Restriktionen für Landnutzung, Beachtung des Umweltschutzes und Lizenzen für Industrieansiedlungen. All dies könnte durch das MAI unterminiert werden.

Der Bericht »Mögliche MAI-Auswirkungen auf bundesstaatliche und lokale Regierungen« konstatiert: »Das MAI ist wahrscheinlich mehr als nur ein strengeres NAFTA oder WTO. Anders als diese Abkommen kann das MAI Investoren dadurch schützen, daß es die souveränen Rechte und die souveräne Immunität beschneidet.« Ein Berater des Gouverneurs von Nebraska, Ben Nelson, sagte über das MAI in der Washington Times (12/15/1997):

»Es zielt genau auf das Herz unserer bundesstaatlichen Regierung ... wir werden vielleicht die Rechte oder die Fähigkeiten unserer Bundesstaaten zur Selbstregierung zerstören, nur um das internationale Business zu fördern.«

Die lokalen Gemeinderegierungen haben ebenfalls begonnen, gegen die

Gefahren des MAI zu kämpfen. Stadträte und Distrikträte haben Resolutionen verfaßt, die ihre Stadt, ihren Distrikt zu MAI-freien Zonen erklären, um Widerstand gegen das MAI zu leisten. Bis jetzt haben San Francisco, Berkeley, Santa Cruz und Arcata, Kalifornien, Turnwater und Olympia, Washington, Boulder, Colorado solche Resolutionen verabschiedet. Weitere Resolutionen sind in Vorbereitung in Los Angeles, Seattle, Denver, Dallas und einem Dutzend weiterer Städte.

Nachdem sie den MAI-Entwurfstext durchgelesen hatte, sagte die stellvertretende Staatsanwältin für San Francisco dem San Francisco Chronicle (4/10/98): »Ich habe vieles im MAI gefunden, über das ich besorgt bin.« Und Tom Ammiano (Regierungspräsident) warnte: »Das MAI ist eine Bedrohung jeder lokalen Souveränität.«

Wenn Bundes-, Staaten- und kommunale Volksvertreter in den USA die Gefahren des MAI für ihre Gesetze erkennen, können wir uns vorstellen, was es für die Entwicklungsländer bedeuten würde!

Dank dem »Licht« der öffentlichen Kritik, dem das MAI ausgesetzt worden war, waren die Unterhändler gezwungen, den Termin für die Unterzeichnung des MAI von Mai 1997 auf April 1998 zu verschieben. Die OECD-Erklärung von April 1998, die anläßlich des Ministertreffens verfaßt wurde, ist klar in ihrer Aussage. Sie ist das politische Dokument, über das die OECD-Länder so lange und hart verhandelt haben: »Die Minister weisen die Unterhändler an, mit ihrer Arbeit fortzufahren mit dem Ziel, einen baldigen und erfolgreichen Abschluß des MAI zu erreichen.«

Das MAI ist nicht tot: Die Erklärung verlangt lediglich eine Periode der »Bewertung und weiterer Konsultationen«, Verhandlungen, um noch ausstehende Probleme vor dem nächsten Ministertreffen zu lösen. Sie betont auch noch einmal die Verpflichtung der Unterhändler, bei der OECD ein komplettes MAI fertigzustellen, das genau all die Klauseln enthält, die die Kritiker als inakzeptabel bezeichnet haben. Das Dokument behauptet, daß es bereits über den größten Teil des Textes Übereinstimmung gäbe. Außerdem fordert die Erklärung parallele Verhandlungen über die Liberalisierung von Investitionen in der WTO nach dem Muster des »MAI-Muschel-Spiels«. (Außerdem wird das MAI auch noch in den IWF eingebaut.)

OECD startet die neue »Charme-Offensive für das MAI« als PR-Kampagne

Um weitere Verzögerungen der Verhandlungen zu vermeiden, wurde bei dem Ministertreffen im April der »Plan B« enthüllt. Teils PR-Kampagne, teils Verführung. »Plan B« ist die »Charme-Offensive für das MAI«. Ihr Ziel ist es, die MAI-Kritiker mit falschen Befriedigungen einzulullen und damit zu »pazifizieren«, daß sie in der Nähe des »Tisches« (des Verhandlungstisches) sitzen dürfen, so daß sie keine weiteren substantiellen Änderungen der Handels- und Investitionspolitik mehr fordern.

Hütet euch vor der facettenreichen Charme-Offensive. Die OECD und viele Regierungen fragen jetzt nach »Konsultationen«; gleichzeitig weigern sie sich aber, die schlimmsten Aspekte des Textes bekanntzumachen oder gar zu eliminieren; Versprechungen an die NROs, nahe beim OECD-Verhandlungstisch zu sitzen, um zu »beobachten«, was bereits beschlossene Sache ist, lenken ab von sinnvollen substantiellen Forderungen. Eine multinationale Buchpräsentations-Tour durch die ganze OECD, mit einer rhetorischen Abhandlung über die Freuden der Liberalisierung des Kapitals, soll die Kritik endlich zum Schweigen bringen. In einem Versuch, die Presse einzuwickeln und die unnachgiebige Grass-roots-Opposition abzulenken, hat der US-Vertreter für Handel eine aggressive Medienkampagne vom Kapitol aus gestartet, daß das MAI tot sei. Es war natürlich derselbe Vertreter, der darauf drängte, den nächsten Termin für ein Ministertreffen im Juli festzusetzen, und es war Präsident Clinton, der im Mai beim WTO-Ministertreffen in Genf die Welt belehrte, daß Freihandel »die sicherste Route zur größten Prosperität für die größte Zahl der Menschen« sei.

Warum diese Tricks über den angeblichen »Tod des MAI«, die Einladungen zu »Konsultationen«, das »Muschel-Spiel« der verschiedenen »Orte« für die Liberalisierung des Kapitals? Wenn wir bedenken, daß das MAI wegen der kritischen Kampagne und Analysen in vielen Ländern nicht wie geplant unterzeichnet wurde, dann ist die Strategie der MAI-Betreiber offensichtlich die, den Lärm abklingen zu lassen und viele Ablenkungen zu schaffen, so daß externe Deregulierungsbestimmungen für Investitionen durchgesetzt werden können, sei es im Rahmen eines MAI, der WTO oder sonstwo.

Verderben wir ihnen das Spiel!
Lassen wir das nicht zu!

Weitere Informationen bei:
Public Citizen's Global Trade Watch
215 Pennsylvania Ave SE, Washington, D.C.
20003 USA
ph. 202-546-4996, fax: 202 -547-7392
httpi//www.citizen.org/pc trade/tradehome.html

Juni 1998

Anmerkungen:

1 Übersetzt von Maria Mies.
2 »fast-track« (»Schnellverfahren«, »Schnellstraße«) ist der Begriff, den die Clinton-Regierung einführte, um neue Freihandels- und Investitionsabkommen am US-Kongreß vorbei möglichst schnell erarbeiten zu lassen. Der Kongreß sollte diesen Abkommen dann nur noch zustimmen. Das MAI war eindeutig als »fast-track«-Abkommen geplant. Im letzten Dezember erlebte Präsident Clinton eine Niederlage durch den US-Kongreß, der »fast-track« ablehnte.
3 Das »Muschel-Spiel« bedeutet, daß eine Katze mit Muscheln spielt. Wenn sie glaubt, sie hätte eine erwischt, ist die Muschel schon wieder an einer andere Stelle. Die »Global Players« spielen dieses MAI-Muschel-Spiel um die globale Liberalisierung von Handel und Investitionen. Wenn sie an einer Stelle auf Widerstand stoßen, probieren sie es an einer anderen Stelle und unter anderen Namen.

Call to reject

... any proposal for moving the MAI or an investment agreement to the WTO

1. The Multilateral Agreement on Investment in the OECD has been temporarily stalled because of strong public protests in many OECD countries as well as objections from developing-country groups and governments. Objections from the public include that the MAI would grant new unprecedented rights for corporations (whilst removing the authority of states to place obligations or regulations on them), threaten national sovereignty and the viability of domestic firms and farms, remove conditions for development in the South and magnify environmental and social problems. Since there is no sign that the OECD governments are willing to consider a basic change in the premises and framework of the MAI, we call for the termination of the negotiations and the treaty in the OECD.

2. We are very concerned by the moves of some OECD governments, including the European Union, to move the MAI process to the WTO. Some of them claim this will make it fairer for developing countries and moreover environmental and labour concerns will be taken care of in the WTO. We reject these claims. Instead, shifting the investment issue to WTO will place great pressures on developing countries to negotiate and eventually join an agreement that would habe disastrous effects on their development prospects. Moreover, promises to include environmental and social concerns are likely to be only an eyewash to co-opt the public to accept the basic tenets of the MAI. The strong enforcement capability of the WTO through its dispute settlement system will also mean that all countries, especially developing countries, will be forced to comply. Domestic laws and policies in a wide range of issues will have to be changed, even if these were to cause job losses, closure of local enterprises and farms, financial instability, balance of payments deficits and environmental deterioration.

3. We therefore call on all governments, OECD and non-OECD alike, to reject any proposal to negotiate an investment agreement in the WTO. The trade and investment working group in the WTO should be confined to only study the trade and investment relation and should not be »upgraded« into a negotiation forum for an investment agreement. The proposals by the EU and other major countries to start a »Millennium Round« or a »comprehensive fu-

ture agenda« for the WTO should not be used as a devise to sneak in an investment negotiation process in the WTO.

4. On principle, we are against the kind of assumptions and framework that the MAI represents. As public knowledge on MAI increases, many more people are rejecting this approach. We call on governments, international agencies and NGOs not to accept the MAI or a similar investment approach as inevitable or as »given«, but instead to choose a basically different approach in dealing with the investment issue.

5. Towards this alternative approach, we call for global and national guidelines, rules and regulations to place obligations on investors and corporations so that their activities and products serve the needs of people within a framework of internationally fair, socially just and environmentally sound development.

Third World Network
ECOROPA
Observatoire de la Mondialisation
Coordination Centre L'AMI (French Coordination against the MAI)
Council of Canadians
Health Action International
National Campaign against the MAI in Canada
Global Trade Watch, Public Citizen (USA)
Friends of the Earth (USA)
International Coalition of Development Action
People's Decade of Human Rights Education
Habitat International Coalition
Citizens for a Democratic Renaissance (Ireland)
Women's Environment and Development Organization
Red Thread (Guyana)
Friends of the Earth International
National Wildlife Federation (USA)
Eco News Africa (Kenya)
Alternative Information and Development Centre (South Africa)
Global Publications Foundation (Sweden)
People's Forum 2001 (Japan)
Focus on Global South (Thailand)
WEED-World Economy, Ecology and Development Association (Germany)
Germanwatch, North-South-Initiative (Germany)
Polaris Institute (Canada)
Consumers Association of Penang (Malaysia)
UBINIG (Bangladesh)

San Francisco City Council Resolution,
Passed Monday, April 20th, 1998

San Francisco's Opposition

Expressing San Francisco's opposition to provisions of the draft multilateral agreement on investment or similar international agreements that could restrict San Francisco's ability to regulate within its jurisdiction, decide how to spend its procurement funds and support local economic development

Whereas, The United States government, through the Organization for Economic Development (OECD) has been participating in the negotiation of the Multilateral Agreement on Investment (MAI); and

Whereas, The Commerce Clause of the United States Constitution allows public entities to place restrictions on the use of public funds when the public entity is acting as a market participant; and

Whereas, San Francisco has utilized the »market participant exception« to the Commerce Clause in enacting the Burma ad Equal Benefits ordinances in order to condition receipt of public procurement dollars on compliance with local, federal and international human rights laws; and

Whereas, The »Expropriation« and »General Treatment« provisions of the MAI draft text could prohibit public entities from conditioning the receipt of public funds on compliance with human rights laws or other criteria reflecting community values; and

Whereas, The MAI, if adopted in its current form, could restrict the ability of state, county and city governments to condition new major investments within their jurisdictions from performance requirements, such as local hiring requirements and requirements to support local economic development; and

Whereas, Government entities are currently allowed to regulate within their jurisdiction, without causing a compensable taking of private property, to the extent specified under existing interpretations of the Fifth Amendment of the US Constitution; and

Whereas, The MAI, if adopted in its current form, could supersede existing constitutional interpretations of a government's regulatory rights under the Fifth Amendment and restrict new regulation by state and local governments; and

Whereas, The »National Treatment« provisions of the MAI draft text could prohibit the use of domestic procurement preferences and subsidies and other benefits to local businesses for the purpose of encouraging local economic development; and

Whereas, The »Most Favored Nation« provisions of the MAI draft text could prohibit state and local governments from prohibiting contracts with entities that violate international human rights, labor and environmental laws; and

Whereas, The MAI, if adopted in its current form, could bar Congress, state legislatures boards of supervisors and city councils from using trade sanctions to punish nations for human rights violations or other violations of international law;

Resolved. That the Board of Supervisor of the City and County of San Francisco hereby urges its state and federally elected officials and lobbyists to actively protest any provision in the MAI draft text or similar provision of any international agreement that would restrict San Francisco's ability to regulate within its jurisdiction, decide how to use its public procurement dollars, and extend benefits to encourage local economic development in a manner consistent with the U.S. Constitution.

SUPERVISOR AMMIANO
BOARD OF SUPERVISORS

Kleiner Zitatenschatz

»Ich habe bisweilen den Eindruck, daß sich die meisten Politiker immer noch nicht darüber im klaren sind, wie sehr sie bereits heute unter der Kontrolle der Finanzmärkte stehen und sogar von diesen beherrscht werden.«
Bundesbankpräsident Tietmeyer, FAZ, 3. 2. 1996

»Es ist legitim, den normalen Bürger nicht zu informieren, unter welchen Rahmenbedingungen ein Unternehmen im Ausland investieren kann.«
Dr. Zimmer, BMWi, Pressemitteilung Soziale Politik und Demokratie, 22. 7. 1997

»MAI? Was ist das? Ich weiß nur, daß MAI ein Monat ist.«
Gerhard Schröder auf der AfA-Bundeskonferenz in Magdeburg, 13.-15. März 1998

»MAI? Ja, so was hat schon mal auf meinem Schreibtisch gelegen. Ich habe geglaubt, das sei eine Sekte.«
Oskar Lafontaine im Januar 1998 zu Studenten der Humboldt-Universität anläßlich eines Gesprächs mit Pressevertretern

»MAI? Nie was von gehört.«
Joschka Fischer, Passau, Aschermittwoch 1998

»Das MAI ist ein Vertrag zwischen Regierungen zum Schutz internationaler Investoren und ihrer Investitionen. Wir wenden uns gegen jede Maßnahme, die seitens der Regierungen bindende Verpflichtungen auf den Gebieten der Arbeit und des Umweltschutzes schaffen oder auch nur nahelegen würden.«
US-Council for International Business – USCIB

»Es geht bei diesem Abkommen um Investitionen und nicht um Menschenrechte.«
Dr. Jankowitsch, Botschafter Österreichs bei der OECD

Ziel des MAI ist: »... die Verfassung einer einheitlichen Weltwirtschaft zu schreiben.«
Renato Ruggiero, Präsident der Welthandelsorganisation, Singapur 1996

»... das MAI ist nur der letzte Stein in der Wand, die das globale Kapital baut, um die demokratische Verantwortung gewählter Regierungen einzumauern und so die Konzerninteressen gegenüber der Zivilgesellschaft zu konsolidieren.«
Vic Thorpe, Generalsekretär der ICEM – Internationale Gewerkschaftsföderation von Chemie-, Energie-, Minen- und Allgemeinen Arbeitern

MAI-Aktionsgruppen

Deutschland

MAI-AK
Internationalismus-Referat der Humboldt-Universität
Unter den Linden 6, 10099 Berlin,
Tel: 030-2093-2614 oder -2603, Fax: 030-2093-2396,
e-mail: refrat@rz.hu-berlin.de

Play Fair Europe
c/o Jürgen Kraus, ASTA RWTH Aachen,
Turmstraße 3, 52072 Aachen,
Tel: 0241-803792, Fax: 0241-8888394
e-mail: playfair@asta.rwth-aachen.de

MAI-AK
c/o Enno Behrendt, Otto-Hahn-Straße 1,
93053 Regensburg,
Tel: 0971-73798
e-mail: enno.behrendt@stud.uni-regensburg.de

Ökozentrum Bonn (BUND-Jugend)
c/o Till Winkelmann, Heerstraße 20a, 53111 Bonn,
Tel: 0228-692220

freier zusammenschluß von studentInnenschaften (fzs)
z. Hd. von Isabell Martin, Reuterstraße 44, 53113 Bonn,
Tel: 0228-262119, Fax: 0228-2420388,
e-mail: fzs@link-k.gun.de,
internet: http:www.uni-karlsruhe.de/usta/fzs

Bochumer Initiative gegen das MAI
c/o Ulrich Schröder, Lennershofstraße 23, 44801 Bochum

Essener Initiative gegen das MAI
c/o Dietger Luithle, Frohnhauserstraße 232, 45144 Essen
Tel: 0201-766603

ASTA Köln der Heilpädagogischen Fakultät,
Gesamtgesellschaftlicher Kontext,
MAI-AK, Frangenheimerstraße 4, 50931 Köln

Infopool der JWG-Universität Frankfurt
Mertonstraße 24-26, 60325 Frankfurt/Main
Tel: 069-79820123, Fax: 069-702039,
e-mail: infopool@gmx.de

WEED/GERMANWATCH e.V.
Budapester Straße 11, 53111 Bonn,
Tel: 0228-60492-0, Fax: 0228-60492-19,
germanwatch.bn@bonn.comlink.apc.org,
internet: www.germanwatch.org

Komitee Widerstand gegen das MAI
c/o Maria Mies, Blumenstraße 9, 50670 Köln,
Tel: 0221-135249, Fax: 0221-1391737

Österreich

MAI-FREI Innsbruck
c/o Prof. Dr. Claudia von Werlhof, Institut für Politikwissenschaft,
Innrain 36, A-6020 Innsbruck,
Tel: 0043-512-507-7061, Fax: 0043-512-507-2800
e-mail: christine.pfaller@vibk.ac.at

Dr. Bernhard Mark-Ungericht
Inst. f. Internat. Management
Univ. Graz
e-mail: Bernhard.Mark-Ungericht@notes.kf unigraz.ac.at

»Salzburger Aktionsforum gegen das MAI«
c/o Afro-Asiatisches Institut
Wiener Philharmoniker Gasse 2, A-5020 Salzburg
Tel: 0662-841413, Fax: 8413276
e-mail: aai@Salzburg.co.at

Walther Schütz, ÖIE-Kärnten
Rathausgasse 2, A-9500 Villach
Tel: 04242/24617
e-mail: oeie.knt@magnet.at

Christian Wisauer
»VIRUS«
Panthong. 4/8, A-1150 Wien
Tel: 01/9823572
e-mail: wisauer@ping.at

Niederlande

Corporate Europe Observatory (CEO)
c/o Prinseneiland 329, 1013 LP Amderdam, Netherlands,
Tel./Fax: +31-30-2364422, e-mail: ceo@xs4all

Friends of the Earth International
c/o Roberta Cowan, P.O. Box 19199, 1000 GD Amsterdam,
Tel: +31-20-6221369, Fax: +31-20-6392181

Olivier Hoedeman, CEO & Different Europe
Kinkerstraat 388, II, 1053 GJ Amsterdam
Tel: +31-20-6180297,
e-mail: paxaran@antenna.nl

Stephanie Howard, A SEED Europe Office
P.O. Box 92066, 1090 AB Amsterdam,
Tel: +31-20-6682236, Fax: +31-20-665166,
e-mail: steph@aseed.antenna.nl

Großbritannien

World Development Movement
c/o Berry Coates, 25 Beehive Place, London SW9 7QR,
Tel: 0171-737-6215, Fax: 0171-274-8232,
e-mail: wdm@gn.apc.org

Finnland

Eeva Simola, KEPA
Eerinkink, Ilc, FIN-00100 Helsinki,
Tel: +3589-6123415, e-mail: simola@kaapeli.fi

USA

Mark Vallianatos, Friends of Earth
1025 Vermont, Av. 3rd. Floor, Washington DC, 2009,
Tel: +1-202-7837410, x231,
Fax: +1-202-7830444,
e-mail: Mvalli@aol.com

Lori Wallach, Public Citizen's Global Trade Watch
215 Pennsylvania Ave, SE, Washington DC, 20003,
Tel: +1-202-5464996, Fax: +1-202-5477392,
e-mail: lwallach@citizen.org

Autenia Juhasz (MAI-Coordinator)
The Preamble Centre for Public Policy, 1737,
21st street N.W. Washington DC, 20009,
e-mail: juhasz@rtk.net

Canada

Polaris Institute, Tony Clarke, Director,
4 Jeffrey Ave, Ottawa, Ontario, CANADA KIK OE2,
Tel: +1-613-746-8374, Fax: +1-613-746-8914,
e-mail: tclarke@web.net

Terry J. Wolfwood,
1022 McGregor Ave, Victoria, BC, V8S 3T9, Canada,
Tel/Fax: +1-250-595-7519,
e-mail: wm655@freenet.victoria.bc.ca

Frankreich

Agnes Betraud, c/o ECOROPA,
40, Rue de Malle, Paris 75011, Frankreich,
Tel: +33-466-770704, Fax: +33-466-770714,
e-mail: ecoropa@magic.f

Offizielle Adressen

OECD Informationszentrum Bonn
August-Bebel-Allee 6, 53175 Bonn
Tel: 0228-9591215, Fax: 0228-9591218

Bundesministerium für Wirtschaft
53107 Bonn
Tel: 0228-615-0, Fax: 0228-6154436

Bundesministerium für Umwelt, Naturschutz und Reaktorsicherheit
http://www.bmu.de

Bundesministerium der Finanzen
http://www.bundesfinanzministerium.de

von unten – Europa und der Rest der Welt im 21. Jahrhundert

Maria Mies
Globalisierung von unten
Der Kampf gegen die Herrschaft der Konzerne
Broschur, 255 Seiten

Stefan Reinecke (Hg.)
Die neue NATO
Vom Verteidigungsbündnis zur Interventionsmacht?
Broschur, 163 Seiten

Wilhelm Sager
Wasser
eva wissen 3000
Broschur, 96 Seiten

Thomas Schroedter
Globalisierung
eva wissen 3000
Broschur, 96 Seiten

Christiane Schulzki-Haddouti
Datenjagd im Internet
Eine Anleitung zur Selbstverteidigung
Broschur, 270 Seiten

Mark Terkessidis
Migranten
eva wissen 3000
Broschur, 96 Seiten

Sibylle Tönnies
Cosmopolis Now
Auf dem Weg zum Weltstaat
Broschur, 150 Seiten

Gore Vidal
Ewiger Krieg für ewigen Frieden
Wie Amerika den Hass erntet, den es gesät hat
Aus dem Amerikanischen von Bernhard Jendricke u.a.
Broschur, 132 Seiten

Gore Vidal
Bocksgesang
Antworten auf Fragen vor und nach dem 11. September
Aus dem Amerikanischen von Bernhard Jendricke u.a.
Broschur, 121 Seiten

Michael Walzer
Erklärte Kriege – Kriegserklärungen
Aus dem Amerikanischen von Christiana Goldmann
Mit einem Vorwort von Otto Kallscheuer
Broschur, 184 Seiten

Anregungen und Kritik, Lob und Tadel erreichen uns unter
eva www.europaeische-verlagsanstalt.de
oder per Post: Europäische Verlagsanstalt, Bei den Mühren 70, 20457 Hamburg